# ДРАГОЦЕННАЯ ВЕРА

по правде Бога нашего

Драгоценная Вера По Правде Бога Нашего
Адольф Бем

©2024 HOLYBUNCH FELLOWSHIP.
ДАННОЕ ИЗДАНИЕ НЕ ПРЕДНАЗНАЧЕНО ДЛЯ ИСПОЛЬЗОВАНИЯ В КОММЕРЧЕСКИХ ЦЕЛЯХ. ВСЕ ПОЛУЧЕННЫЕ СРЕДСТВА БУДУТ ЗАДЕЙСТВОВАНЫ ИСКЛЮЧИТЕЛЬНО НА ПРОИЗВОДСТВО, ХРАНЕНИЕ, ДОСТАВКУ И РАСПРОСТРАНЕНИЕ КНИЖНОГО МАТЕРИАЛА.

**ИЗДАНИЕ НА НЕМЕЦКОМ ЯЗЫКЕ**
ISBN-13: 978-1-7342802-2-7 (МЯГКИЙ ПЕРЕПЛЕТ)
ISBN-13: 978-1-7342802-3-4 (E-BOOK ВЕРСИЯ)

**ИЗДАНИЕ НА РУССКОМ ЯЗЫКЕ**
ISBN-13: 978-1-7342802-0-3 (МЯГКИЙ ПЕРЕПЛЕТ)
ISBN-13: 978-1-7342802-1-0 (E-BOOK ВЕРСИЯ)

**ИЗДАНИЕ НА УКРАИНСКОМ ЯЗЫКЕ**
ISBN-13: 978-1-7342802-4-1 (МЯГКИЙ ПЕРЕПЛЕТ)
ISBN-13: 978-1-7342802-5-8 (E-BOOK ВЕРСИЯ)

ПЕРВОЕ ИЗДАНИЕ ВЫПУЩЕНО В 2019.

Тайна вечной жизни сокрыта в подлинном чистом слове Бога. Поэтому спасение человека зависит от правильной веры, поверил ли он в это слово. Освобождение от греха, а значит и от смерти, происходит через познание истины: «И познаете истину, и истина сделает вас свободными» (Ин. 8:32).

Эта книга предназначена в помощь всем, кто желает понять правду спасения. В ней вы найдете ответы на вопросы: зачем создан человек, в чем смысл его жизни, что такое грех и как от него освободиться, как родиться от Бога и стать святым и праведным уже сегодня, то есть как уверовать по истине.

# СОДЕРЖАНИЕ

**ГЛАВА 1**
**О БОГЕ** — **15**

Есть ли Бог? ............................................................. 16
Величие Бога .......................................................... 21
Естество Бога ......................................................... 24
Бог есть правда ...................................................... 28
Тайна Бога и Отца и Христа .................................. 31

**ГЛАВА 2**
**СОТВОРЕНИЕ ВСЕЛЕННОЙ И ЧЕЛОВЕКА** — **37**

Зачем Бог сотворил человека? ............................. 38
Душа — личность человека ................................... 41
О совести ................................................................ 44
О теле ...................................................................... 49

**ГЛАВА 3**
**ТЬМА ВНЕШНЯЯ. О ДИАВОЛЕ** — **61**

Физическая смерть — конец всего? ..................... 63
О диаволе — змее древнем ................................... 67
Духи злобы ............................................................. 70

**ГЛАВА 4**
**ВЫБОР И ПУТЬ ЧЕЛОВЕКА ДО ХРИСТА** — **77**

Два дерева в Едеме ............................................... 78
Первый мир ............................................................ 85
История еврейского народа .................................. 86

ГЛАВА 5
## О ЗАКОНЕ                                           95

    Мир до закона............................................................. 97

    Закон для Израиля..................................................... 99

    Благодать от Бога..................................................... 108

ГЛАВА 6
## ЯВЛЕНИЕ ХРИСТА                                    111

    План Бога..................................................................... 113

    Проповедь Христа о Небесном Царстве................... 117

    Победа на кресте........................................................ 121

    Вечеря Господня......................................................... 126

    Он навсегда сделал совершенными освящаемых..... 133

    Конец закона — Христос............................................ 135

    Благодать и благодать на благодать....................... 139

    Во Христе обитает вся полнота Божества телесно... 142

ГЛАВА 7
## ПЕРВАЯ ЦЕРКОВЬ                                    149

    Избрание Апостолов.................................................. 150

    Первая Церковь и ее падение ................................. 155

    Уклонение от истины................................................. 160

    Кто по праву может назвать себя домом Божиим?... 163

ГЛАВА 8
## СЕЙ МИР И РЕЛИГИЯ                                 173

    Что такое сей мир?..................................................... 174

    Религия ........................................................................ 178

    Что ожидает сей мир?................................................ 186

ГЛАВА 9
## ШАГИ ВЕРЫ  189

- Избрание .................................................. 191
- Вера ......................................................... 193
- Что такое грех? ......................................... 197
- Покаяние .................................................. 200
- Рождение свыше ....................................... 203
- Обрезание в сердце .................................. 208
- Водное крещение ..................................... 210
- Держаться веры ........................................ 211
- Младенец во Христе ................................. 214
- Побеждающий наследует все ................... 219
- О бодрствовании ...................................... 225
- Молитва .................................................... 231
- Крещение Духом Святым .......................... 235
- Мера полного возраста Христова ............. 239

ГЛАВА 10
## ПЛОДЫ ДУХА  247

- Терпение .................................................. 248
- Кротость и смирение ................................ 252
- Исполнять волю Божию ............................ 259

ГЛАВА 11
## ЦЕРКОВЬ ХРИСТА  265

- Невеста Христа ........................................ 266
- Наше служение Богу ................................. 270
- Кто хочет быть большим, да будет слугою ........ 276
- Десятина .................................................. 278
- Какую Церковь заберет Себе Христос вторым пришествием? ........................................... 283

**ГЛАВА 12**
**ВТОРОЕ ПРИШЕСТВИЕ ХРИСТА** 289
    Последнее время................................................................... 291
    Книга Откровение .................................................................. 293
    Будущая вселенная................................................................. 298

# ВСЕМ ЖЕЛАЮЩИМ ПОНЯТЬ ПРАВДУ СПАСЕНИЯ

«Сия же есть жизнь вечная, да знают Тебя, единого истинного Бога, и посланного Тобою Иисуса Христа!» (Ин. 17:3).

Какие это основательно ясные слова. Чтобы иметь жизнь вечную — нужно только одно: знать Бога и Господа Иисуса Христа! Но возникают очень непростые вопросы: кто знает Бога и посланного Им Господа Иисуса Христа? Как можно узнать Бога и Господа Иисуса Христа, чтобы потом хорошо понять: кто Он и кто Господь Иисус Христос? каков Он? каким Он являет Себя? как выражает Себя? зачем Он нужен людям? Понимая эти вопросы, становится ясным: совсем не так просто, оказывается, знать Бога, чтобы иметь жизнь вечную.

О том, что есть Бог, все люди постоянно слышат, об этом пишется, а также о Боге говорят во всевозможных религиозных течениях, и именно это основательно осложняет узнать Бога.

Одно сразу понятно: Он невидим человеку, Он — Дух, обитание Его на высоте небес, за пределами настоящей вселенной. Откуда же появилось понимание, что есть Бог? Оно появилось через одну книгу под названием Библия, которая состоит из многих книг. Книги Библии есть Священные Писания и написаны они людьми, движимыми Духом Святым, то есть автор всех книг Библии есть Бог (2Тим. 3:15–17; 2Пет. 1:21; Ин. 5:39, 8:31–32).

Еще Моисею Господь дал повеление: все слова Божии записать в книгу; так Моисей и поступил. Таким образом и появились пять книг Моисея — Ветхий Завет (Исх. 24:4,7; 34:27). Иисусу Навину Господь Бог дал наставление: «Да не отходит сия книга закона от уст твоих; но поучайся в ней день и ночь, дабы в точности исполнять все, что в ней написано — тщательно храни, и исполняй весь закон... не уклоняйся от него ни направо, ни налево!..» (Нав. 1:8,7). Да и Моисею Господь Бог дал повеление еще задолго до Иисуса Навина: «И повелел мне Господь в то время научить вас постановлениям и законам, дабы вы исполняли их в той земле!..» (Втор. 4:14).

Затем жизнь Израильского народа записывали летописцы в двух книгах Паралипоменон. Также при всех царях всегда были писцы, которые постоянно документировали, описывали жизнь царей и государства при них — так появились четыре книги Царств. Затем Господь Бог постоянно посещал Израиля, посылая Своих пророков, которых было очень много — семнадцать книг; кроме этих книг: книга Иова, Псалтырь, Притчи Соломона и это еще не всё. Так что более половины книг Библии — книги Ветхого Завета, то есть до явления Господа Иисуса Христа в этот мир, откуда начинаются книги Нового Завета. Таким образом в мире человечества появилась книга Библия — книга святого чистого Писания, слова Бога.

Поэтому о том, что есть Бог, услышали все люди или почти все, и это от Бога, по воле великого Бога, единого имеющего бессмертие (1Тим. 6:16). Это бессмертие Бог послал на землю Своим Сыном Иисусом Христом, Который по воле

Отца родился человеком, приняв плоть и кровь: «И беспрекословно — великая благочестия тайна: Бог явился во плоти, оправдал Себя в Духе, показал Себя Ангелам, проповедан в народах, принят верою в мире, вознесся во славе» (Ин. 1:14–18; 1Тим. 3:16), «Знаем также, что Сын Божий пришел и дал нам свет и разум, да познаем Бога истинного и да будем в истинном Сыне Его Иисусе Христе. Сей есть истинный Бог и жизнь вечная» (1Ин. 5:20).

«Да знают Тебя, единого истинного Бога, и посланного Тобою Иисуса Христа» — в этом есть вечная жизнь! Но становится основательный вопрос: кто же знает Бога?

В свое время, когда Господь меня призвал к вере в Него, я столкнулся с очень сложной проблемой: сразу предо мной в одно время появились разные течения в толковании Священных Писаний: баптисты толковали и утверждали: «Мы знаем Бога, у нас правда». Но появились адвентисты (субботники), толковали Священные Писания уже по-другому, не так как баптисты, и утверждали: «Мы знаем Бога, у нас правда», то есть друг друга опровергали, между ними не было никакого единства.

Я же выслушивал и тех и других, но оставался полностью в непонимании: кто же из них прав? В одном доме с моей семьей жила ревностная католичка; посещая меня, уверенно утверждала: только католическая вера самая правильная, она была от начала, все остальные от нее откололись. И в этом она была права. Основные христианские течения: православные, лютеране, англикане отделились от католиков. Первое разделение католиков произошло с восточными католиками Константинополя.

Константинопольские католики начали некоторые вопросы толковать по-другому, произошло разделение с римскими католиками — отвергли друг друга. Восточные католики получили название православные, то есть все славянские народы восприняли веру константинопольских — так есть и сегодня.

В самом Риме произвел реформу Мартин Лютер — произошли лютеране, к которым относились и мои предки. Моя бабушка, у которой я воспитывался четырнадцать лет, была лютеранка. От лютеран стали возникать баптисты, менониты, методисты, кальвинисты, адвентисты, мормоны, молокане, единственники, сионисты и еще больше, так что перечислить уже нет возможности. Все возникшие разделения произошли на таком основании: например, лютеране крестили детей — не по Писанию; это поняла группа лютеран, они объявили крещение только взрослых — появились баптисты. Далее, группа в среде баптистов поняла: следует принять крещение Духом Святым с говорением на иных языках, отделились — произошли пятидесятники. Каждый раз разделялись на том основании, что те, от которых отделялись, не знают Бога, а мы знаем Бога. Проходит время, и снова появляются члены, которые начинают понимать: те не знают Бога, а мы поняли и знаем Бога — отделились. И так снова и снова совершается разделение и всегда на основании — они не знают Бога, а мы поняли и знаем Бога. Но те, которые оставались верными своему течению, также утверждали, что знают Бога. Наконец, произошли сотни разделений на основании: поняли и знают Бога, и это утверждают все сотни разделений — пойди, разберись: кто же из всех, объявивших новые и новые течения, знает Бога и имеет жизнь вечную?

Вот в таком положении я оказался, когда обратился и поверил в Бога. Передо мной стоял вопрос: где же правда? как узнать, кто же прав? какой верой поверить?

Чтобы это узнать и понять, оставалось одно: исследовать течение за течением; этим я и занимался. Узнав о каком-либо течении, которое утверждало, что у них правда и единственно верная вера, я немедленно отправлялся на встречу с ними. Входил к ним, принимал их толкование, затем исследовал по Писанию и по жизни этих верующих и, убедившись в их неправде, уходил. Таким образом прошел многие течения, основательно изучая, на чем стоит и утверждается данная вера. Поскольку любое течение обязательно имеет свое основание, которое никогда не спешат выдавать, приходилось углубляться, становиться таким как они. И когда они наконец раскрывали свое подлинное основание, на котором утверждаются, я, убедившись, что опять не то, оставлял их.

Сам же оставался пятидесятником, потому что, пройдя разные течения, исследуя их, убеждался, что пятидесятники самые близкие по Писанию, но видел и понимал, что и они далеки от истины, от того, как говорит Писание. И самый основной вопрос — не свершалось освобождение от греха! Почему? В чем причина? — всецело искал это понять, поэтому и знакомился с новым течением: может быть, у них свершилось по Писанию, и они мне объяснят, как свершается? Но всё время — разочарование: не нашел ни одного течения, которое бы мне объяснило вопрос по Писанию — освобождение от греха (Рим. 6:1–23).

Шли годы, я всё больше и больше убеждался, что пятидесятники не познали истину. Всё больше и больше встречал ложные пророчества, ложные видения, неверные толкования Писаний. Я был постоянно в искании. Мои братья-пятидесятники говорили: «Адольф никак не может успокоиться, всегда куда-то влезет, потом кается». Да, так и было: я не мог остановиться, перестать искать, исследовать, знакомиться всё с новыми и новыми течениями, надеясь, что, возможно, у них истина. Но оказывалось не так, я каялся и возвращался. Однажды один брат-пятидесятник, видя мои постоянные искания и вопросы: почему, почему? — сказал мне: «Успокойся, ты Лютером не будешь, чтобы делать реформу». На что я тогда ему сказал: «Лютером не буду, но реформа пятидесятникам нужна». Я тогда не понимал, что не реформа нужна, а нужна смерть старой твари, чтобы родилась на самом деле новая тварь во Христе Иисусе!

Наконец, не найдя ни в одном течении христианства того, чего я искал — освобождения от греха, я сам стремился через посты добиться исполнения освобождения от греха. То, что имел прощение грехов — понимал и верил, но Писание говорит определенно и ясно: **«РОЖДЕННЫЙ ОТ БОГА... НЕ МОЖЕТ ГРЕШИТЬ!»** (1Ин. 3:9). Почему это ни на ком и нигде не исполняется? Дойдя до полного измождения, я понял наконец, так и сказал, «что осталось меня положить в гроб и, закапывая меня, я еще раз согрешу и умру». Я понял, что я не найду тех, на ком исполнилось бы освобождение от греха (чтобы не согрешать), да и сам я не смогу освободиться.

И когда я оказался на грани полного разочарования, меня посетили мысли: «Зачем еще жить?! Не правы ли атеисты, которые утверждают, что Библию сочинили умные люди, чтобы удерживать в страхе своих рабов, внушая наказания Божии, но на самом деле Бога нет». В один из таких очень опасных моментов жизни меня вдруг на самом деле посетил Бог, да так явно в моем сердце, что я понял точно: «Да, Бог есть на самом деле!» Все сомнения сразу навсегда ушли! Больше сомнения касаемо того, есть ли Бог, никогда не приходили; Бог есть — в этом я получил полную ясность и уверенность.

И однажды, в один из дней тяжелейших переживаний, нет, не переживаний, но очень тяжелого страдания (а было ужасно тяжело!), я прямо из глубины сердца вскричал к Богу: «Боже! Как же я хочу, чтобы Ты был на самом деле! Ведь я же искренно хочу только Тебя, быть с Тобою и служить Тебе!» Я сам в себе точно знал, что не ищу никакой гордости, никакой высоты, никакого первенства, никакой хвалы человеческой. На самом деле искал искренно и честно познать, узнать Бога, чтобы правильно веровать и правильно служить Ему. Прошло после этого события какое-то время, много всего еще пришлось пережить, но я понял, что Бог тогда меня услышал, и Он мне открылся и дал познать истину, которая меня освободила от греха, как и написано в слове (Ин.8:31–36). Господь Иисус Христос на самом деле вошел в меня, в мою совесть — Он стал моей совестью и умом, поэтому всё у меня стало чисто (Тит. 1:15; Мф. 5:8).

И я узнал и понял, кто знает Бога истинного и Господа Иисуса Христа, Которого Отец Бог послал на землю, «чтобы мир спасен был чрез Него» (Ин. 3:17). Только тот знает Бога и посланного Им Иисуса Христа, кому открыта тайна, сокрытая от веков и родов «…которая есть Христос в вас, упование славы» (Кол. 1:26–27) и на ком исполнилось Писание: «Ибо вы умерли, и жизнь ваша сокрыта со Христом в Боге. Когда же явится Христос, жизнь ваша, тогда и вы явитесь с Ним во славе!» (Кол. 3:3–4).

Мне открылось ясно, как говорит слово: «Я есмь путь и истина и жизнь; никто не приходит к Отцу, как только через Меня» (Ин. 14:6). И еще яснее: «...да познаем Бога истинного и да будем в истинном Сыне Его Иисусе Христе. Сей есть истинный Бог и жизнь вечная» (1Ин. 5:20). И еще для ясности: «Верующий в Сына Божия имеет свидетельство в себе самом... Свидетельство сие состоит в том, что Бог даровал нам жизнь вечную, и сия жизнь — в Сыне Его. Имеющий Сына Божия имеет жизнь; не имеющий Сына Божия, не имеет жизни» (1Ин. 5:10–12).

Становится очень ясно: Господь Иисус Христос для того явился от Бога, чтобы дать нам жизнь вечную. Эта жизнь вечная есть Он Сам: «Сей есть истинный Бог и жизнь вечная!» Верою принимаем Его так, что Он вселяется в нас и становится нашей жизнью: «Когда же явится Христос, жизнь ваша, тогда и вы явитесь с Ним во славе» (Кол. 3:4). Для того чтобы принять Его, слово говорит: «Итак, выйдем к Нему за стан, нося Его поругание; ибо не имеем здесь постоянного града, но ищем будущего» (Евр. 13:13–14). Что же это означает: «выйдем к Нему за стан»? Для большей ясности можно сказать другими словами: перейдем на сторону Христа, Его участь примем нашей участью: «Если мир вас ненавидит, знайте, что Меня прежде вас возненавидел. Если бы вы были от мира, то мир любил бы свое; а как вы не от мира, но Я избрал вас от мира, потому ненавидит вас мир... Если Меня гнали, будут гнать и вас... все то сделают вам за имя Мое, потому что не знают Пославшего Меня» (Ин. 15:18–21).

Мир сей изгнал Господа из своей среды, отверг и предал смерти, очень жестокой смерти — распятием на кресте. Этим крестом хвалился Апостол Павел: «...крестом Господа нашего Иисуса Христа, которым для меня мир распят, и я для мира» (Гал. 6:14–15). «Зная то, что ветхий наш человек распят с Ним, чтобы упразднено было тело греховное... ибо умерший освободился от греха. Если же мы умерли со Христом, то веруем, что и жить будем с Ним» (Рим. 6:6–8), то есть выйти к Нему за стан означает: Его распяли — мы верою тоже принимаем нашу смерть для этого мира со Христом на кресте; Он умер для этого мира — мы тоже умерли для этого мира со Христом на кресте; Он воскрес из мертвых Духом Святым — мы тоже приняли наше воскресение с Ним силою Духа Его в нас и живем уже не по плоти, но по Духу Иисуса Христа: «...Если же кто Духа Христова не имеет, тот и не Его» (Рим. 8:9).

Так и я верою полностью перешел на сторону Господа, Его участь принял своей участью: смертью со Христом на кресте умер для этого мира, прошел тесные врата и оказался в небесном мире во Христе и со Христом, как и написано: «И воскресил с Ним, и посадил на небесах во Христе Иисусе» (Лк. 13:23–24; Еф. 2:6). И тогда Господь начал мне открывать правильное понимание слова истины. Мне открылось истинное понимание двух дерев в Едемском саду (было мне очень и очень удивительно и радостно), открылось, что эти два дерева заключают в себе историю всего человечества от начала и до конца!

Еще большим удивлением стало откровение: что такое есть грех на самом деле, не грехи — дела плоти, но именно сам грех, от которого происходят и являются все грехи и смерть! Это было для меня очень удивительное откровение, всё оказалось так просто: неправильная вера есть сам грех! Само грехопадение Адама и Евы в саду Едемском — поверили ложному слову змея; именно через это и свершилось само грехопадение. Так есть и сегодня, и об этом очень ясно засвидетельствовал Господь: «И Он (Дух истины), придя, обличит мир о грехе и о правде и о суде: **О ГРЕХЕ, ЧТО НЕ ВЕРУЮТ В МЕНЯ**» (Ин. 16:7–9).

Как я выше уже и описал, что во всех христианских течениях есть различие в толкованиях Писаний — это есть уклонение, преступление учения Господа Иисуса Христа (2Ин. 9ст.), то есть веруют неправильной верой. Именно эта **НЕПРАВИЛЬНАЯ ВЕРА И ЕСТЬ САМ ГРЕХ**, из которого исходят все дела плоти (Гал. 5:19–21). Когда Господь мне это открыл, я даже подрастерялся — так просто и ясно, что я первое время даже не решался об этом говорить, пока сам не испытал в своей жизни, убедился, а потом уже стал об этом говорить открыто. Таким образом, Господь пребыл во мне, открывая вопрос за вопросом, давая откровение за откровением! И я немедленно начал записывать это, в первую очередь для себя же, писать письма, чтобы оставалось откровение слова. При этом круг моих знакомых был огромен, и я очень старался всем возвестить дивное, великое, чудесное слово спасения, желая всем такую же радость и мир, как и сам пережил!

Но вскоре пришлось убедиться: как мало тех, которые услышали и поняли по истине благую весть спасения даром, чисто по вере. Начались опять споры, явились умные, закончилось тем, что меня отвергли, сочли заблудшим и наконец отлучили от себя.

Таким образом, я полностью оказался освобожденным от братства пятидесятников, в котором я был членом Всесоюзного совета христиан веры евангельской пятидесятников. Когда узнал об этом, что остался совсем один, было, сильно опечалился: что же делать дальше? куда теперь идти? к кому, к какому течению присоединиться? Но печаль мою Господь обратил в вечную радость, когда показал мне, что я теперь уже по-настоящему не от этого мира! Я перешел в мир Божий, духовный, вечный, и чтобы это понять, пятидесятники мне помогли — отлучили от себя.

Таким образом, произошло возвращение к началу, когда были Апостолы Христовы, и верующие получили название христиане (Деян. 11:26); так и мы сегодня от начала нашего движения носим одно имя — христиане, без всякого добавления, ибо любое добавление к имени христиане есть добавление человеческое, земное, душевное, которое показывает — это религия!

«Входите тесными вратами... потому что тесны врата и узок путь, ведущие в жизнь, и немногие находят их» (Мф. 7:13–14) — только тот знает Бога и Господа Иисуса Христа, кто верою в смерть на кресте своего ветхого человека, новой тварью во Христе (2Кор. 5:17) перешел из этого земного мира в мир духовный, небесный, и Господь Иисус Христос стал жизнью человека — его святостью, праведностью, премудростью (Рим. 14:17–18; 1Кор. 1:30) — тот знает Бога!

Мне становится неприятно, когда люди, находясь в различных христианских течениях, о которых я написал в этом письме, говорят: «Мне Бог сказал; мне Бог открыл; я пережил Бога, Он со мной» (особенно это говорят и утверждают проповедники, учители, пастыри), тогда как очень ясно написано: **«ВСЯКИЙ, ПРЕСТУПАЮЩИЙ УЧЕНИЕ ХРИСТОВО И НЕ ПРЕБЫВАЮЩИЙ В НЕМ, НЕ ИМЕЕТ БОГА!»** (2Ин. 9ст.). Во всех религиозных течениях, разделенных между собою, преступается учение Христово, нигде оно не исполняется — все остаются и пребывают с грехом, все согрешают и утверждают: так есть по истине, тогда как это ложное учение. То кто же им это открывает, кто же им говорит?

Апостол Павел написал: «Ибо таковые лжеапостолы, лукавые делатели принимают вид Апостолов Христовых. И неудивительно: потому что сам сатана принимает вид Ангела света, а потому не великое дело, если и служители его принимают вид служителей правды; но конец их будет по делам их» (2Кор. 11:13–15). Так же и Апостол Петр написал: «Были и лжепророки в народе, как и у вас будут лжеучители, которые введут пагубные ереси и, отвергаясь искупившего их Господа, навлекут сами на себя скорую погибель. И многие последуют их разврату (в вере), и через них путь истины будет в поношении!..» (2Пет. 2:1–3).

Произошло полное отступление от истины, как об этом и написал Апостол Павел (2Фес. 2:1–4). Религия превратила и Новый Завет Господа нашего в мертвую букву закона. Во главе Нового Завета поставили десять заповедей Ветхого Завета, которые Господь Иисус Христос отменил по причине их немощи и бесполезности, ибо закон ничего не довел до совершенства (Евр. 10:9–10,14; 7:18–19). Поэтому в религии все остаются с грехом, согрешающими, хотя очень прямо и ясно написано: «Всякий, пребывающий в Нем, не согрешает; всякий согрешающий не видел Его и не познал Его... Кто делает грех, тот от диавола... Для сего-то и явился Сын Божий, чтобы разрушить дела диавола. Всякий, рожденный от Бога, не делает греха, потому что семя Его пребывает в нем; и он не может грешить, потому что рожден от Бога!» (1Ин. 3:5–9).

Как важно знать Бога и Господа Иисуса Христа! В этом тайна вечной жизни! С миром и любовью ко всем возлюбившим и любящим драгоценную правду Господа нашего Иисуса Христа, Адольф.

# О БОГЕ

## 01
**ГЛАВА**

16     Есть ли Бог?

21     Величие Бога

24     Естество Бога

28     Бог есть правда

31     Тайна Бога и Отца и Христа

Бог открыл Себя человечеству от начала, от древности, что Он есть Бог, и сказал Сам о Себе: «Я Бог, и нет иного Бога, и нет подобного Мне!» (Ис. 46:9, 44:6). Что же скрывается под этим именем Бог? И что дает такое право и дерзновение называть Себя Богом, что нет иного Бога, подобного Ему?

«Всё чрез Него начало быть, и без Него ничто не начало быть, что начало быть» — «Верою познаём, что веки устроены словом Божиим, так что из невидимого произошло видимое — И: «в начале Ты, Господи, основал землю, и небеса — дело рук Твоих; они погибнут, а Ты пребываешь; и все обветшают, как риза, и как одежду свернешь их, и изменятся; но Ты Тот же, и лета Твои не кончатся» (Ин. 1:3; Евр. 11:3, 1:10–12).

## ЕСТЬ ЛИ БОГ?

Читая приведенные места из Библии, встает вопрос: есть ли на самом деле Бог, Творец всего живого, видимого и невидимого, или нет Его? Ведь если есть Бог на самом деле, то разве можно не верить этому? Вопрос очень и очень серьезный, основополагающий, от правильного ответа на который зависит участь любого человека на этой земле!

Одно слово говорит — Бог есть, другое слово говорит ровно обратное — Бога нет. Между этими двумя мощными течениями мечется человек — какому слову поверить? И как показывает жизнь на земле, человечество так и мечется, не имея ясности: люди не могут поверить до конца в то, что Бога нет, не могут поверить до конца и в то, что Бог есть. Отсюда усиленный поиск сего мира, со всеми его учеными, доказать, что Бога нет. Но кому доказать? — конечно же, самим себе, но доказать так и не могут. И усиленный поиск сомневающихся, однако склонных верить, что Бог есть, но также не могут доказать, что Он есть! «Можешь ли ты исследованием найти Бога?..» — был поставлен вопрос еще в далекой древности (Иов. 11:7), и если бы по прошествии тысячелетий был бы исследованием найден Бог или было бы доказано, что Его нет, то слово Его оказалось бы неверным.

Сегодня есть уже тысячи ученых, которые хорошо доказывают в пользу того, что Бог есть, то есть всё, что было сотворено, произошло неслучайно. Ученые, называемые креационистами, на основании Библии через исследования это подтверждают, но найти и доказать существование Бога не могут. Ведь найти Бога — это значит показать Его, показать место, где Он обитает и как туда долететь или доехать, или хотя бы посмотреть на Бога, на место Его пребывания. Но опять верно слово, которое сказал Бог: Бога никто никогда не видел, и видеть не может. Человеку невозможно увидеть Бога и остаться в живых (Ин. 1:18; 1Ин. 4:12; Исх. 33:20).

Через рассматривание Его творений видна необъяснимо великая сила Его и Божество, так что Бог на деле всегда видим. Он всегда Себя являет уже хотя бы тем, что солнце восходит, светит и греет; всем хватает воздуха дышать, и что уж совсем необъяснимо — это вода. Откуда берется и никогда не кончается такая масса чистой питьевой воды? Океаны и моря не в счет, вода в них соленая, для питья непригодная. Каким же образом так делается, что тысячелетиями человечество употребляет огромную массу воды, и она никогда не кончается? В книге Екклесиаста Соломон объяснил: «Все реки текут в море, но море не переполняется: к тому месту, откуда реки текут, они возвращаются, чтобы опять течь» (Еккл. 1:7). Кто здесь может что-то объяснить так, чтобы это была правда?

**Возьмем любое семя:** в каждом семени сокрыта невидимая великая сила — жизнь! Все ученые этого мира, исследуя, разбирая на части по составу любое семя, жизнь в нем не могут ни найти, ни увидеть — она тайна великого творения. Ученые этого мира хорошо изучили состав любого семени, могут вполне сотворить подобное. Но что не могут и никогда не смогут — вложить жизнь в сотворенное ими семя, оно остается мертвым. Какая же это великая тайна — жизнь! Ее не видно, ее не найти никому, но она неизменно является, да еще как является. Кто может объяснить, что на одной и той же земле растут рядом, скажем, цветы: красные, белые, желтые, голубые... Оказывается, в самом семени, какое бы маленькое оно ни было, содержится целая фабрика (говоря по-человечески), которая творит и производит данный цветок со своим цветом, злак, овощ или фрукт — со своим цветом и вкусом. Все из одной и той же земли, все растет рядом: не ссорятся, не ругаются. Из одной и той же земли столько много всяких плодов растет год за годом, десятилетие за десятилетием, но земли не становится меньше! Сколько всего из земли забирается всякими злаками, растениями, деревьями — земли должно бы становиться меньше и меньше... но нет, она остается всё так же неизменно и даже увеличивается, судя по раскопкам.

**Возьмем корову,** которая пасется, ест траву на поле или сено в стойле. В течение дня съедает, скажем, тридцать – пятьдесят килограмм травы или сена; затем ложится, и спокойно пережевывает, и перерабатывает сено или траву в молоко. И какое это чудо — молоко и все то, что из него делается!.. Люди при всей своей развитости, учености, знании не могут ничего подобного сотворить: имея траву, сено — превратить их в молоко. Просто ничего подобного повторить не могут, имея все материалы для этого.

Ну, а если взять сотворение самого человека со всеми органами, которые так четко функционируют! — какая это величайшая тайна! Давид говорит: «Ибо Ты устроил внутренности мои и соткал меня во чреве матери моей. Славлю Тебя, потому что я дивно устроен. Дивны дела Твои, и душа моя вполне сознает это. Не сокрыты были от Тебя кости мои, когда я созидаем был в тайне, образуем был во глубине утробы. Зародыш мой видели очи Твои; в Твоей книге записаны все дни, для меня назначенные, когда ни одного из них еще не было. Как возвышенны для меня помышления Твои, Боже, и как велико число их! Стану ли исчислять их, но они многочисленнее песка... Ты знаешь, когда я сажусь и когда встаю; Ты разумеешь помышления мои издали. Иду ли я, отдыхаю ли — Ты окружаешь меня, и все пути мои известны Тебе. Еще нет слова на языке моем, — Ты, Господи, уже знаешь его совершенно... Дивно для меня ведение Твое, — высоко, не могу постигнуть его!» (Пс. 138:13–18,2–6).

О непостижимости славы творения человека говорит Иов: «Не Ты ли вылил меня, как молоко, и, как творог, сгустил меня. Кожею и плотью одел меня, костями и жилами скрепил меня, жизнь и милость даровал мне, и попечение Твое хранило дух мой? — Твои руки трудились надо мною и образовали всего меня...» (Иов. 10:10–12,8).

Каждый орган в организме человека очень громко возглашает славу Творца. Например, глаза — как они видят? как они так сотворены? — неповторимо великое явление: они смотрят, смотрят и смотрят! И уж совсем закрываются уста и останавливается ум, когда думаешь о строении мозга человека — какое это величайшее чудо! Миллиарды клеток! Все эти клетки абсолютно гармонируют между собой, будучи непостижимым образом соединяемы и скрепляемы между собой.

Какая же это мудрость, какая сила и могущество, которая всё это сотворила, и это всё на наших глазах живет и действует. Глядя на вселенную, на все сотворенное — как же велик Бог в мудрости, в силе, в могуществе? «И подлинно: спроси у скота — и научит тебя, у птицы небесной — и возвестит тебе; или побеседуй с землею, и наставит тебя, и скажут тебе рыбы морские. Кто во всем этом не узнает, что рука Господа сотворила сие? В Его руке душа всего живущего и дух всякой человеческой плоти… У Него премудрость и сила; Его совет и разум. Что Он разрушит, то не построится; кого Он заключит, тот не высвободится. Остановит воды, и все высохнет; пустит их, и превратят землю. У Него могущество и премудрость, пред Ним заблуждающийся и вводящий в заблуждение… Умножает народы и истребляет их; рассеивает народы, и собирает их — Который творит дела великие и неисследимые, чудные без числа» (Иов. 12:7–10,13–16,23, 5:9).

Поэтому **ПОВЕРИТЬ, ЧТО ЕСТЬ БОГ**, дана полная возможность: рассматривая творения и читая Библию — чистое слово правды от Бога. Поверив, что есть живой настоящий Бог, Творец вселенной, следует искать Его понять, как Он есть, узнать, как Его принять, чтобы заиметь жизнь вечную — тут есть Его обетование: «…ищущим Его воздает» (Евр. 11:6).

О БОГЕ

## ВЕЛИЧИЕ БОГА

«Поднимите глаза ваши на высоту небес и посмотрите, кто сотворил их? Кто выводит воинство их счетом? Он всех их (все звезды, все небесные тела) называет по имени: по множеству могущества и великой силе у Него ничто не выбывает …вечный Господь Бог, сотворивший концы земли, не утомляется и не изнемогает; разум Его неисследим» — «О, бездна богатства и премудрости и ведения Божия! Как непостижимы судьбы Его и неисследимы пути Его!» — «Кто уразумел Дух Господа, и был советником у Него, и учил Его? С кем советуется Он, и кто вразумляет Его и наставляет Его на путь правды, и учит Его знанию, и указывает Ему путь мудрости? Вот народы… считаются как пылинка на весах… Все народы пред Ним как ничто, — менее ничтожества и пустоты считаются у Него — Я Бог, и нет иного Бога, и нет подобного Мне. Я возвещаю от начала, что будет в конце, и от древних времен то, что еще не сделалось, говорю: Мой совет состоится, и все, что Мне угодно, Я сделаю!» (Ис. 40:26,28; Рим. 11:33; Ис. 40:13–15,17; 46:9–10).

Как велик Бог — никаким человеческим умом невозможно ни постичь, ни понять, ни описать, слишком велик и могуществен Бог! Например, какой рост у Бога? Какая Его величина: высота, широта? Можно об этом думать, представлять: например, были люди-исполины на земле, это сильные, издревле славные люди (Быт. 6:4). Для нас: если человек будет ростом три–четыре метра, то какой большой, — скажем мы; уже больше двух метров — большой рост. То какой рост у Бога? Об этом написано: «Так говорит Господь: небо — престол Мой, а земля — подножие ног Моих; где же построите вы дом для Меня и где место покоя Моего? Ибо все это соделала рука Моя!» (Ис. 66:1–2).

«Небо — престол Мой, а земля — подножие ног Моих», — говорит Господь; но именно какое небо? Ибо был человек восхищен до третьего неба, там был рай, но престола Божия он там не видел (2Кор. 12:1–4). Слово открывает, что есть много небес: «Небо и небеса небес» (Втор. 10:14; 3Цар. 8:27; 2Пар. 6:18).

«Может ли человек скрыться в тайное место, где Я не видел бы его? — говорит Господь. Не наполняю ли Я небо и землю? — говорит Господь» (Иер. 23:24). То какая же Его величина, если Он наполняет и небо и землю? Причем наполняет небеса небес, если так написано о Господе Иисусе Христе: «Восшед на высоту, пленил плен и дал дары человекам. А „восшел" что означает, как не то, что Он и нисходил прежде в преисподние места земли? Нисшедший, Он же есть и восшедший превыше всех небес, дабы наполнить все» (Еф. 4:8–10), «...и не с кровью козлов и тельцов, но со Своею Кровию, однажды вошел во святилище и приобрел вечное искупление» (Евр. 9:12) — становится ясным, что святилище находится превыше всех небес, куда Господь Иисус вознесся и сел одесную Отца на престоле Его: «Сего Иисуса Бог воскресил, чему все мы свидетели... „сказал Господь Господу моему: седи одесную Меня, доколе положу врагов Твоих в подножие ног Твоих" (Деян. 2:32–35; Евр. 1:13). И об этом напрямую возвестил Господь Бог от древности через пророка Исаию: «Так говорит Высокий и Превознесенный, вечно Живущий, — Святой имя Его: Я живу на высоте небес и во святилище» (Ис. 57:15) — то какой же Его рост, какой же большой Бог, если престол Его превыше всех небес, а земля — подножие ног Его?! Если при этом первое небо — небо, на котором Бог поставил солнце и луну управлять днем и ночью, и звезды; то еще написано о третьем небе, на которое был восхищен человек (Быт. 1:14–18; 2Кор. 12:2–4). Слово истины далее возвестило: «Единый имеющий бессмертие, Который обитает в неприступном свете, Которого никто из человеков не видел, и видеть не может. Ему честь и держава вечная! Аминь» (1Тим. 6:16). Это означает, что неприступный свет находится превыше всех небес, он и есть святилище, где живет Бог, где находится Его трон, на котором справа у Отца сидит Сын Божий, Иисус Христос! Читая все это, становится ясным, какой большой рост у Бога, человеку просто невозможно представить себе — размеры Бога непостижимы. Он сказал: «Поднимите глаза ваши на высоту небес и посмотрите, кто сотворил их?..» (Ис. 40:26). Солнце — какая величина его? Оно находится миллионы километров от земли и как светит, и греет, и обогревает всю землю! Оно выдает каждую секунду столько энергии, что все человечество, вместе взятое, вообще не имеет никакой возможности произвести столько энергии за целый год, сколько солнце выдает за секунду или минуту. Какая величина — вся вселенная со всеми небесами, сотворенная Богом — уже не постичь человеку никакой наукой! То Сам Бог неизмеримо больше всей вселенной, ведь Он ее сотворил!

Итак, где живет Господь Бог? — на высоте небес, во святилище, в неприступном свете. Но есть еще одно место во вселенной, где также живет Бог: «...Я живу на высоте небес и во святилище, и также **С СОКРУШЕННЫМИ И СМИРЕННЫМИ ДУХОМ**, чтобы оживлять дух смиренных и оживлять сердца сокрушенных — Вот на кого Я призрю: на смиренного и сокрушенного духом и на трепещущего пред словом

Моим» — «Жертва Богу — дух сокрушенный; сердца сокрушенного и смиренного Ты не презришь, Боже» — «Блаженны нищие духом, ибо их есть Царство Небесное... Блаженны чистые сердцем, ибо они Бога узрят» (Ис. 57:15, 66:2; Пс. 50:19; Мф. 5:3–8).

## ЕСТЕСТВО БОГА

Кто есть Бог, каков Он и каково Его естество? Сам Господь Иисус Христос сказал об этом немногими словами: «Бог есть Дух» (Ин. 4:24).

Далее Господь открыл Себя многими именами: «Господь, Бог Твой, есть огнь поядающий, Бог ревнитель» (Втор. 4:24; Нав. 24:19; Евр. 12:29). «Бог есть свет» (1Ин. 1:5). «Бог есть любовь» (1Ин. 4:8,16). «Бог мира — любви и мира» (1Кор. 14:33; 2Кор. 13:11; 1Фес. 5:23). Бог называет Себя: «Я Господь, это — Мое имя, и не дам славы Моей... истуканам» (Ис. 42:8). Далее через пророка Исаию называет Бог Себя: «Не Я ли, Господь? и нет иного Бога, кроме Меня, Бога праведного и спасающего нет кроме Меня» (Ис. 45:21), то есть одновременно называет Себя Господом и Богом, поэтому уже полное Его имя: Я — Господь Бог! «Так говорит Господь, Искупитель твой, Святой Израилев: Я — Господь, Бог твой» (Ис. 48:17). Но это еще не все имена. Когда Бог посылает Моисея вывести Израиля из плена Египетского, Моисей говорит: «Вот, я приду к сынам Израилевым и скажу им: «Бог отцов ваших послал меня к вам». А они скажут мне: «Как Ему имя?» Что сказать мне им? Бог сказал Моисею: Я есмь Сущий! И сказал: так скажи сынам

Израилевым: Сущий послал меня к вам. И сказал еще Бог Моисею: так скажи сынам Израилевым: Господь, Бог отцов ваших, Бог Авраама, Бог Исаака и Бог Иакова, послал меня к вам. Вот имя Мое навеки, и памятование обо Мне из рода в род» (Исх. 3:13–15).

Есть еще много имен у Бога, которые есть Его естество и одновременно имена: Бог есть правда: «Правда Твоя — правда вечная» (Пс. 118:142; Зах. 8:8; Пс. 144:7; Притч. 12:28). Бог мира — Бог терпения — Бог надежды (Флп. 4:9; Рим. 15:5,13,33; 1Тим. 6:11) — одновременно имя и естество Бога — явления в действии Духа Святого, ибо Бог есть Дух и все Его проявления духовные, небесные, святые!

Бог есть Слово, оно в начале было у Бога и было Бог, которое в нужное время по воле Бога Отца стало плотью, и явился Сын Божий Иисус Христос, чрез Которого Бог Отец явил благодать и истину — учение Господа Иисуса Христа (Ин. 1:1–18).

Именно Бога Отца, Которого никто не видел и видеть не может, ибо слишком велик, явил людям Сын Божий, Который тоже Бог, одно с Отцом (1Ин. 5:20; Ин. 10:30, 14:8–9). Поэтому, чтобы в полноте понять Бога, необходимо просто понять Господа Иисуса Христа: кто Он был и каким Он был, ибо в Нем обитала полнота Бога телесно (Кол. 2:9). Всё, кем был Христос, как выражалась Его полнота, это всё есть Бог и Его естество:

| | |
|---|---|
| Иисус Христос — Господь: | 1Кор. 8:6; Деян. 2:36 |
| Дух Святой: | 2Кор. 3:17 |
| Любовь: | 1Ин. 4:15–16 |
| Свобода: | 2Кор. 3:17 |
| Премудрость, праведность, освящение, искупление: | 1Кор. 1:30; 1Пет. 1:18–19; Еф. 1:7 |
| Мир наш: | Еф. 2:14 |
| Он есть прежде всего: | Кол. 1:17 |
| Творец всего: | Кол. 1:16; Евр. 1:2; Ин. 1:3 |
| Все для Него, все Им стоит: | Кол. 1:15–17 |
| Чудный, Советник, Бог крепкий, Отец вечности: | Ис. 9:6 |
| Спаситель мира: | Деян. 4:12; 1Ин. 4:14 |
| Дверь: | Ин. 10:7 |
| Путь, истина и жизнь: | Ин. 14:6, 5:26; Притч. 8:35; 1Ин. 1:2 |
| Хлеб жизни — истинная пища и питие: | Ин. 6:27, 51–55 |
| Свет миру — свет жизни: | Ин. 8:12, 12:46 |
| Краеугольный камень: | 1Пет. 2:6; Еф. 2:20–22 |
| Огнь поядающий: | Евр. 12:29 |
| Агнец Божий: | Ин. 1:29 |

# О БОГЕ

| | |
|---|---|
| Первосвященник: | Евр. 5:1–6 |
| Пастырь добрый: | Ин. 10:11,14 |
| Глава Церкви: | Кол. 1:18 |
| Истинная виноградная лоза: | Ин. 15:1 |
| Обрезание наше: | Кол. 2:11; Рим. 2:28–29 |
| Ходатай Нового Завета: | Евр. 9:13–15 |
| Поручитель Нового Завета: | Евр. 7:22 |
| Воскресение: | Ин. 11:25 |
| Первенец из мертвых: | Кол. 1:18; Откр. 1:5 |
| Наследник всего: | Евр. 1:2 |
| Судия всех: | Деян. 10:42, 17:30–31 |
| Второй человек: | 1Кор. 15:47 |
| Первый и последний: | Откр. 1:17 |
| Свидетель верный: | Откр. 1:5, 3:14 |
| Корень и потомок Давида: | Откр. 22:16 |
| Звезда утренняя, светлая: | Откр. 22:16 |
| Светильник нового города Иерусалима: | Откр. 21:23 |
| Он вчера и сегодня и вовеки Тот же: | Евр. 13:8 |

Иисус Христос, Который от вечности был Слово у Бога и был Бог, так и сегодня есть слово живое — учение Его, от Которого никто и ничто скрыться не может, ибо Он наполнил Собою все (Еф. 4:10). Слово, которое есть Господь и Бог, «живо и действенно и острее всякого меча обоюдоострого: оно проникает до разделения души и духа, составов и мозгов и судит помышления и намерения сердечные. И нет твари, сокровенной от Него, но все обнажено и открыто перед очами Его: Ему дадим отчет!» (Евр. 4:12–13). «Страшно впасть в руки Бога живого», оставаясь грешником в неправде! (Евр. 10:31).

## БОГ ЕСТЬ ПРАВДА

«С кем советуется Он, и кто вразумляет Его и наставляет Его на путь правды, и учит Его знанию, и указывает Ему путь мудрости?» — «Воздайте славу Богу нашему! Он твердыня; совершенны дела Его, и все пути Его праведны; Бог верен, и нет неправды в Нем; Он праведен и истинен» (Ис. 40:14; Втор. 32:3–4).

От самой древности, от начала всего, Господь Бог открылся как Дух правды (Пс. 111:3,9). В Новом Завете говорится о Сыне Божием: «Престол Твой, Боже, в век века; жезл Царствия Твоего — жезл правоты. Ты возлюбил правду и возненавидел беззаконие, посему помазал Тебя, Боже, Бог Твой, елеем радости более соучастников Твоих» (Евр. 1:8–9). Вообще вся Библия раскрывает исключительно одну тему: Бог есть правда, Он любит правду, правда Бога — вечная и непреходящая, она — жизнь и нет смерти в ней!

Почему по Писанию, начиная от всей древности, Господь Бог открывает о Себе, что Он есть правда, что у Него нет изменения и ни тени перемены? (Евр. 13:8). Бог один имеет бессмертие, обитает в неприступном свете (1Тим. 6:16). Свое бессмертие Бог явил человечеству этого земного мира словом правды, которое есть Христос! (Ин. 1:14–18). Отсюда становится очевидным и ясным, что бессмертие, жизнь вечную, несет собою **ТОЛЬКО СЛОВО ПРАВДЫ** — Евангелие Божие. Искажение этого слова несет смерть: «На пути правды жизнь, и на стезе ее нет смерти» (Притч. 12:28).

О том, что правда бессмертна, потому что правда Его есть Он Сам, Его Святой Дух, говорят следующие места Писания:

- «А Господь Бог есть истина; Он есть Бог живой и Царь вечный» (Иер. 10:10).

- «Правда Твоя — правда вечная» (Пс. 118:142). «Правда Моя не престанет!» — «Правда Его пребывает вовек!» (Ис. 51:6; Пс. 110:3,7–8).

- «Ты — Бог, не любящий беззакония; у Тебя не водворится злой» (Пс. 5:5).

- «Страх Господень — ненавидеть зло; гордость, и высокомерие, и злой путь, и коварные уста я ненавижу. У меня совет и правда; я — разум, у меня сила. Я хожу по пути правды, по стезям правосудия» (Притч. 8:13–14,20).

- «Блажен народ, у которого Господь есть Бог, — племя, которое Он избрал в наследие Себе — Близок Господь ко всем призывающим Его, ко всем призывающим Его в истине — Хранит Господь всех любящих Его, а всех нечестивых истребит» — «Притом знаем, что любящим Его, призванным по Его изволению, все содействует ко благу» — «Бог есть Дух, и поклоняющиеся Ему должны поклоняться в духе и истине!» (Пс. 32:12, 144:18,20; Рим. 8:28; Ин. 4:24).

- «Правда прямодушных (не лукавых, а искренних) спасет их» — «Блаженны хранящие суд и творящие правду во всякое время!» (Притч. 11:6; Пс. 105:3).

В Ветхом Завете правда Божия была изложена буквой закона для плоти, для душевного человека. Закон был мертвой буквой, он не был Духом животворящим, однако закон выражал всю волю Бога, и человеку надлежало закон исполнять. С явлением Иисуса Христа явилась сама правда — Сам Бог Иисусом Христом: «Но ныне, независимо от закона, явилась правда Божия, о которой свидетельствуют закон и пророки, правда Божия через веру в Иисуса Христа» (Рим. 3:21–22).

Господь наш Иисус Христос, благовествуя, проповедуя слово правды, которое есть все Его учение Нового Завета, говорил и убеждал: «Блаженны алчущие и жаждущие правды, ибо они насытятся!» (Мф. 5:6). И теперь все Евангелие Иисуса Христа открывает Бога, Который есть любовь, в Нем нет совершенно никакой тьмы: «Бог есть свет, и нет в Нем никакой тьмы» (1Ин. 1:5).

Вопрос становится ясным: чтобы быть с Богом, войти в Его Небесное, вечное, никогда не кончающееся святое Царство, необходимо понять Бога: Он — правда и чистота, Святой и Праведный; никто и ничто другое, какая-либо неправда, нечистота не может найти у Бога и в Его Царстве места — это абсолютно невозможно!

Правда, или другим словом истина, есть только одна, нет второй или третьей! На земле диавол родил через людей много правд, но все они не есть правда! Правда есть только у Бога. Правда Бога имеет одно имя: чистота! — «Он чист!» (1Ин. 3:3), «образцом… в чистоте!» (1Тим. 4:12), «проводить нам жизнь… во всяком благочестии и чистоте!» (1Тим. 2:2), на небесах для вас (для нас) — наследство нетленное, чистое! (1Пет. 1:4), «Цель же увещания есть любовь от чистого сердца!» (1Тим. 1:5), «Для чистых все чисто!» (Тит. 1:15), «Блаженны чистые сердцем!» (Мф. 5:8), «Возлюбите чистое словесное молоко!» (1Пет. 2:2). Ветхий Завет: Пс. 118:140; Притч. 30:5; Пс. 17:31 — «Чисто слово Господа». Оно всегда правда и чистота! Оно всегда любовь и истина!

Итак, Бог есть абсолютная правда, и кто желает Бога, желает иметь Бога и жить Богом вечно — должен это понять и знать, принять эту абсолютную правду, полюбить ее больше своей земной жизни и предоставить себя ей, чтобы правда Бога завладела человеком полностью, без остатка!

## ТАЙНА БОГА И ОТЦА И ХРИСТА

«Сокрытое принадлежит Господу, Богу нашему, а открытое — нам и сынам нашим…» (Втор. 29:29). «Господи! не надмевалось сердце мое, и не возносились очи мои, и я не входил в великое и для меня недосягаемое», — молился и говорил Давид (Пс. 130:1–3).

Апостол Павел пишет: «Кто думает, что он знает что-нибудь, тот ничего еще не знает так, как должно знать. Но кто любит Бога, тому дано знание от Него» (1Кор. 8:2–3) — но какое и о чем знание дано от Него? Никак не знание о тайне Божества вообще! Слово говорит: теперь знаю я отчасти; когда наступит совершенное, тогда то, что отчасти, прекратится — тогда познаю, подобно как я познан (1Кор. 13:10,12) — это слово показывает, что здесь, находясь в физическом теле, только отчасти дано познавать; совершенное познание наступит, когда окажемся в духовном теле!

Далее слово говорит: что можно знать о Боге — дано, но о Боге людям не дано всё знать, а только то, что можно и нужно знать. Поэтому никоим образом не следует превозноситься в этом вопросе.

Что же открывает нам Писание о Боге? — Бог один, но Он и триедин: «Ибо три свидетельствуют на небе: Отец, Слово и Святой Дух; и Сии три суть едино» (1Ин. 5:7); так и человек сотворен триединым по образу и подобию Божию: «и ваш дух и душа и тело...» (1Фес. 5:23; Быт. 1:27). Слово стало плотию, явился Иисус Христос — Сын Божий; отсюда: «Идите, научите все народы, крестя их во имя Отца и Сына и Святого Духа, уча их соблюдать всё, что Я повелел вам; и се, Я с вами во все дни до скончания века» (Мф. 28:19–20). Отец, Сын, Дух Святой — суть Бог, а Бог — один, нет двух или трех богов. Есть только один Бог (Гал. 3:20). «Ибо един Бог, един и посредник между Богом и человеками, человек Христос Иисус» (1Тим. 2:5). Написано: «Дабы утешились сердца их, соединенные в любви для всякого богатства совершенного разумения, для познания тайны Бога и Отца и Христа» (Кол. 2:2).

О тайне Бога Отца и Христа Иисус Христос говорит так: «Всё предано Мне Отцом Моим; и кто есть Сын, не знает никто, кроме Отца, и кто есть Отец, не знает никто, кроме Сына, и кому Сын хочет открыть» (Лк. 10:22).

Не один раз сказано в Писании, что Господь Иисус Христос есть истинный Бог (1Ин. 5:20) — «...Сущий над всем Бог, благословенный вовеки» (Рим. 9:5). Сам Бог называет Иисуса Христа Богом: «А о Сыне: «престол твой, Боже, в век века; жезл царствия Твоего — жезл правоты. Ты возлюбил правду и возненавидел беззаконие, посему помазал Тебя, Боже, Бог Твой елеем радости более соучастников Твоих» (Евр. 1:8–9) — в этих стихах два раза Иисус Христос назван Богом. Сам Господь так же сказал: «Я и Отец — одно!» (Ин. 10:30). На основании этих мест Писания — Бог и Его Божество в целом, вместе со Христом, остается великой тайной, которую умом никакой человек не может разрешить и верно истолковать!

Сегодня проповедуется религиозным христианством: Христос воскрес из мертвых, вознесся на небо и сидит одесную (справа) Отца, то есть на троне с Богом; на землю послан и действует Дух Святой, третья личность Божества. Получается, что не Христос действует в уверовавших (Он — на небе, Ему надо молиться), а действует в сердцах так называемых христиан самостоятельно Дух Святой. Верно ли такое учение?

Писание говорит, что во всех древних пророках обитал Дух Христов (1Пет. 1:11). Господь так же сказал Сам о Себе: «Тогда сказали Ему: кто же Ты? Иисус сказал им: от начала Сущий, как и говорю вам» — сравним, как Бог сказал Моисею: «Я есмь Сущий. И сказал: так скажи сынам Израилевым: Сущий послал меня к вам!» (Ин. 8:25; Исх. 3:14). Что же получается? Есть Бог — Отец, есть Бог — Сын и Человек Иисус Христос, есть Бог — Дух Святой. Но кто есть Дух Святой? Бог есть Дух (Ин. 4:24); Господь Иисус тоже есть Дух (2Кор. 3:17) — Дух

Христов (Рим. 8:9). Что же, все они разные Духи? — никак нет, Бог и есть Дух Святой, и в этом Духе Святом есть и Отец и Сын — единое целое! Отец не бывает вне Сына, а Сын не бывает вне Отца, оба — Дух Святой, или Дух истины. Об этом Господь говорит определенно и ясно: «Если бы вы знали Меня, то знали бы и Отца Моего. И отныне знаете Его (Отца) и видели Его. Филипп сказал Ему: Господи! покажи нам Отца, и довольно для нас. Иисус сказал ему: столько времени Я с вами, и ты не знаешь Меня, Филипп? Видевший Меня видел Отца; как же ты говоришь: "покажи нам Отца"? Разве ты не веришь, что Я в Отце и Отец во Мне? Слова, которые говорю Я вам, говорю не от Себя; Отец, пребывающий во Мне, Он творит дела» (Ин. 14:7–10).

Итак, как понять вопрос: кто живет в человеке, уверовавшем по истине? На этот вопрос есть ясный ответ, стоит только прочитать один стих: «Но вы не по плоти живете, а по духу, если только Дух Божий живет в вас. Если же кто Духа Христова не имеет, тот и не Его» (Рим. 8:9) — очень ясно и определенно показано: Дух Божий и Дух Христов — один и тот же Дух; Дух Божий, живущий в человеке, есть Дух Христов!

Господь также сказал: «Я умолю Отца, и даст вам другого Утешителя... Духа истины... Не оставлю вас сиротами; приду к вам!» (Ин. 14:16–18). Говоря о другом Утешителе, Господь говорил Сам о Себе — Он и пришел к Своим ученикам по воскресении. Почему же Господь назвал Его «другой Утешитель»? — потому что Он был человеком во плоти на земле, после воскресения стал уже не во плоти, которая была распята на кресте и умерла, а Духом животворящим: «Первый человек Адам стал душою живущею; а последний Адам есть Дух животворящий» (1Кор. 15:45). Господь и сегодня приходит к человеку, принимающему Его, Духом животворящим, вселяется в него, становясь его совестью и умом, то есть жизнью человека: «Когда же явится Христос, жизнь ваша, тогда и вы явитесь с Ним во славе!» (Кол. 3:1–4).

Поэтому учение о том, что на земле действует Дух Святой, а не Христос, не оправдывает себя — на земле действует Бог: «Один Бог и Отец всех, Который над всеми, и через всех, и во всех нас!» (Еф. 4:6).

И, однако, Их — двое, как сказал Господь: «Вы судите по плоти; Я не сужу никого. А если и сужу Я, то суд Мой истинен, потому что Я не один, но Я и Отец, пославший Меня. А и в законе вашем написано, что двух человек свидетельство истинно. Я Сам свидетельствую о Себе, и свидетельствует о Мне Отец, пославший Меня. Тогда сказали Ему: где Твой Отец? Иисус отвечал: вы не знаете ни Меня, ни Отца Моего!» (Ин. 8:15–19). Господь не сказал: «Мы трое: Отец, Я и Дух Святой». Почему Он назвал только двоих, Я и Отец? — остается тайной! Почему Иисус Христос с Отцом стали двое? — потому что Слово истины, Дух премудрости Божией получил тело, сначала физическое по плоти, чтобы иметь что принести в жертву (Евр. 8:1–4), затем, по воскресении — духовное тело. Отсюда двое, Отец и Сын, однако Они одно, друг в друге нераздельно! То есть Сам Бог, Его Божество вечное, нетленное, тайна вечной жизни, **ОСТАЕТСЯ ТАЙНОЙ И ВТАЙНЕ** (Мф. 6:6), Которому дано людям верить или не верить, как оно и есть до сего самого дня!

# СОТВОРЕНИЕ ВСЕЛЕННОЙ И ЧЕЛОВЕКА

## 02
ГЛАВА

- 38 — Зачем Бог сотворил человека?
- 41 — Душа — личность человека
- 44 — О совести
- 49 — О теле

«Когда взираю я на небеса Твои — дело Твоих перстов, на луну и звезды, которые Ты поставил, то что есть человек, что Ты помнишь его, и сын человеческий, что Ты посещаешь его? Не много Ты умалил его пред Ангелами: славою и честью увенчал его; поставил его владыкою над делами рук Твоих; всё положил под ноги его: овец и волов всех, и также полевых зверей, птиц небесных и рыб морских, все, преходящее морскими стезями. Господи, Боже наш! Как величественно имя Твое по всей земле!» (Пс. 8:4–10).

## ЗАЧЕМ БОГ СОТВОРИЛ ЧЕЛОВЕКА?

В Своей непостижимой премудрости великий Бог восхотел сотворить человека. Но прежде сотворения человека Бог сотворил дом для человека — физическую вселенную (Быт. 1:28, 12:7, 17:8; Пс. 8:1–10, 113:24; Нав. 1:2–5; Иер. 51:9). Эта вселенная временная, она прейдет, как об этом и написано: «Который ныне дал такое обещание: «еще раз поколеблю не только землю, но и небо». Слова: «еще раз» означают изменение колеблемого, как сотворенного, чтобы пребыло непоколебимое (то есть вечное, непреходящее!)» (Евр. 12:25–27).

Становится вопрос: зачем великий бессмертный Бог всё это сотворил, зная хорошо, что всё сотворенное — временное? зачем Господу Богу всё это было нужно? Вывод вытекает один: у Бога была цель! Но какая?

Когда вся вселенная была сотворена, то всё было готово для создания человека. Создание человека и было намерением Бога, как написано: «От одной крови Он произвел весь род человеческий для обитания по всему лицу земли, назначив предопределённые времена и пределы их обитанию, дабы они искали Бога, не ощутят ли Его и не найдут ли — хотя Он и недалеко от каждого из нас — Сам давая всему жизнь и дыхание и всё!» (Деян. 17:26–27,25).

«И сказал Бог: сотворим человека по образу Нашему и по подобию Нашему... И создал Господь Бог человека из праха земного, и вдунул в лицо его дыхание жизни, и стал человек душою живою» (Быт. 1:26, 2:7) — как просто сказано! Но если подумать и представить себе: сотворен из праха! Бог взял землю, точнее, глину (сказано о человеке, что он из глины: Ис. 64:8; Иов. 10:9) и стал создавать человека: сотворил голову с глазами, ушами, носом, ртом — это более простые органы по сравнению с мозгом. Какой надо было иметь ум и знание, чтобы сотворить из глины миллиарды клеток мозга — умом человеческим это невозможно понять... Взять кровеносную систему в человеке, в которой душа человека — какая это тайна! А желудок человека, который перерабатывает пищу! Сердце человека! Глаза, которые смотрят! Уши, которые слышат! Всё это сотворил Бог из праха, из глины. Затем вдунул дыхание жизни, и ожило всё в человеке, ожили и начали действовать все органы. Человек начал дышать, сердце стало работать, гоняя кровь. Во всём этом великом и чудесном творении какое участие принял сам человек? — никакого! То, что он появился, заслуга только непостижимо великого Бога — Он сотворил человека!

Но не только физическое тело создал Бог. Цель Бога — сотворить не только наружного, но и внутреннего духовного человека. Стоит вопрос: для чего? Многие стараются дать ответ на этот вопрос и ответы разные, но из Библии вытекает один ответ: Бог восхотел построить Себе дом (Еф. 3:1–12). Для сего и сотворил Бог человека, чтобы люди через Иисуса Христа стали живыми камнями, чтобы из них построить Свой вечный дом — Небесный Иерусалим (Откр. 21:1–5) для вечного Своего пребывания в гармонии любви с людьми (2Кор. 6:16–18; 1Кор. 3:16–17), как написано: «не видел того глаз, не слышало ухо, и не приходило то на сердце человеку, что приготовил Бог любящим Его!» (1Кор. 2:9).

Из множества людей созидается и строится дом Божий, в котором Бог будет жить вечно! «Ибо всякий дом устрояется кем-либо; а устроивший всё есть Бог. И Моисей верен во всем доме Его, как служитель... а Христос — как Сын в доме Его; дом же Его — мы, если только дерзновение и упование, которым хвалимся, твердо сохраним до конца» (Евр. 3:4–6). «Дом же Его — мы» — в этом предназначение человека! Если в нем не живет Бог, то человек свое предназначение не выполняет, и от этого нет ему успокоения, он не может найти удовлетворение ни в чем, что бы он ни делал. Хотя и делают люди очень много всего, ища удовлетворения и успокоения, но всё заканчивается пустотой. Только Бог, поселившись в человека, приносит успокоение и удовлетворение.

Великий Бог сотворил человека из праха, чтобы превратить его в **ДУХОВНОГО ЧЕЛОВЕКА**, святого и праведного, чтобы быть человеку красотою творения, чтобы он цвел и благоухал в доме Бога, чтобы он знал Бога, жил Богом и возвещал совершенства Бога.

# ДУША — ЛИЧНОСТЬ ЧЕЛОВЕКА

Слово нам открывает, что человек сотворен по образу и подобию Божию (Быт. 1:26–27). Бог троичен (1Ин. 5:7), а значит и человек троичен, у него есть **ДУХ**, **ДУША** и **ТЕЛО**: «...и ваш дух и душа и тело во всей целости да сохранится без порока...» (1Фес. 5:23). Что же является личностью человека?

Душа и есть сама личность, и это можно показать на примере. Когда человек говорит с человеком или обращается с вопросом к нему, то кому говорит человек, к какой части из трех, составляющих человека: духу, душе или телу? Очень понятно, что говорит к личности, потому что человек есть личность, способная слушать и слышать, способная принять и поверить сказанному ей или же отвергнуть. Это показывает, что именно душа есть личность человека, ответственная вообще за всего человека, за его сегодня и за его завтра, за его спасение.

Речь идет о спасении человека: что же должно спастись? Господь ответил на этот вопрос: «Терпением вашим спасайте души ваши» (Лк. 21:19). «Терпение нужно вам, чтобы, исполнив волю Божию, получить обещанное» (Евр. 10:36). Кому нужно терпение? Кто должен исполнить волю Божию, чтобы получить обещанное: душа, дух или тело человека? — конечно же, душа (можно приводить еще много мест Писания, которые говорят о душе), которая и есть личность человека. **ДУША** же есть **УМ, ВОЛЯ** и **ЧУВСТВА**.

Человек имеет **УМ** — возможность думать, рассуждать, избирать. Например, когда человеку приходит то или иное учение посредством слова, то сначала он воспринимает это слово умом. Уже одно то, что он слышит — есть его ум; будучи без ума, человек слышать вообще не может. Затем человек принимает или отвергает идущее к нему слово.

Не имея в совести своей Бога, человек имеет плотской, душевный ум (1Кор. 2:14; Кол. 2:18), потому что каждый человек рождается в этот мир плотским, с законом греха и смерти внутри (Рим. 5:12). Помышления его плотские: всё для плоти, всё вокруг плоти (Рим. 8:5–8). Когда человек принимает сердцем драгоценную веру по правде Бога нашего — происходит рождение от слова истины. От веры слову истины происходит обновление ума (Рим. 12:2; Еф. 4:23), и помышления человека становятся духовными, ум его становится Христов (1Кор. 2:15–16).

**ВОЛЯ** определяет действия человека и зависит напрямую от веры человека. От самого начала, когда Адаму и Еве явилось слово от Бога в Едемском саду: «не вкушать», немедленно задействовала способность души — верить; проявилась вера, немедленно проявилась и воля — не вкушать! Но затем пришло другое слово от змея: «не умрете, но… будете, как боги, знающие добро и зло» (Быт. 3:4–5). Явилась вера этому слову: «И увидела жена, что дерево хорошо для пищи… и вожделенно, потому что дает знание»; произошло действие — воля проявила себя: «и взяла плодов его и ела; и дала также мужу своему, и он ел» (Быт. 3:6).

Итак, вера и воля друг без друга не бывают. Начало веры, потом и воли — всегда слово: или правды, или лжи. Какое бы ни пришло слово — немедленно проявится вера и воля: или отвергнуть, или принять. Вера — всегда двигатель, воля — исполнитель! Воля человека не бывает независимой: от кого слово веры, от того и действие воли.

**ЧУВСТВА** у человека, так же как ум и воля, могут быть водимы чисто плотью, как например, чувство голода, чувство тепла или холода: «...ест досыта, а также греется и говорит: «хорошо, я согрелся; почувствовал огонь» (Ис. 44:16). Но чувства могут быть и духовные, так как человек создан Богом как сосуд для содержания в себе духа. Писание нам говорит: «Ибо в вас должны быть те же чувствования, какие и во Христе Иисусе...» (Флп. 2:5). От того, кто живет в человеке, зависят его чувства и его ум. По мере того как Иисус Христос заполняет человека, его чувства становятся Христовыми, не душевными, но духовными, небесными, праведными, свободными от зла и лжи, приобретают навык к различению добра и зла (Евр. 5:14; Рим. 14:17).

Душа человека имеет дух, то есть **СОВЕСТЬ**. Душа, как личность, ответственна, кто будет жить в совести, потому что совесть есть живущий в человеке дух: либо Божий Дух, либо дух диавола.

Вполне может возникнуть вопрос: зачем нужна совесть, если душа, как личность, ответственна за спасение и может действовать самостоятельно, не подчиняясь совести? Умом человек думает, вникает, соглашается, принимает, но доколе не свершится в совести, человек будет сомневаться: душой соглашается, а совесть противится! Душа нуждается в основании, в поддержке, в водительстве, и это она может получить только из совести, то есть совесть есть опора душе, потому что совесть — дух вселившийся, который есть абсолют неизменяемый никогда: или ложь, или правда. Совесть направляет, влечет, подсказывает душе, советует, предлагает, но решение всегда за душой.

Если совесть порочна, то душе приходится держаться буквы закона умом и сражаться против собственной совести (религиозное положение, когда человек борется с самим собой, хочет быть хорошим, добрым, правдивым, но это не получается). Если же совестью человека стал Господь Иисус Христос, свершилась смерть для мира, зла, лжи, тайна вечной жизни водворилась в совести, то душа может полностью положиться на совесть, давать управлять собой, направлять себя.

## О СОВЕСТИ

В книгах Ветхого Завета нет абсолютно никакого учения о совести — ее как будто нет у человека! Всегда говорится только о душе вместе с духом: «И приходили все, которых влекло к тому сердце, и все, которых располагал дух, и приносили приношения Господу...» (Исх. 35:21) — речь никак не отдельно о совести, но всегда о личности человека, потому что до явления на землю Господа совесть и душа были мертвы для Бога: «Одним человеком грех вошел в мир, и грехом — смерть, так и смерть перешла во всех человеков, потому что в нем все согрешили!» (Рим. 5:12). О совести, как о духе человека, появилось учение только в Новом Завете.

Однако бытует понимание, что совесть есть воспитание души по закону любой религии, опираясь на место Писания: «Тут книжники и фарисеи привели к Нему женщину, взятую в прелюбодеянии, и, поставив ее посреди, сказали Ему: Учитель! эта женщина взята в прелюбодеянии; а Моисей в законе заповедал нам побивать таких камнями.

Ты что скажешь? Говорили же это, искушая Его, чтобы найти что-нибудь к обвинению Его... Он, восклонившись, сказал им: кто из вас без греха, первый брось на нее камень. И опять, наклонившись низко, писал на земле. Они же, услышав то и будучи обличаемы совестью, стали уходить один за другим, начиная от старших до последних; и остался один Иисус и женщина, стоящая посреди» (Ин. 8:3–11). И так учат, что они были научены закону, и по закону совесть их обличила. Закон Моисея — закон добра; выходит, что добро их обличило, и они, оставив женщину, уходили один за другим. Но вопрос: что их обличило? Здесь следует посмотреть глубже, кто были эти люди — книжники и фарисеи. Они были врагами Господу, они были против Него, искали повода погубить Его (стоит прочитать Матфея 23 главу, где Господь очень подробно говорит: «лицемеры», «гробы окрашенные», «змии, порождения ехиднины», «вожди слепые») и в конечном итоге осудили невинного и распяли! То есть это были люди, полностью водимые диаволом, не так ли? Где в этих людях жил диавол? Или он не жил в них? Возможно, сидел на левом плече и нашептывал в левое ухо — так утверждают в религии. Ведь в религии и мысли не допускают, что диавол живет в совести.

А как по истинному слову Господа? Он очень ясно сказал: «Ибо из сердца исходят злые помыслы, убийства, прелюбодеяния, любодеяния, кражи, лжесвидетельства, хуления — это оскверняет человека...» (Мф. 15:19–20) — всякое зло и всякая ложь из сердца исходят, то чей это дух? Эти люди своим умом во внутреннем человеке находили удовольствие в законе Божием и старались ревностно исполнять его, но были уловлены грехом и делали то, что умом не хотели делать.

Становится вопрос: Господь сказал, что изнутри, из сердца исходит вся мерзость и нечистота, а к Римлянам в седьмой главе объясняется так, что по внутреннему человеку нахожу удовольствие в законе Божием, умом служу закону Божию (Рим. 7:25). Как это понять? Изнутри и то и другое? Кажется необъяснимо — тупик! Но именно это положение открывает тайну совести, ибо написано: «Очистив сердца от порочной совести» (Евр. 10:22). Если в сердце — личность самого человека, жизнь личности, то как же там, в сердце, находится и дух человека, то есть совесть?! Личность человека есть его голова — ум и сердце — центр, откуда кровь начинает свое течение и распространяет чувствования личности, потому что душа в крови! Совесть же — дух человека, независимый орган от души, находится в центре, в самой основе души, и составляет силу, огонь жизни человека, которую вдунул Бог от Себя в сотворенное Им тело из праха! (Быт. 2:7, 1:26–28). Итак, сердце — душа, ядро души — **СОВЕСТЬ**! Душой человек хочет доброго, старается, но делает то, что не хочет делать — сила, составляющая совесть, сильнее души, увлекает душу, улавливает, побеждает, и душа делает то, чего ранее не хотела делать.

Стало ясно, что закон не в совести, а в уме, или в душе — сердце, а в сердце — порочная совесть. Эта порочная или нечистая совесть (Тит. 1:15) есть закон греха и смерти, или сам диавол. И теперь вернемся назад к тому моменту, когда совесть обличала фарисеев (Ин. 8:9), и спросим: кто составлял совесть этих людей? У этих людей, книжников и фарисеев, совесть была порочна или нет? Они были неверные, враги Господу, действовали против Господа: «Берегитесь закваски фарисейской» (Лк. 12:1) — совесть их была нечистая, порочная!

То чей это дух нечистый в совести? Ответ ведь ясен: нечистый дух — есть дух диавола, это подтверждается многими местами Писания (Мф. 10:1; Мк. 6:7, 3:11, 5:13; Деян. 8:7; Ис. 35:8). Исходя из этих мест Писания, становится предельно ясно, что совесть книжников и фарисеев была нечиста, то есть совесть составлял закон греха и смерти. Спрашивается, будучи обличаемы совестью, кто обличал их из совести? — конечно же, диавол, который на основании закона только то и делал, что осуждал их в том, что они грешники. И они поняли, что Господь знает их внутренность, и если только кто поднимет камень и бросит на женщину, тут же будет разоблачен Господом, поэтому и стали уходить один за другим.

Девятая и десятая главы послания к Евреям определенно учат, что освобождение от закона греха и смерти, совершенство спасения достигается в совести. По закону Моисея человек сам, своей волей и умом, должен был достигнуть чистоты совести, но это оказалось невозможным, иначе не надо было бы приходить Христу для очищения совести. Совесть была мертва в законе греха и смерти. Христос победил, явился свет.

Далее может встать вопрос об Апостоле Павле, который служил Богу от прародителей всей доброй совестью. Он по закону был непорочен, но что он творил и делал, будучи Савлом? — «...я жестоко гнал Церковь Божию и опустошал ее... будучи неумеренным ревнителем отеческих моих преданий» (Гал. 1:13–14); «Я даже до смерти гнал последователей сего учения, связывая и предавая в темницу и мужчин и женщин... шел (в Дамаск), чтобы тамошних привести в оковах в Иерусалим на истязание» (Деян. 22:4–5) — чей это дух действовал в нем? По закону, по плоти он был беспорочен, даже мог надеяться на плоть (Флп. 3:4,6); совесть не могла его судить, потому что он так ревностно исполнял закон, что диавол не имел возможности осуждать и судить его — отсюда его знание чистой совести. Однако в духе его, в совести, действовала сила на убийство и опустошение Церкви; он «дыша угрозами и убийством» на верующих, делал это в неведении, поэтому и отказался от праведности по закону, почел за сор, чтобы приобрести Христа!

В немецком языке совесть называется Gewissen. Если перевести на русский язык, то получается: уверенность в знании или уверенное знание. Знание есть слово, слово есть дух. Христос есть слово знания: «...познаете истину, и истина сделает вас свободными» (Ин. 8:32). Слово истины, растворенное верою, становится совестью. Христос становится совестью, Он же — уверенное знание в совести уверовавшего. На совести покоится душа, другими словами, душа покоится на Христе.

Совесть неверующих людей есть также уверенное знание — слово лжи, сам диавол, или как написано, закон греха и смерти. Он влечет людей, побуждает, внушает душе, но имея страх закона, имея воспитание душевное (что хорошо и что плохо), человек подавляет диавола. Пока человек имеет силу воли своей, ему удается воздерживаться, удается подавлять в себе диавола и не делать зло. Но когда его сильно раздражили, разозлили, он теряет так называемое самообладание, и диавол, который всегда и жил в человеке, захватив уста, выходит из него потоком напрямую из совести. Придя в себя, силой своей воли человек снова загоняет в себя диавола и успокаивается до следующего раза. Так в жизни происходит до старости; в старости человек теряет силу воли своей, и диавол напрямую начинает проявлять себя тем, чем всегда и жил человек.

Следовательно, душа всегда опирается на это уверенное знание — совесть; поэтому человек говорит: «Я уверен!» Говорит это личность, душа, говорит так, потому что лежит на совести, которая придаёт душе уверенность в знании. Поэтому **СОВЕСТЬ ЕСТЬ ДУХ ЧЕЛОВЕКА**, слитый в одно или с духом лжи, или с Духом правды.

## О ТЕЛЕ

«Ибо всякая плоть — как трава, и всякая слава человеческая — как цвет на траве: засохла трава, и цвет ее опал; но слово Господне пребывает вовек; а это есть то слово, которое вам проповедано» (1Пет. 1:24–25).

«И возвратится прах в землю, чем он и был; а дух возвратится к Богу, Который дал его. Суета сует, сказал Екклесиаст, всё — суета!» (Еккл. 12:7–8). «В поте лица твоего будешь есть хлеб, доколе не возвратишься в землю, из которой ты взят, ибо прах ты и в прах возвратишься» (Быт. 3:19).

Речь о физическом земном теле, которое есть часть нас, поэтому тело играет очень большую роль в жизни тех, которые уверовали по истине и заимели Бога. Для душевных людей тело есть нечто самое главное, тогда как мы знаем, что главное в нашей жизни есть Иисус Христос в нас, ибо Он есть тайна жизни. Но это не то чтобы умалить, уменьшить значение тела нашего, ибо не будь тела земного, нас не было бы вообще.

«И создал Господь Бог человека из праха земного, и вдунул в лицо его дыхание жизни, и стал человек душою живою» — «Сеется тело душевное… не духовное прежде, а душевное, потом духовное» (Быт. 2:7; 1Кор. 15:44–48). Становится ясным: для того чтобы создать духовного человека по образу и подобию Своему, необходимо было начать с душевного, потом его преобразовать так, чтобы мог восстать духовный, то есть духовное тело: есть тело душевное, есть тело и духовное, но не духовное прежде...

Таково было начало человека: «и стал человек душою живою», жизнь которого только в том и выражалась: всё вокруг тела и для тела, другого для человека ничего не было. Он был душевным, телесным и мог знать о том, что хочет, в чем нуждается его тело: сильно холодно или сильно жарко, хочется пить, проголодался, захотел спать; будучи сытым, выспавшимся, не холодно и не слишком жарко, человеку хочется поиграться, поразвлечься и когда рядом жена—пробуждаются чувства или влечение друг ко другу, к размножению. Получается, душевная телесная жизнь человека только и отличалась от жизни животных тем, что люди могли рассуждать, думать, изобретать.

Когда Господь Бог дал им заповедь, тем самым пробудив их к послушанию и вере, они, конечно же, поверили и послушались Бога, но ненадолго; явился соблазн земной для тела и разума душевного человека — увлеклись, поверили, приняли жизнь по плоти и для плоти.

Жизнь по плоти есть жизнь вокруг тела, жизнь, движимая похотями и страстями, которая выразилась: «Ибо всё, что в мире: похоть плоти, похоть очей и гордость житейская не есть от Отца, но от мира сего» (1Ин. 2:16) — это жизнь по вере, которая и создала «ветхую тварь по Адаму». Господь Бог сотворил Адама чистым — без страсти, без похоти, без гордости. Когда Адам с Евой поверили змею, родилась жизнь по плоти со страстями и похотями, и гордостью; и чистое тело, сотворенное Богом, превратилось в тело смерти, в членах которого стал действовать закон греха и смерти, о котором Апостол Павел написал: «Бедный я человек! кто избавит меня от сего тела смерти?» (Рим. 7:24). Это есть начало развития жизни этого земного мира.

## ЗЕМНОЙ МИР — ЖИЗНЬ ДЛЯ ТЕЛА

По Писанию можно очень хорошо проследить, как создавался, развивался и устроялся этот земной мир, в жизни которого тело человека играет наиважнейшую роль. Развился и утвердился культ тела так, что всё поставлено на служение этому телу. Что люди ни делали бы — всё всегда для тела, ибо только удовлетворение тела есть и удовлетворение души. Если для тела чего-то не хватает — полное беспокойство души! Душа будет томиться и страдать, пока не добьется, не найдет, не достанет желаемое телу! Удовлетворив свое тело, душа как будто успокаивается. Однако тело всегда поражено похотью, которая суть чрезмерное (сверх потребного) угождение плоти, будь это нечто видимое: объедение, пьянство, курение, жадность или же малозаметное: придавать большое значение одежде, еде, отдыху или развлечению. И это никогда не дает человеку успокоиться, ведь похоти плоти, страсти, гордость ненасытимы: «А нечестивые как море взволнованное, которое не может успокоиться и которого воды выбрасывают ил и грязь. Нет мира нечестивым, говорит Бог мой!» (Ис. 57:20—21). И: «Они, дойдя до бесчувствия, предались распутству так, что делают всякую нечистоту с ненасытимостью» (Еф. 4:19).

Так сложился образ жизни этого мира, в котором основную роль сыграла вера: по вере родился образ жизни по плоти, верою развивался, верою устраивался, верою и живет по сей самый день. Эта вера состоит в том, что есть только жизнь по плоти, где физическое тело стоит на первом месте, и такому человеку совершенно абсурдно звучит учение об отвержении жизни по плоти: «Душевный человек не принимает того, что от Духа Божия, потому что он почитает это безумием, и не может разуметь, потому что о сем надобно судить духовно» (1Кор. 2:14).

Почему он почитает это безумием? — потому что у мира сего всё по образу своему: свои земные чувства — касаются только тела плоти; своя любовь — любит только земное, обязательно связанное с телом. То есть любовь в этом мире, чувства ли, желания ли, стремления ли — всё есть похоть плоти, похоть очей и гордость житейская. Тело взято из земли, его неуклонно и тянет только к земле, оно абсолютно земное.

Душа тоже соблазнена земным — господином ее стало тело, и другого не понимает и не может понимать. Отсюда люди в этом мире абсолютно земные: всё их развитие, всё направление, все стремления — в пользу телесного человека; поэтому очень и очень важно хорошо видеть и понимать суть земной жизни, которая исключительно есть по образу своему!

## НЕБЕСНЫЙ МИР — ЖИЗНЬ ПО ДУХУ

Если в жизни по плоти всё ради тела, то в небесном — как раз наоборот: совершенно не жить по плоти и по ее образу. «Итак, братия, мы не должники плоти, чтобы жить по плоти;

ибо если живете по плоти, то умрете... Посему живущие по плоти Богу угодить не могут» (Рим. 8:12–13,8).

Иисус Христос принес в этот мир возможность принять и жить совершенно другой жизнью — жизнью по Духу. Это есть жизнь Христом Иисусом, жизнь по внутреннему человеку, рожденному от Бога, когда тело плоти полностью отвергнуто, как образ жизни для него. Это жизнь, где тело полностью покорено новой жизни внутреннего человека по Богу, когда господин в совести есть Бог, Которому покорилась душа вместе с телом. Жизнь такого человека отдана Богу: всё для Бога, водиться Богом, жить для Него и Им! Тело снова стало чистым, свободным от похотей и гордости, и человек ухаживает за ним по потребности природной, управляет уже не тело душой, но душа управляет телом!

## ПРЕДСТАВЬТЕ ТЕЛА ВАШИ В ЖЕРТВУ БОГУ

«Горе вам, книжники и фарисеи, лицемеры, что очищаете внешность чаши и блюда, между тем как внутри они полны хищения и неправды. Фарисей слепой! очисти прежде внутренность чаши и блюда, чтобы чиста была и внешность их» (Мф. 23:25–26) — по верному учению Господа нашего явно, что сначала необходимо заниматься внутренним человеком, который есть наша совесть. Очистив совесть, чистой становится и внешность, то есть тело, и тогда: «Для чистых все чисто; а для оскверненных и неверных нет ничего чистого, но осквернены и ум их и совесть» (Тит. 1:15). Осквернение ума и совести происходит всегда от ложного слова, от ложного учения, что ясно подтверждается стихом выше: «Не внимая Иудейским басням и постановлениям людей, отвращающихся от истины». Когда человек рождается от Бога, сердце его Кровью Христа очищается от порочной совести (Евр. 10:22) и мертвых дел (Евр. 9:14), ибо совершенство достигается именно и только в совести (Евр. 9:9, 10:1–10,14) — у человека по мере роста становится чистым и тело его: «для чистых все чисто». Именно такое чистое тело и следует жертвовать Богу: «Представьте тела ваши в жертву живую, святую, благоугодную Богу...» (Рим. 12:1). Если же совесть остается нечистой, то и тело никак не будет чистым, ожившим (Рим. 8:11) — такая жертва Богу неугодна, Он никогда не примет в жертву нечистое тело, пораженное похотями и страстями!

Чтобы быть водимым Богом, человек должен посвятить себя, предать себя, не только совесть и душу, но и свое тело, в жертву Богу. Для этого телом необходимо управлять, о чем ясно свидетельствует Апостол Павел: «И потому я бегу не так, как на неверное, бьюсь не так, чтобы только бить воздух; но усмиряю и порабощаю тело мое, дабы, проповедуя другим, самому не остаться недостойным» (1Кор. 9:26–27). Он, будучи Апостолом — жизнь его Христос — ничего за собой не знал (1Кор. 4:4), однако телом своим ему приходилось управлять, усмиряя и порабощая его. Имея чистое сердце, добрую совесть, имея и чистое тело по причине чистоты сердца, ему не приходилось, сложа руки, сидеть, ничего не делая, но приходилось поднимать свое тело в дорогу на дело служения; там побили камнями, едва не насмерть, тут побили палками, а он снова и снова шел и служил, ища стать жертвою за жертву: «не достигну ли и я, как достиг меня Христос» (Флп. 3:9–16). Какое блаженное положение — стать жертвою за жертву! Возможно, это ожидает всех верных впереди! И уж, конечно, когда нужно будет пострадать телом, то придется им управить — само тело не будет тянуться к лишениям и страданиям!

## ЗАЧЕМ НАМ ДАНО ТЕЛО?

«Разве не знаете, что вы — храм Божий, и Дух Божий живет в вас? …ибо храм Божий свят; а этот храм — вы» (1Кор. 3:16–17).

«Не знаете ли, что тела ваши суть храм живущего в вас Святого Духа, Которого имеете вы от Бога, и вы не свои? Ибо вы куплены дорогою ценою. Посему прославляйте Бога и в телах ваших и в душах ваших, которые суть Божии!» (1Кор. 6:19–20). Итак, если совесть моя — Христос, душа покорилась совести, то есть Господу Иисусу Христу, то тело неминуемо тоже покорено, свято и чисто, ибо тело без духа вообще мертво, тело несет плоды и делает то, что угодно душе (Иак. 2:26), оно — храм Божий! Но почему всё же сказано о теле как-то особенно: «прославляйте Бога и в телах ваших…» — разве тело само без души может что-то делать? Разве недостаточно было сказать: прославляйте Бога душами вашими? И разве душа без тела может что-то сама по себе делать? — ведь они одно, составляют одного человека! Однако о теле всегда сказано отдельно: «Сам же Бог мира да освятит вас во всей полноте, и ваш дух и душа и тело во всей целости да сохранится без порока в пришествие Господа нашего Иисуса Христа. Верен Призывающий вас, Который и сотворит сие» (1Фес. 5:23–24). Если мы, совершая течение, сохраняем правильную веру, Бог сохранит нас для Своего Царства (1Пет. 1:3–9). Поэтому и написано: «Трезвитесь, бодрствуйте, потому что противник ваш диавол ходит, как рыкающий лев, ища кого поглотить. Противостойте ему твердою верою...» (1Пет. 5:8–9).

Не имея места в человеке, диавол будет ходить и ходить вокруг. Почему? — потому что ему хорошо известно, что тело человека взято из земли, оно — земля, и его тянет к земле; поэтому так до конца диавол и будет искать, где и как можно склонить тело, а посредством тела и душу, к чему-либо земному: придать значение одежде, еде, отдыху, развлечению, уделить чрезмерное внимание телу, как бы в мелочах, на что человек и не обратит внимания, однако душу его затронет!

Начав с малого, диавол очень постарается расширить свое пребывание. Именно поэтому Сам Господь и Апостолы неоднократно говорили и убеждали трезвиться и бодрствовать, потому что само тело наше земное и склонить к земному его довольно легко и просто, если человек не будет стоять на страже, не будет трезвиться, перестанет бодрствовать!

А о том, что диавол не устаёт и что он не перестанет ходить, искушать, внушать, тянуть, убеждать, нам ясно показано на Господе нашем Иисусе Христе, от Которого диавол не отстал, пока не добился распятия. Диавол искушал до конца: не согрешит ли? не удастся ли победить? Так было со всеми святыми. Многие из них стали также жертвами до смерти: «были побиваемы камнями, перепиливаемы, подвергаемы пытке, умирали от меча, скитались в милотях и козьих кожах, терпя недостатки, скорби, озлобления; те, которых весь мир не был достоин, скитались по пустыням и горам, по пещерам и ущельям земли» (Евр. 11:37–38).

Почему так? — потому что диавол искал разрушить их веру, чтобы погубить их! Апостол Павел также свидетельствует о себе: «Ибо я уже становлюсь жертвою, и время моего отшествия настало...» (2Тим. 4:6). Что становилось жертвой у Апостола Павла? — его тело! Чем пожертвовали все убиенные и сожженные святые? — своими телами! Господь наш, будучи еще Духом премудрости и во славе у Отца, говорит: «жертвы и приношения Ты не восхотел, но тело уготовал Мне... вот, иду... исполнить волю Твою, Боже» (Евр. 10:5–7). Зачем Бог и Отец Господа нашего уготовал тело Иисусу Христу? — чтобы и Сей также имел что принести в жертву (Евр. 8:3). «По сей-то воле освящены мы единократным принесением тела Иисуса Христа» (Евр. 10:10).

Вот и мы сегодня имеем тело наше. Для чего мы его имеем? — тоже для того чтобы иметь, что принести в жертву Богу, и кто сподобится на это? Ибо от нас, от личности, зависит как кто управит своим телом!

Когда речь заходит о жертвовании своим телом, то это воспринимается сразу как о великом, о крупных делах, но ведь любое дело начинается с маленького. Не проучившись в первом классе, никак не попадёшь сразу в пятый — просто не потянешь, не сможешь учиться. Не научившись жертвовать своим телом в малом, никак не возрастёшь, не сможешь жертвовать собой в большом.

Всё, как и жертвовать собой, начинается с малого: в отношениях между мужем и женой, в отношениях к детям и детей к родителям, в отношениях на работе с коллегами. Верность и жертвенность начинаются с малого. Говорить о большом подвиге — прекрасно, звучит геройски, а как в повседневной жизни? На каждом нашем шаге жертвуем ли собой, своим телом? Управляет ли Господь полностью нами, или тело всё же очень требует своего, и мы незаметно, но своего добиваемся? Душа рассуждает о возвышенном: готов умереть за Христа! готов пострадать! Но вот заходит мать или жена, муж или отец: «вынеси мусор, сходи в магазин, помой посуду, помой полы... отнеси или принеси... сходи туда-то, сделай то-то» — это всё, из чего состоит повседневная земная жизнь — как тут же проявляется протест, нежелание, лень!

Человек готовит себя на более возвышенные цели, на дела великие и совсем не думает, не понимает, что если в малом не способен жертвовать собой, то и до большего вообще никогда не дорастет! Самоотречение, жертвование собой, своим телом начинается с самого малого — только так возрастет человек и научится понимать волю Божию о себе, понимать Его голос и Его водительство. Пренебрегая же малым, на большее человек не станет способным.

Чтобы сотворить нас верными, послушными, духовными Своими детьми, нам дано физическое тело, посредством которого Господь испытывает, научает, наказывает, милует, прощает и возращает благопотребными на всякое доброе дело. «Мы же все, открытым лицом, как в зеркале, взирая на славу Господню, преображаемся в тот же образ от славы в славу, как от Господня Духа» (2Кор. 3:18).

Уразумеем же, что физическое тело нам дано один раз. Как мы им управим, зависит от нас, от нашей ревности, желания и стремления быть угодными Господу Богу нашему. «Итак, мы всегда благодушествуем; и как знаем, что, водворяясь (находясь) в теле, мы устранены от Господа, — ибо мы ходим верою, а не видением, — то мы благодушествуем (благоговейно смиряемся) и желаем лучше выйти из тела и водвориться у Господа. И потому ревностно стараемся, водворяясь ли, выходя ли, быть Ему угодными» (2Кор. 5:6–9).

# ТЬМА ВНЕШНЯЯ.
# О ДИАВОЛЕ

**03**
ГЛАВА

63    Физическая смерть — конец всего?

67    О диаволе — змее древнем

70    Духи злобы

«От одной крови Он произвел весь род человеческий для обитания по всему лицу земли, назначив предопределенные времена и пределы их обитанию, дабы они искали Бога, не ощутят ли Его и не найдут ли — хотя Он и недалеко от каждого из нас, ибо мы Им живем и движемся и существуем...» (Деян. 17:26–28).

«Дабы они искали Бога» — а что же человечество? Одно необходимо было для людей: искать и узнавать Бога, Его могущество, Его власть, силу и премудрость, ибо Он дает всему жизнь и дыхание. Ища и познавая Бога, человечеству не было бы никакой нужды искать и заботиться о земном: «Итак, не заботьтесь и не говорите: «что нам есть?», или «что пить?», или «во что одеться?», потому что всего этого ищут язычники...» (Мф. 6:31–32). Люди же полностью увлеклись тем, чтобы самим заботиться и устраивать свою земную жизнь, и так осуетились, что не знают покоя ни днем ни ночью! «Только это я нашел, что Бог сотворил человека правым, а люди пустились во многие помыслы... Видел я все дела, какие делаются под солнцем, и вот, всё — суета и томление духа!.. Все труды человека — для рта его, а душа его не насыщается!..» (Еккл. 7:29, 1:14, 6:7). В людях стала проявляться всякая неправда. Если бы только увлеклись суетой — всё для плоти, но увлеклись **страшной ложью — нет Бога**! Сам человек — бог! «Сказал безумец в сердце своем: «нет Бога». Они развратились, совершили гнусные дела; нет делающего добро. Господь с небес призрел на сынов человеческих, чтобы видеть, есть ли разумеющий, ищущий Бога. Все уклонились, сделались равно непотребными; нет делающего добро, нет ни одного» (Пс. 13:1–3).

Так же в понимании людей и диавола нет, но он есть, потому что так говорит Писание: «Ваш отец — диавол, и вы хотите исполнять похоти отца вашего... Когда говорит он ложь, говорит свое, ибо он — лжец и отец лжи» (Ин. 8:44). Итак, все знают и понимают, что все люди в этом мире лгут. Однако признать, что есть диавол, что он живет в людях — для них невозможно! Ибо тогда надо признать и Бога, что Он есть. Признать Бога означает признать **ад**, признать свою погибель — этого допустить человечество не может! Лучше оставаться в знании: нет никакого Бога, нет и никакого диавола — так спокойнее проживать свою земную жизнь.

## ФИЗИЧЕСКАЯ СМЕРТЬ — КОНЕЦ ВСЕГО?

«Человек не властен над духом, чтобы удержать дух, и нет власти у него над днем смерти, и нет избавления в этой борьбе, и не спасет нечестие нечестивого» (Еккл. 8:8).

Какой ужас охватывает человека, когда вдруг перед ним опасность смерти! Невольно, как-то подсознательно, всеми чувствами и телом человек содрогается от неожиданной опасности смерти! Ему как будто в этот момент что-то говорит, что смерть — это нечто ужасное, непоправимое и безвозвратный уход! Но куда? И только душа чувствует — во тьму! Какие невероятные усилия делает человек в тот момент, когда перед ним опасность смерти! Такие усилия, которые он сознательно не делал раньше и после того не сможет повторить. Таких примеров в жизни много, да и едва ли не у каждого человека такое случалось, когда при опасности грозящей смерти он делал невероятные усилия, чтобы спастись. Так что эта тема понятна всем.

Но не всем понятно и не все знают то, что опасность смерти совсем не в этом. Диаволу удалось внушить людям, что именно это есть смерть и ничего другого нет: ему удалось искусно замаскировать настоящую смерть смертью физического тела. Сама же настоящая смерть не есть прекращение всего, как это утверждают атеисты, но **САМА СМЕРТЬ ЭТО ЕСТЬ ДУХОВНОЕ ЯВЛЕНИЕ**, вечное пребывание в мучении. Поэтому когда приходит конец, определенный Богом, пребывать человеку в физическом теле, тогда человек и переходит либо в смерть вечную — во тьму, либо в жизнь вечную — во свет!

Все люди хорошо знают, что земное пребывание человека имеет конец — люди умирают. Но о том, что это не конец, что это переход навеки в духовное измерение, а именно в саму сферу смерти — об этом знать не желают, отворачиваются. Библия же открывает тайну смерти — вечная тьма, где плач и скрежет зубов! Озеро огненное, где червь их не умирает и огонь не угасает (Мф. 13:42; Мк. 9:43–48).

Посему не расставание с земным физическим телом, а сама смерть и есть нечто ужасное, непоправимое, которая безвозвратно взяла человека в свои объятия (Лк. 16:22–26). И это предчувствует душа человека, поэтому невольно, неосознанно человек делает невероятные усилия, чтобы убежать. Но убежать от смерти невозможно, ибо она — плен, и из этого плена тьмы сам по себе человек вырваться и убежать не может.

«Иисус сказал ему: иди за Мною, и предоставь мертвым погребать своих мертвецов» (Мф. 8:22). Этим Господь показал положение любого человека вне Бога на этой земле — положение в смерти, ибо «смерть перешла во всех человеков, потому что в нем (в Адаме) все согрешили»

(Рим. 5:12). И грех в человеке, являясь жалом смерти (1Кор. 15:56), совершает в нем свою губительную работу.

Итак, смерть — это положение вне Бога. А вне Бога — тьма, во тьме — всяческое зло: ненависть, коварство, гнев, ярость, крик, ложь, лицемерие и так далее. Это и есть естество диавола, духа тьмы!

Человек сотворен как сосуд или как дом, в который может поселиться либо Бог, либо диавол. Бог создал человека со свободной волей, развивающимся умом и способностями, так что физически человек может развиваться и действовать самостоятельно, имея от Бога прекрасный ум, таланты, способности, что и происходит на земле, если смотреть на достижения человечества. Но духовно он никак не может быть самим собою. Его духовное состояние непременно зависит от духа, живущего в нем и влияющего на него! Посему Бог желает и влечет человека к Себе, чтобы он принял Бога, чтобы Богу жить в нем, для чего человек и создан. Диавол же желает и влечет человека к себе, чтобы человек верил и доверялся ему, и чтобы диаволу оставаться в нем. Фактор духовного состояния человека есть всегда вера — кому он верит и кому доверяется!

Диавол влечет вослед себя, искушая человека различными желаниями плоти, рисуя ему сладость их исполнения, красоту их деяний, создавая такую обстановку, что человеку кажется: именно в исполнении этих желаний плоти и кроется вся красота и сладость жизни, то есть он начинает верить, что в этом и состоит вся жизнь. Таким образом, искушаясь, человек увлекается вослед желаний плоти, ее хотений, которые превращаются в похоти, то есть такие желания, без которых человек в дальнейшем уже не может, но конец их всегда зло. И человек всецело живет грехом и во грехе. Посредством греха диавол преображает человека в свой ужасающий образ тьмы, доводит до бесчувствия так, что люди становятся жестокими без всякой милости и творят всякую нечистоту с ненасытимостью! (Еф. 4:18–19). Всё начинают делать наоборот: вместо правды — ложь, вместо добра — зло! Сладкое почитают горьким, горькое — сладким, тьму почитают светом, а свет — тьмою! (Ис. 5:20). И так во всех своих начинаниях и деяниях! Таковых ожидает вечное мучение во тьме, где плач и скрежет зубов, где участь боязливых, неверных, скверных, убийц, любодеев, всех лжецов!

Когда у людей речь заходит о тюрьме, то в какой они приходят страх и даже ужас! А часто вообще не выдерживает человек и заболевает от сознания того, что его ожидает тюрьма, ибо все знают, каково в тюрьме человеку. Но тюрьма — явление временное, определенный срок человек отбыл и опять выходит на свободу. Здесь же речь идет о вечности, о бесконечности! Здесь нет срока освобождения, и человеку не остается никакой надежды! Так есть и будет для всякого, кто туда попадет!

Выход есть, но только пока человек еще на земле, пока благовествуется чистое слово веры, которое призывает перейти из смерти в жизнь и проходить дальнейший земной путь в Боге со всей серьезностью и внимательностью к самому себе, понимая, что путь к блаженству есть только Христос, только Он — истина и сама жизнь! Трагично будет тому, кто попадет во мрак тьмы, быв вразумляем, останавливаем, хотя бы даже этой проповедью. Ибо тьма внешняя не будет иметь времени вообще, и возврата или освобождения уже никогда не будет!

# О ДИАВОЛЕ — ЗМЕЕ ДРЕВНЕМ

Диавол — отец лжи; о его происхождении говорят и учат очень давно. Некто начал учить: диавол был Архангел святой у Бога. Этот святой Архангел, сотворенный Богом, возгордился и захотел стать равным Богу. Однако будучи отвергнутым Богом, он превратился и стал диаволом (слово «диавол», если перевести на понимаемый язык, есть клеветник, всегда занятый тем, чтобы клеветать на избранных Божиих, как есть и сегодня; на самом же деле остается змеем, как написано: «древний змий, называемый диаволом и сатаною» — Откр. 12:9). Такие рассуждения о происхождении диавола взяты из книги пророка Иезекииля, где Дух Святой обличает царя Тирского: «От обширности торговли твоей внутреннее твое исполнилось неправды, и ты согрешил; и Я низвергнул тебя, как нечистого, с горы Божией, изгнал тебя, херувим осеняющий... От красоты твоей возгордилось сердце твое, от тщеславия твоего ты погубил мудрость твою... — Я превращу тебя в пепел на земле перед глазами всех видящих тебя. Все знавшие тебя среди народов изумятся о тебе; ты сделаешься ужасом, и не будет тебя вовеки». Так на самом деле, согласно истории, и свершилось с царем Тирским и его царством на земле. Ведь очень просто и ясно описано о царе, которого сотворил Господь: «печать совершенства, полнота мудрости и венец красоты... Ты был помазанным херувимом, чтобы осенять, и Я поставил тебя на то; ты был на святой горе Божией... Ты совершен был в путях твоих со дня сотворения твоего, доколе не нашлось в тебе беззакония» (Иез. 28:1–26).

О том, что диавол овладел этим царем полностью, заимел

полное влияние в нем, над ним — да и аминь. При этом царь Тирский сравнивался с херувимом, который суть служебный дух, святой у Бога, но никак не с Архангелом, Ангелом света. Диаволу же приписывалось, что он был Архангел, а не херувим.

В книге пророка Исаии написано о царе Вавилонском, который так же оказался полностью покорён гордостью (диаволом), мечтая стать подобным Всевышнему: «как упал ты с неба, денница, сын зари! разбился о землю, попиравший народы...» (Ис. 14:4—20). И это место Писания относят к явлению диавола, тогда как речь здесь о царе Вавилонском. У Бога, в Его Царстве, есть и царит только неприступный свет истины, святости, правды; там нет и не может быть никакой тьмы. И вдруг Архангел, святой служитель у Бога, Им сотворенный во свете Своем, в истине и святости Божией, возгордился? Откуда Архангел взял гордость и возгордился? Ведь сам дух гордости и есть диавол; как мог вдруг, ни с того ни с сего, Архангел возгордиться и превратиться у Бога в Его Царстве в дух лжи, в диавола? — это просто невозможно!

В одном случае — речь о царе Тирском, в другом — о царе Вавилонском; они исполнились гордостью диавола, который был тысячелетия до них, ведь еще первый мир диавол довел до истребления потопом.

Становится тогда вопрос: откуда взялся диавол? Бог повелел земле, и земля произвела животный мир таким множеством разновидностей родов, которых перечислить просто невозможно. Среди всех сотворенных родов зверей особенно выделен сотворенный змей: «Змей был хитрее всех зверей полевых, которых создал Господь Бог» (Быт. 3:1). Каким образом змей стал хитрым, ведь это уже было лукавство? Неужели Бог сотворил змея хитрым, лукавым? Никак нет! Ибо: «И увидел Бог все, что Он создал, и вот, хорошо весьма...» (Быт. 1:31). Не было никакого зла, ни лжи, ни смерти, ни лукавства. То становится вопрос: откуда змей приобрел хитрость? Здесь необходимо подчеркнуть: когда Бог давал заповедь Адаму с Евой, змей это слышал и понимал, что Бог им сказал! (Быт. 3:1) — это одно. Затем змей заговорил сам с Евой, и Ева совсем не удивилась, что змей, полевой зверь, заговорил с нею. Это говорит о том, что до грехопадения Адам и Ева понимали речь зверей (то есть все друг друга тогда понимали) и общались, может быть, не со всеми, но с некоторыми точно. Иначе Ева сильно бы удивилась, когда змей с ней заговорил, но в этом случае не было никакой неожиданности, то есть всё было так, как и всегда.

Но написано: «Когда говорит он ложь, говорит свое, ибо он — лжец и отец лжи» (Ин. 8:44). Каким образом мог змей родить ложь, будучи творением Божиим? Читая о сотворении вселенной, видим, что по повелению Бога земля произвела всякую душу живую по роду ее, скотов, и гадов, и зверей земных, в том числе и змея (Быт. 1:24). Поэтому для умного змея ничего другое не существовало, как только земное, другое он ничего не знал и не мог знать. Когда Бог преподал первую заповедь человеку, змей услышал и своим умом родил в себе соблазн, понял, что можно сказать слово, противоположное слову Бога. Змей извратил слова Божии: «смертью умрешь» и преподал свое слово лжи: «нет, не умрете, но... вы будете, как боги», то есть он понял: они сразу никак не умрут. Так есть до сего самого дня, и сегодня ничего не изменилось: диавол занят тем же самым — извратить учение Христово, преподать свою ложь под видом истины, и массы людей следуют его лжи: от истины отвращают слух, веруют басням и всякой лжи (2Тим. 4:3–4). На сегодня самая большая ложь диавола: жертва Христа не освобождает от греха — так верует сегодня весь религиозный мир!

Всё, что связано со смертью, связано именно и только со змеем — это видно через всю историю человечества. В последней книге Библии, в Откровении, говорится так: «И низвержен был великий дракон, древний змий, называемый диаволом и сатаною, обольщающий всю вселенную, низвержен на землю, и ангелы его низвержены с ним... Горе живущим на земле и на море... к вам сошел диавол в сильной ярости...» (Откр. 12:9–12).

Итак, «он был человекоубийца от начала» — это был змей древний, дракон. Слово лжи, исшедшее из змея, убило Адама и Еву — это и было рождение лжи, смерти. Здесь и явился диавол (сатана), получивший впоследствии это имя.

## ДУХИ ЗЛОБЫ

Писание говорит: «...противник ваш диавол ходит, как рыкающий лев, ища кого поглотить» (1Пет. 5:8). Если он ходит, если он ищет, то он живой или мертвый? Он — не жизнь, но смерть, действующая смерть. Слово дальше нам открывает: дух, господствующий в воздухе (Еф. 2:2), то есть он заполняет собою весь эфир, воздушное пространство над землей, и это нетрудно проверить и понять: включив радио или телевизор, можно ли найти перерыв, чтобы не лилось слово? День и ночь, круглые сутки, эфир заполнен словом сатаны — он господствует в воздухе; и дальше слово говорит: «действующего ныне в сынах противления» (Еф. 2:2). Как узнать, что он живет и действует в человеке? — когда говорится таковому слово правды Божией, он обязательно противится.

«Облекитесь во всеоружие Божие, чтобы вам можно было стать против козней диавольских, потому что наша брань не против крови и плоти, но против начальств, против властей, против мироправителей тьмы века сего, против духов злобы поднебесных. Для сего примите всеоружие Божие, дабы вы могли противостать в день злой и, все преодолев, устоять!..» (Еф. 6:11–18). В этом слове наставления Апостола Павла сокрыта и жизнь и смерть: жизнь вечная — если принял и облекся во всеоружие Божие так, что стоишь непоколебимо верно, твердо, уверенно, противостоя и побеждая; смерть — если не принял и не облекся во всеоружие Божие, то раскаленные стрелы диавола поразят и убьют тебя!

Наша брань не против крови и плоти — как ясно показано, что нет у нас вражды против людей, против любого человека любой расы или национальности, ибо все: «От одной крови Он произвел весь род человеческий...» (Деян. 17:26–27). Но наша брань против духов злобы поднебесных. Кто они такие? Откуда они взялись? Все учения этого мира, сколько их есть, которые противны здравому учению Господа нашего Иисуса Христа, то есть идут против, не согласуются, не сходятся с учением истины Иисуса Христа — есть духи злобы поднебесные.

Эти духи злобы имеют способность принять вид и Ангела света (2Кор. 11:1–32), то есть посредством людей принимают вид служителей правды. Как только того требуют обстоятельства, они способны коварством, хитростью войти в доверие и, когда они добились того, что им поверили, начинают действовать. И здесь тайна их силы: вера им! Там, где нет им веры — они бессильны, ничего не могут делать, поэтому они постоянно тем и заняты, что добиваются веры, и, если добились, тут же начинают себя проявлять. Как? — не сразу грубой ложью, убийством, грабежом, но, принимая вид любви и добра, искусно, тонко, хитро подсовывают нечто такое, что покажется истиной Божией. Яркий пример тому — Галаты.

Следует хорошо понять, что без человека диавол не имеет никакой возможности проявлять себя. Человек есть дом для духа, куда есть возможность поселиться. Поэтому духи злобы поднебесные (Еф. 6:12), которых естество смерть, только тем и заняты, по-другому не могут, заселять всякую душу смертью своего естества, чтобы проявлять себя. В том их удовлетворение, когда они проявляют себя человеком. Они нуждаются в теле человека, как написано: «Когда нечистый дух выйдет из человека, то ходит по безводным местам, ища покоя, и, не находя, говорит: «возвращусь в дом мой, откуда вышел» (Лк. 11:24). Найдя себе место в теле человека, эти духи начинают проявлять себя. Как и чем? — развязывают споры, скандалы, являют гордость, ненависть до убийства, до войны одного государства против другого. Зачем, спрашивается, они это делают? — затем, что это их естество и их суть.

Для того чтобы легче было управлять человечеством и удерживать его в своей воле, диавол произвел массу ложных учений, извращая Евангелие. Как он это произвел и производит? Как уже показано выше, что без души диавол не может произвести ничего; он может произвести ложное учение только вместе с душою человека. Диавол подает мысли, подает побуждение думать; человек (душа) начинает думать, мыслить, рассуждать. Диавол подкидывает мысль: «Понимать вот так — будет лучше, будет правильней. Так, как ты сейчас понимаешь — неправильно». Человек начинает делиться с другими, находит поддерживающих его; наконец родилось новое толкование, как думают и понимают, что оно более верное, к лучшему — начинается новая реформа, готово следующее деление. Кто родил новое бесовское учение? — родил человек, личность, под водительством диавола. Диавол влек, внушал, давал новое зрение, новое понимание, но **родил человек — личность**. Без личности диавол не может родить новое бесовское учение, оно — дело личности, ума и воли человека, под воздействием диавола.

Диавол — сила весьма опасная, он постоянно ходит, как рыкающий лев; лев может умертвить, попади в его лапы; и диавол обязательно умертвит вечной смертью, вечной погибелью в озере огненном. При этом диавол употребит и физическую силу — через преступный мир, грабителей; но это не так опасно, как опасны его подходы мягкими лапами: поглаживая, обещает всё самое, самое... и весьма очевидно — он обладает великой силой увлечения! Она очень коварна, хитра, представляет себя такой любвеобильной (любая религия!), такой правдивой, такой жизненно важной: только придите и найдете покой, мир и радость душам вашим. И миллионы, даже миллиарды людей, уловлены, верят лжи и нашли только стоны и борьбу, но не признаются в этом самим себе, часто переходят из одной религии в другую, надеясь найти желанный мир и покой душе, но всегда обман. Когда же услышат истину, она им слишком непонятна, считают ее абсурдом, юродством (1Кор. 1:18,21).

Человечество в массе своей совсем не знает, не понимает, что оно движимо духами злобы поднебесными, что оно живет ими. Более того, люди полностью отрицают, что вообще есть эти духи. В их понимании нет вообще никаких духов, а всё это есть продукт самих людей: именно люди — злые существа сами по себе, похожие на звериный мир, откуда и вышел и развился человек. В этом великое достижение диавола, который настолько ослепил человечество, что оно поверило, что диавола нет вообще, а всё выдумка самих же людей. Люди видят: в зверином мире потому зло, что идет борьба за выживание, поэтому и съедают друг друга: кто сильнее — съел того, кто слабее. Таким образом, уже пора быть такому положению, когда все слабые съедены, остались только сильные. Однако не так на деле: всегда как были слабые, так они и есть, как были сильные, так они и есть. Отсюда утверждают, что люди злые потому, что они развились из зверей, уничтожают друг друга для выживания. Но поскольку люди умнеют всё больше и больше, то в конечном итоге всякое зло исчезнет, люди станут мирные, любвеобильные — таково понимание и учение мира сего. Так утверждая, не разумеют, что это чисто учение диавола, ибо на деле очевидно обратное: люди становятся всё злее и злее, законы приходится ужесточать, численность полиции увеличивать. Однако ненависть и зло не остановить — оно умножается, как и предсказал Господь: «Истинно говорю вам: не прейдет род сей, как всё сие будет; небо и земля прейдут, но слова Мои не прейдут» (Мф. 24:34–35).

Диавол духами злобы заселил все поднебесье и ведет смертельную войну на погибель до последней души человеческой.

Факт очевидный: диавол преуспевает, ведя войну своим оружием, доводит людей до бесчувствия своим коварством, лицемерием, человекоугодничеством, лукавством и хитростью.

# ВЫБОР И ПУТЬ ЧЕЛОВЕКА ДО ХРИСТА

## 04
ГЛАВА

78    Два дерева в Едеме

85    Первый мир

86    История еврейского народа

«И увидел Бог все, что Он создал, и вот, хорошо весьма — И создал Господь Бог человека из праха земного, и вдунул в лицо его дыхание жизни, и стал человек душою живою. И насадил Господь Бог рай в Едеме на востоке, и поместил там человека, которого создал» (Быт. 1:31, 2:7–8). «И произрастил Господь Бог из земли всякое дерево, приятное на вид и хорошее для пищи, и дерево жизни посреди рая, и дерево познания добра и зла» (Быт. 2:9) — и проговорил к человеку первые слова веры: «И заповедал Господь Бог человеку, говоря: от всякого дерева в саду ты будешь есть, а от дерева познания добра и зла, не ешь от него, ибо в день, в который ты вкусишь от него, смертью умрешь» (Быт. 2:16–17). Этими словами веры воспользовался змей, извратил их и тоже проговорил к человеку словом своей веры (Быт. 3:1–5). Так началась жизнь веры, жизнь знания на земле: жизнь веры Богу и жизнь веры диаволу!

## ДВА ДЕРЕВА В ЕДЕМЕ

Дерево жизни и дерево познания добра и зла — начало истории человечества и конец её! Именно в них покоятся два Завета: Ветхий, не могущий дать жизнь, ибо буква закона убивает (2Кор. 3:6), и Новый, который есть жизнь через принятие и уверование в Иисуса Христа, Который есть сама жизнь (Ин. 14:6). Что бы люди ни делали, каким путем бы ни ходили — всё, именно всё, лежит в этих двух деревах: либо люди вкушают и живут деревом познания добра и зла, либо люди вкушают и живут деревом жизни! Всем, что имеют сегодня люди (большое знание, притом и увлечение всё познавать), они обязаны дереву познания. Можно обвинять Бога (что люди и делают) за то, что Он поместил посреди рая дерево познания добра и зла (Быт. 2:9); «не помести Бог это дерево в раю, — говорят люди, — не было бы сегодня зла между людьми и все были бы счастливы». Но такие слова вообще ничего не значат, так как историю не изменить, она уже есть, она течет и будет течь до своего определенного Богом завершения. Поэтому сегодня человеку важнее узнать, от какого дерева ему питаться, так как дерево познания несет смерть, а дерево жизни — жизнь! Человеку даже необходимо познать тайну этих двух дерев, так как в них лежит вся жизнь, вся история человечества на этой земле.

Почему Бог насадил два дерева, несущие два противоположных исхода для человека? Бог сотворил человека свободной личностью, наделил его мыслящим и рассуждающим умом, чтобы человек мог свободно избирать, слушать, принимать или отвергать. В противном случае он не был бы создан по образу Божию (Быт. 1:26–27), а был бы подобен животным, живущим заложенным инстинктом, без свободной воли, без совести, не могущим избирать. Очень понятно: если бы вообще не существовало ночи, человек не мог бы знать, что такое день, и не знал бы цены ни дня, ни ночи. Если бы не существовало ненависти, человек не смог бы понять и оценить любовь. Если бы не существовало лжи, человек не знал и не ценил бы правду. Но так как существует противоположное, то именно это и дает ему возможность познавать, рассуждать, избирать, ценить.

Итак, два дерева — две противоположности, взаимно исключающие друг друга, и так определил Бог. Ибо когда человек вкусил от дерева познания (Быт. 3:6), Бог исключил для него возможность одновременно вкушать от дерева жизни (Быт. 3:24). Так и доныне: вкушая от дерева познания, человек не может вкушать от дерева жизни, то есть неверующий, живущий деревом познания добра и зла, не может одновременно жить Иисусом Христом — деревом жизни! Точно так и верующий, живущий под буквой закона, которая его постоянно осуждает и убивает, не может одновременно жить Иисусом Христом по духу — деревом жизни! (Гал. 5:4).

Поставив человека в раю перед этими двумя деревами, Бог предоставил возможность выбора самому человеку, кого избрать для жизни в себе, и предупредил Адама и Еву не вкушать от дерева познания добра и зла: смертью умрете, согрешите против Бога, останетесь вне Бога, свое предназначение для Христа не выполните (1Кор. 6:13). Но произошло то, что и должно было произойти: будучи в полной свободе, они сделали свой выбор. Явился в саду змей, который подошел к Еве с ложью, извратил слово Бога «умрете» на слово: «не умрете, но будете как боги, зная добро и зло» (Быт. 3:5). Слова змея соблазнили ее, ей захотелось это испытать. И увидела Ева, какое хорошее привлекательное дерево, плоды его на вид приятные для пищи, к тому же дадут знание всего (Быт. 3:6) и... преступила слово Бога, отвергла его, приняла внушение змея, поверила ему и согрешила против Бога. Грех (неверие Богу) вошел в этот мир и грехом — смерть, что и стало наследием всех душевных, рожденных по Адаму, по плоти от плоти: «Рожденное от плоти есть плоть» (Ин. 3:6).

Адам и Ева не послушали Бога, не поверили тому, что умрут. Как же они умерли, если Адам прожил девятьсот тридцать лет? (Быт. 2:17, 5:5). Они умерли не физически, но умерли для Бога, умерла их совесть, куда должен был вселиться Бог Духом Своим, чтобы они жили вечно с Богом и в Боге! Вместо Бога их совесть заняла ложь диавола — законом греха и смерти! Таким образом человек остался вне Бога, а вне Бога — смерть. В Адаме, говорит слово, все согрешили и лишены славы Божией: «Посему, как одним человеком грех вошел в мир, и грехом — смерть, так и смерть перешла во всех человеков, потому что в нем все согрешили» (Рим. 3:23, 5:12).

Отсюда начало истории душевного человека; и как началом этой истории был соблазн, обольщение, увлечение, так и до сего дня вся жизнь человечества стоит именно на этом: на обольщениях, увлечениях и знаниях и ничего нового нет и просто не может быть, так как за рамки дерева познания человеку не выйти. Ничего что-либо нового за пределом познания добра и зла он не смог и не сможет придумать — это уже ясно по ходу всей истории человечества.

Не вняв Богу и не вкусив от дерева жизни, человек остался без Божественной жизни внутри себя, остался душевным плотским человеком с упованием на свой ум, свои силы и способности. И так как он наклонился к познанию, то Бог на этом основании и дал ему закон, предписания: что хорошо и что плохо, что добро и что зло, что Богу угодно и что неугодно, и как поклоняться Богу (Исх. 20:1–26; Мф. 22:37–40). И всё, что человечество имеет на сегодня, исходит только из дерева познания добра и зла! Все великие и малые писатели в своем творчестве исходили всегда из одного: что хорошо и что плохо. Философы, сколько бы ни искали мудрости и истины, всегда исходили только из одного: что добро и что зло, что лучше и что хуже! Также и ученые... Какую бы область деятельности ни взять из жизни человечества, всё имеет только один источник — добро и зло, ничего другого, выходящего за пределы этого, нет! Это верх познания человечества без жизни Бога в себе. Любая религия, какую бы форму или направление в своем учении не имела, всегда исходит из одного: что хорошо и что плохо, как лучше поклоняться Богу. Так и до сего дня: всякая религия, в том числе христианская, питается от дерева познания добра и зла, что исключает питание от дерева жизни и, следовательно, несет смерть!

Люди настолько увлеклись знанием, что пали под влияние сатаны так, что вообще перестали быть способными понимать добро, но стали зло и его плоды (как жестокость, обман, лицемерие, отмщение, убийства, войны) понимать добром. Стали разделять само зло на категории добра и зла (Ис. 5:20). Дерево познания добра и зла, как Бог и сказал Адаму, на самом деле принесло человечеству смерть! И это очевидно всем, и даже неверующим, ибо свидетельствуют: «Нет никакой жизни! Нет радости в людях, нет мира, все злы, друг друга съедают, ненавидят, убивают». Кто оспорит это, что сегодня с человечеством дело обстоит не так?!

Бог предоставил свободу человеку, дал ему возможность идти своими путями (Деян. 14:16), и человечество само себе доказало, что без Бога человек не может построить счастливую и правильную жизнь, что есть сила выше человеческой, которая и привела всех в смерть! До одного негодны, все во грехе и во зле — свидетельствует слово Божие (Рим. 3:9–18; 1Ин. 5:19).

## ДЕРЕВО ЖИЗНИ — ХРИСТОС

Жизнь на самом деле есть только одна, она у Бога и она есть Сам Бог. В раю деревом жизни и был тогда представлен Христос (сама жизнь). Почему же Ева и Адам не обратили никакого внимания на дерево жизни? — это открывает пророк Исаия о Христе: «...нет в Нем ни вида, ни величия; и мы видели Его, и не было в Нем вида, который привлекал бы нас к Нему» (Ис. 53:2). Так и дерево жизни было невзрачное, не было в нем вида, который привлек бы желание Евы и Адама воспользоваться его плодами. Так совершилось и рождение Христа в этот мир — снова ни вида, ни величия, родился в сарае для скота (Лк. 2:6–8). Только представить, что Царь Царей, Господь Господствующих, Творец всей вселенной, Который Своим словом и по сей день содержит всю вселенную (2Пет. 3:7; Евр. 1:1–3), родился в сарае для скота, положен был в ясли! Таким образом жизнь, которая была у Отца, снова явилась людям, как она вначале была явлена Адаму и Еве. Но как тогда дерево жизни не привлекало, не располагало к себе, так и Господь Иисус Христос не привлекал к Себе никакого внимания и особенно людей на то время грамотных, ученых, начальников — не было от них никакого внимания сыну простого плотника. Дерево же познания выделялось своей роскошностью, привлекало к себе внимание, да еще и змей расхвалил это дерево, прельстил тем, что оно дает знание! (Быт. 3:6).

От явления Иисуса Христа в мир начинается все снова, начинается новая история. Ибо, любя человека, Бог помиловал его, не оставил человека в смерти, но выкупил его назад из смерти, оправдал и снова привел к дереву жизни! «Ибо жизнь явилась, и мы видели и свидетельствуем, и возвещаем вам сию вечную жизнь, которая была у Отца и явилась нам...» (1Ин. 1:2) — свидетельствует слово Божие. Иисус Христос, Сын Божий, взял всю вину человека на Себя и умер вместо него (1Ин. 2:2). Когда Христос был распят, в Нем Бог распял весь мир по плоти, по Адаму. Тем самым через веру Бог дал человеку возможность снова вернуться к началу: вкусить от дерева жизни и принять внутрь себя Божественную жизнь, то есть сделать то, чего не сделал Адам тогда в раю! Таким образом Бог рождает Себе человека от Своего семени, которое есть Христос (1Ин. 5:1; Гал. 3:16). Родившись от Бога (что означает: искупление, оправдание от всякого зла и греха, освобождение от власти сатаны), человек питается от дерева жизни — Христа, Который есть истинная пища и питие новой твари, рожденной от Бога (Евр. 13:10–13; Ин. 6:51,55). Переживая любовь Бога к себе, которой Он вселяется в сердце человека, непременно открывается любовь человека к Богу — в этом Новый Завет!

Итак, как тогда в раю, так и сегодня всё так же: перед человеком — два дерева. Древо жизни — ибо жизнь явилась в этот мир, и человек волен избрать и принять эту жизнь, которая была у Отца и явилась нам (1Ин. 1:1–10). Но человек волен и отклонить эту жизнь, и оставаться в том, чтобы стать богом, чем и заняты все люди на земле. Разница только в том, что Адаму с Евой тогда предстояло сделать выбор; сегодня не стоит вопрос избрать то или другое, так как человек уже рождается по Адаму в древе познания добра и зла. Поэтому человеку сегодня предстоит либо оставаться в древе познания, либо избрать древо жизни и отречься от древа познания добра и зла — всё это дело свободной личности человека: как он хочет, так и поступит!

# ПЕРВЫЙ МИР

До грехопадения вся жизнь как животных, так и человека была без лжи и зла: никто друг друга не убивал и не съедал; всему животному миру в пищу была дана трава (Быт. 1:30). На земле царил мир и покой. После грехопадения Бог проклял землю за непослушание Адамом воли Бога (Быт. 3:17). Отсюда вся жизнь на земле получила полное преобразование: в жизнь всего душевного вошли ложь и зло; жизнь пошла по принципу: кто сильнее, тот господин, могущий себе покорять, превращать слабых в рабов. Так стало и в животном мире: появилось неравенство, главенство, зло — догонять, уничтожать и съедать; так стало и среди людей.

Люди остались вне Бога, далеко удалились от Него, живя законом греха и смерти! Когда Адам и Ева согрешили, приняли слово лжи змея, Бог выслал их из райского сада возделывать землю, строить и созидать свою жизнь вне Бога, как они того захотели. Таким образом начал развиваться и слагаться этот земной мир человечества, будучи движим законом греха и смерти. И уже первый рожденный Адамом и Евой человек (названный именем Каин) совершил первое великое зло: по зависти убил своего брата Авеля! (Быт. 3:23, 4:1–12).

Когда Каин был изгнан от лица Господа и ушел на восток, размножились сыны и дочери человеческие (Быт. 4:16–24). Адам и Ева родили Сифа — отсюда продолжились сыны Божии, так как они верили и призывали имя Господа (Быт. 4:25–26). Люди начали умножаться на земле — умножился род Каина, изгнанного от лица Господа, умножился и род сынов Божиих; наконец они встретились. Дух Божий стал пренебрегаться, похоть и обольщение диаволом взяли верх, и растлилась земля. «И сказал Господь: не вечно Духу Моему быть пренебрегаемым человеками, потому что они плоть... Но земля растлилась пред лицом Божиим, и наполнилась земля злодеяниями. И воззрел Бог на землю, и вот, она растленна, ибо всякая плоть извратила путь свой на земле» (Быт. 6:1–13).

Первый мир так быстро и сильно развратился, что великий Бог уничтожил его потопом, сохранив семейство Ноя: «Ной же обрел благодать пред очами Господа» (Быт. 6:1–22). От него снова люди распространились на земле (Быт. 9:1) и опять в жизни по плоти, для плоти и вокруг плоти в законе греха и смерти, так что тьма неверия Богу овладела человечеством. В первой главе послания к Римлянам подробно описано, что стало с людьми на земле (Рим. 1:21–32). Но великий Бог не оставлял человечество в неведении и постоянно напоминал о Себе: «Который в прошедших родах попустил всем народам ходить своими путями, хотя и не переставал свидетельствовать о Себе благодеяниями, подавая нам с неба дожди и времена плодоносные и исполняя пищею и веселием сердца наши» (Деян. 14:16–17).

# ИСТОРИЯ ЕВРЕЙСКОГО НАРОДА

Еврейский народ, как нация, получил имя Израиль. Этим именем был назван Иаков, сын Исаака, сына Авраама; оно обозначало: боролся с Богом! (Быт. 32:28).

Почему Бог избрал Себе один народ на земле, и почему выбор пал на евреев, которых Он назвал собственным народом? (Втор. 14:2; Пс. 134:4). Избрание евреев имеет основополагающее значение на земле среди всех народов любой национальности и расы. С Израилем, народом Божиим, связана вся история человечества на земле, начиная с периода после потопа.

Когда после потопа люди снова умножились на земле, они не изменились — закон греха и смерти так и продолжил свое шествие в людях и через людей, о чем Господь снова засвидетельствовал, когда положил в Своей воле более не истреблять водами потопа человечество, «потому что помышление сердца человеческого — зло от юности его» (Быт. 8:21). Господь Бог Своей волей, властью и великой силой пошел новым путем, новым подходом к человечеству на земле! Этот новый подход в действовании своем сохранил и сохраняет свою силу и власть до сего дня, и будет иметь ту же силу и власть до скончания этого мира — это избрание Аврама.

Аврама за его верность и преданность Бог назвал Авраамом: «Аврам был девяноста девяти лет, и Господь явился Авраму и сказал ему: Я Бог Всемогущий; ходи предо Мною и будь непорочен; и поставлю завет Мой между Мною и тобою, и весьма, весьма размножу тебя... Я — вот завет Мой с тобою: ты будешь отцом множества народов, и не будешь ты больше называться Аврамом, но будет тебе имя: Авраам, ибо Я сделаю тебя отцом множества народов (к числу этих народов относимся и мы сегодня: „...который есть отец всем нам": Рим. 4:16)» — «Но Аврааму даны были обетования и семени его. Не сказано: „и потомкам", как бы о многих, но как об одном: „и семени твоему", которое есть Христос» (Быт. 17:1–5; Гал. 3:16–17).

Зачем Господь Бог начал Свое действование избранием Авраама? — «Я избрал его для того, чтобы он заповедал сынам своим и дому своему после себя ходить путем Господним, творя правду и суд; и исполнит Господь над Авраамом, что сказал о нем» — «...„в тебе благословятся все народы". Итак, верующие благословляются с верным Авраамом» (Быт. 18:18–19; Гал. 3:7–9). Авраам — один из начальных драгоценных камней строительства дома Божия, который строится из людей. Именно Авраам — родоначальник народа Божия (Израиля), а также и начало Церкви, Тела Господа, потому что Христос — его семя. Уже Аврааму Господь Бог открыл о святом городе Иерусалиме в Царстве Бога: «Ибо он ожидал города, имеющего основание, которого художник и строитель — Бог. Дом же Его — мы, если только дерзновение и упование, которым хвалимся, твердо сохраним до конца» (1Пет. 2:4–5; Евр. 11:8–12, 3:6).

Аврам уже имел обетование, обещание Бога, что он будет отцом множества народов, но Сара, жена Аврама, не рождала, была неплодна. Они долго ждали, но Сара не рождала. Тогда Сара говорит Авраму: войди, переспи со служанкой моей, Египтянкой Агарь, чтобы мне иметь детей от нее (Быт. 16:1–16). Агарь родила Авраму сына, которого Аврам назвал Измаилом, от которого произошел многочисленный народ — арабы!

Слово нам говорит: Авраам «сверх надежды, поверил с надеждою, через что сделался отцом многих народов... И, не изнемогши в вере, он не помышлял, что тело его, почти столетнего, уже омертвело, и утроба Саррина в омертвении; не поколебался в обетовании Божием неверием, но пребыл тверд в вере, воздав славу Богу и будучи вполне уверен, что Он силен и исполнить обещанное. Потому и вменилось ему в праведность» (Рим. 4:17–22) — показано, что значит настоящая вера. Авраам верил и как верил! — оставлено нам в пример!

Сарра зачала и родила обещанного Богом сына, которого назвали Исаак. Авраам сделал Исааку обрезание на восьмой день, как заповедал ему Бог (Быт. 21:1–5).

Обрезание — это знамение завета принадлежности Богу, который получил Авраам от Бога (Быт. 17:1–14). Необрезанный мужеского пола не мог оставаться в доме Авраама и после в Израиле — таковой истребится из народа! Это обрезание — вечный завет, который никогда не изменялся и не изменится до конца существования этой вселенной. Обрезание — это принадлежность Богу навсегда: у Его народа (Израиля по плоти) — обрезание наружное на плоти; настоящее же обрезание — нерукотворенное по Духу: «В Нем (во Христе) вы и обрезаны обрезанием нерукотворенным... обрезанием Христовым; быв погребены с Ним в крещении (в смерть со Христом), в Нем вы и совоскресли верою в силу Бога...» (Кол. 2:11–12). То есть настоящее обрезание — смерть для этого мира, отрезан навсегда от мира! Обрезание на плоти было только тень от настоящего обрезания, как и весь закон Моисеев.

Перед рождением Исаака сказал Бог Аврааму: «Сару, жену твою, не называй Сарою, но да будет имя ей: Сарра... произойдут от нее народы, и цари народов... Я благословлю ее» (Быт. 17:15–16). По рождению Исаака «увидела Сарра, что сын Агари Египтянки (Измаил)... насмехается (над Исааком), и сказала Аврааму: выгони эту рабыню и сына ее, ибо не наследует сын рабыни сей с сыном моим Исааком. И показалось это Аврааму весьма неприятным ради сына его. Но Бог сказал

Аврааму: не огорчайся ради отрока и рабыни твоей; во всем, что скажет тебе Сарра, слушайся голоса ее, ибо в Исааке наречется тебе семя; и от сына рабыни Я произведу народ, потому что он семя твое» (Быт. 21:9–13).

«И было... Бог искушал Авраама... принеси его (Исаака) во всесожжение на одной из гор (в земле Мориа), о которой Я скажу тебе» (Быт. 22:1–24). Авраам полностью повиновался Богу, и когда Исаак, уже связанный, лежал на жертвеннике сверх дров, и Авраам взял нож, чтобы заколоть сына, Ангел Господень остановил его и показал на овна в кустах. За такую преданность и послушание принести Богу в жертву сына единственного, которого любил — «то Я благословляя благословлю тебя и умножая умножу семя твое... и благословятся в семени твоем все народы земли за то, что ты послушался гласа Моего» (Быт. 22:11–18).

Уже состарившись, Авраам послал раба своего на родину свою, откуда в свое время вышел, чтобы взять оттуда жену Исааку. Раб привел Ревекку, она стала женой Исаака (Быт. 24:1–67). Ревекка родила Исааку двух сыновей — первенца Исава и близнеца его Иакова (Быт. 25:21–26). Исав стал искусным в звероловстве, человеком полей, а Иаков — человеком кротким, живущим в шатрах. Исав однажды пришел с поля уставшим, а Иаков в это время сварил кушанье. Исав попросил Иакова: «Дай мне поесть». Иаков сказал: «Продай мне свое первородство и дам тебе поесть». Исав продал с клятвой свое первородство Иакову (Быт. 25:27–34). Исаак состарился и ослеп, захотел благословить первенца Исава, но Ревекка устроила так, что благословение перворожденного получил не Исав, а Иаков (Быт. 27:1–46). Исав надумал убить Иакова. Господь это открыл Ревекке, и она отправила Иакова в Харан к брату своему и сказала: «Поживи там». Иаков на дороге лег переночевать «и увидел во сне: вот, лестница стоит на земле, а верх ее касается неба; и вот, Ангелы Божии восходят и нисходят по ней. И вот, Господь стоит на ней и говорит: Я Господь, Бог Авраама, отца твоего, и Бог Исаака. Землю, на которой ты лежишь, Я дам тебе и потомству твоему… и вот Я с тобою, и сохраню тебя везде… и возвращу тебя в сию землю, ибо Я не оставлю тебя, доколе не исполню того, что Я сказал тебе» (Быт. 28:1–22).

В доме Лавана Иаков женился, получил в жены сначала Лию — старшую, потом Рахиль, которую любил, и отработал Лавану за Рахиль четырнадцать лет (Быт. 29:1–35). Также служанки Лии и Рахиль стали женами Иакову и родили они (четыре жены) двенадцать сыновей и одну дочь Дину. Сыновья Иакова: первенец от Лии — Рувим; второй от Лии — Симеон; третий сын от Лии — Левий; четвертый сын от Лии — Иуда. Рахиль не рождала и дала Иакову в жену служанку свою Валлу, она родила пятого сына Иакову — имя ему Дан, и еще родила шестого сына Иакову — Неффалима. Лия увидела, что больше не рождает, тоже дала Иакову в жену свою служанку Зелфу, которая родила Иакову седьмого сына — Гада и восьмого сына — Асира. Лия еще родила Иакову девятого сына — Иссахара и десятого сына — Завулона. Потом Лия родила дочь — Дину. И вспомнил Бог о Рахили, она зачала и родила одиннадцатого сына — Иосифа. И еще Рахиль родила сына (роды были очень тяжелыми, и она умерла) — Вениамина, двенадцатого сына Иакова. Все сыновья и образовали двенадцать колен Израилевых. Имя Израиль получил Иаков, когда боролся с Богом (с Ангелом) по дороге, возвращаясь в Ханаан домой (Быт. 32:24–29, 35:9–10).

Иаков жил в земле странствования отца своего, в земле Ханаанской. Здесь произошла история с Иосифом, проданным в Египет братьями (Быт. 37:1–36). Иосифа Бог возвысил в Египте так, что он стал вторым после фараона. Затем встреча с братьями; примирение! Переселение Иакова со всей своей семьёй в Египет к Иосифу (всего из семидесяти душ состоял дом Израиля), где очень сильно размножились, так что стали многочисленным народом Израилевым (Исх. 1:7).

Далее рождение Моисея, которого Бог избрал великим пророком, вождём народа Израильского, чтобы вывести Израиль из Египта в землю Ханаанскую, обещанную Аврааму, Исааку и Иакову в вечное наследие. Иисус Навин ввёл Израиль в землю Ханаанскую и разделил её на уделы каждому колену, кроме колена Левиина, уделом которого стало служение Богу при храме; из этого колена — священники, начиная от дома Ааронова (Исх. 28–30 главы — о священниках).

Так великий Господь Бог образовал Себе на земле целый народ с именем Израиль, которому подарил землю Ханаанскую в вечное наследие. «Ибо ты народ святой у Господа, Бога твоего: тебя избрал Господь, Бог твой, чтобы ты был собственным Его народом из всех народов, которые на земле» (Втор. 7:6–8; Пс. 134).

Зачем Господу Богу понадобился Свой собственный народ? Что за этим стояло у Бога? Во-первых, свидетельство о живом истинном Боге, что Он есть! Через Израиль познание о Боге распространилось по всей земле, по всем народам. Господь через Моисея сказал фараону: «Но для того Я сохранил тебя,

## ВЫБОР И ПУТЬ ЧЕЛОВЕКА ДО ХРИСТА

чтобы показать на тебе силу Мою и чтобы возвещено было имя Мое по всей земле» (Исх. 9:14–16). Во-вторых, свет Божий, знание о Боге, поклонение живому Богу сохранялось и пребывало на земле. И самое главное, чтобы было куда прийти Сыну Божию во плоти — к Своему народу.

Израилю было подробно возвещено о пришествии Господа Иисуса Христа во плоти Спасителем миру: «Се, дева во чреве приимет и родит Сына, и нарекут имя Ему: Еммануил» (Ис 7:14). «Ибо младенец родился нам — Сын дан нам; владычество на раменах (плечах) Его, и нарекут имя Ему: Чудный, Советник, Бог крепкий, Отец вечности, Князь мира...» (Ис. 9:6–7). Все места Писания о Христе в книге Исаии: 2:1–4, 8:13–15, 9:1–7, 11:1–10, 25:6–9, 28:16–17, 33:5–6, а также главы 42, 49–50, 52–55, 61, 63. Также во многих Псалмах есть предсказания о явлении Господа, о Его страданиях и делах: Пс. 21, 88–97, 109. В притчах Соломона: Притч. 8:24–31. Также почти через всех пророков (Иеремия, Иезекииль, Даниил, Иоиль, Захария, Малахия) великий Бог Духом Святым предсказывал о Христе, о Его рождении и явлении в этот мир. Именно поэтому был нужен Богу Израиль. И все предсказания о Христе исполнились полностью: Сын Божий — Слово великого бессмертного Бога стало плотию, и явился Сын Божий — Спаситель этого падшего безбожного мира (Ин. 1:14–18; Лк. 1–2 главы).

Но произошло: «В мире был, и мир чрез Него начал быть, и мир Его не познал. Пришел к своим, и свои Его не приняли. А тем, которые приняли Его, верующим во имя Его, дал власть быть чадами Божиими, которые ни от крови, ни от хотения плоти, ни от хотения мужа, но от Бога родились» (Ин. 1:10–13).

# О ЗАКОНЕ

## 05
ГЛАВА

97     Мир до закона

99     Закон для Израиля

108    Благодать от Бога

Закон — предписанная буква, выражающая нормы и волю общества. Эти предписания необходимо изучить и в точности исполнять. Общество любого государства понимает и признает, что без закона нет правильного поведения в отношениях между людьми, без закона люди будут друг друга уничтожать. Это показали тысячелетия жизни на земле: множество войн на истребление миллионов людей — всё это есть беззаконие. Поэтому любое общество создает законы для устроения совместного проживания. Закон просто необходим для общества людей, потому что соблюдение и исполнение закона гарантирует добрую жизнь между людьми.

Но откуда начало законоположению в обществе человечества? Законоположение изошло и пришло от Бога. Бог сотворил первых людей и поместил их в Едемском саду. Желая Себе покорности от человека, Бог дал Свою заповедь, которая уже и была законом к обязательному исполнению! Чтобы проверить и испытать верность человека, Бог дал возможность змею подойти к жене Адама с ложью, которую змей родил, извратив слово Бога (Быт. 3:1–6).

Поверив змею, в человеке началась самостоятельная жизнь вне Бога с законом греха и смерти, который вселился в него верой в ложь: «одним человеком грех вошел в мир, и грехом — смерть, так и смерть перешла во всех человеков» (Рим. 5:12). Такая жизнь неуклонно вела к тому, что стал необходим закон буквы, который бы открывал человеку что есть ложь и зло и как человеку делать добро.

Согласно Писанию история жизни людей на земле имеет **ТРИ ПЕРИОДА**. Первый период — **МЛАДЕНЧЕСТВО**, которое закончилось потопом по причине разврата людей (Быт. 6:7), что было против правды и любви Бога на земле.

Второй период — **ДЕТСТВО**; это период закона, о котором засвидетельствовано словом учения Апостола Павла (Гал. 4:1–5). Третий период — **БЛАГОДАТЬ** от Бога с явлением Христа, помилование всему человечеству в прощении грехов жертвою Иисуса Христа.

## МИР ДО ЗАКОНА

Почему говорим, что первый мир до потопа был в младенчестве? Писание говорит: «Еще скажу: наследник, доколе в детстве... Так и мы, доколе были в детстве, были порабощены вещественным началам мира; но когда пришла полнота времени (то есть мир вырос, детство закончилось)...» (Гал. 4:1–5) — время под законом называется детством мира. Получается, что первый мир находился во младенческом состоянии, когда не было ни закона, ни благодати, потому что люди были еще просто не в силах что-то из этого понять, принять и понести. Первый мир был не оставлен, но Бог Духом Своим постоянно пребывал в их среде, увещевал, убеждал; точно так как со своими младенцами поступают люди и сегодня — воспитывают их. Что требовалось тогда от людей? — только одно: веровать в Бога. Однако люди не слушались Духа Божия, они не понимали, да и не могли еще понимать, но, будучи душевными, с законом греха и смерти, который их увлекал, они этим влечениям предавались. Не имея сознания греха, потому что не было закона, быстро развратились, — говорит слово (Быт. 6:5). Оставлять так было нельзя, ибо куда бы это привело? Поэтому Бог и свершил над ними суд по плоти, истребив первый мир, кроме семейства Ноя, потопом.

После потопа, покинув ковчег, Ной свершил жертвоприношение: «И устроил Ной жертвенник Господу; и взял из всякого скота чистого и из всех птиц чистых и принес во всесожжение на жертвеннике. И обонял Господь приятное благоухание и сказал Господь в сердце Своем: не буду больше проклинать землю за человека, потому что помышление сердца человеческого — зло от юности его; и не буду больше поражать всего живущего, как Я сделал: впредь во все дни земли сеяние и жатва, холод и зной, лето и зима, день и ночь не прекратятся» (Быт. 8:20–22).

Как понимать это жертвоприношение животных? Надо упомянуть, что самые первые люди, сыны Адама и Евы, также приносили дары Господу от плодов земли и от первородных стада, хотя не было еще ни закона, ни повеления от Господа, чтобы люди приносили Ему в дар жертвы для всесожжения. Из этого становится ясно, что люди по вере в Господа и в благодарность Господу сами от себя стали это делать. Впоследствии жертвоприношение было Богом внесено в закон Моисеев, как обязательное исполнение во славу и благодарение Господу Богу, и приобрело многостороннее значение: жертвы приносились как проявление любви и благодарения Господу Богу, для прощения греха и в очищение от вины за многие преступления. **ЭТИ ЖЕРТВЫ УКАЗЫВАЛИ НА ЖЕРТВУ ИИСУСА ХРИСТА.** Веруя в жертвы Ветхого Завета, люди, не зная, верили в жертву Иисуса Христа. Кровь тельцов и козлов не могла истреблять грехи, но **ВЕРА** в Бога давала Богу власть и возможность вменять эту веру человеку и давать ему Свою святость, Свое бессмертие в день, когда Бог брал эту душу к Себе, в Свое Царство. Бог знает, как Он это делал, факт — Он это делал!

Когда мир развился и подрос, снова умножились преступления (Гал.3:19). Чтобы люди получили возможность рассуждать что есть зло и что есть добро, стало необходимым ввести закон, преподанный великим пророком и вождем народа израильского — Моисеем, о чем теперь рассмотрим подробнее.

## ЗАКОН ДЛЯ ИЗРАИЛЯ

Господь Бог избрал Моисея и определил ему вывести народ Израиля из Египта, где они были обращены в рабство фараоном, и служили, и покорялись господству над ними египтян.

Выведя израильский народ из Египта, Господь довел их до горы Хорива в пустыне, где объявил Моисею, что по воле и по повелению Бога Моисей преподаст Израилю закон от Бога для правильной и богоугодной жизни, чтобы благословение Божие пребывало на Израиле. Бог обещал им землю Ханаанскую, одну из самых лучших земель на земле, в вечное наследство, если они будут покорны Богу, будут преданно и неуклонно соблюдать и в точности исполнять заповеди и постановления закона. И Господь Бог сразу объявил, что погибнут, потеряют всё, если станут уклоняться и нарушать закон. Во всем этом Израиль был просвещен, все было подробно записано по повелению от Бога в книгу закона (Втор. 4:1–2).

Господь Бог у подножия горы Синай повелел Моисею приготовить весь народ для встречи с Богом, Который объявил, что сойдет на вершину горы, будет говорить Моисею громко, так что весь народ будет слышать Бога! Уже в Новом Завете для нас написано: «Вы (мы сегодня) приступили не к горе, осязаемой и пылающей огнем (Бог сошел в огне), не ко тьме и мраку и буре, не к трубному звуку и гласу глаголов, который слышавшие просили, чтобы к ним более не было продолжаемо слово... и столь ужасно было это видение, что и Моисей сказал: „я в страхе и трепете“» (Евр. 12:18–21). Господь Бог призвал Моисея взойти к Нему на гору, что Моисей и сделал, и пробыл там, у Бога и с Богом, сорок дней и ночей, воды не пил и ничего не ел. И дал ему Господь две каменные скрижали, на которых перстом было начертано Самим Богом десять слов: «И объявил Он вам завет Свой, который повелел вам исполнять, десятословие, и написал его на двух каменных скрижалях» (Втор. 4:13).

Как же надо было исполнять десять слов, которые составляли весь закон Моисеев? Народу самому это было просто невозможно понять, что содержало каждое слово, написанное перстом Божиим. Поэтому: «И повелел мне Господь в то время научить вас постановлениям и законам, дабы вы исполняли их в той земле, в которую вы входите, чтобы овладеть ею» (Втор. 4:14). Научая десятословию и объясняя его — получилось пять книг Моисея. Чтобы теперь верно и правильно израильтянину научиться исполнять закон, необходимо было: «Да не отходит сия книга закона от уст твоих; но поучайся в ней день и ночь, дабы в точности исполнять все, что в ней написано: тогда ты будешь успешен в путях твоих и будешь поступать благоразумно — Только будь твердо и очень мужествен, и тщательно храни, и исполняй весь закон, который завещал тебе Моисей, раб Мой; не уклоняйся от него ни направо, ни налево» (Нав. 1:8,7).

# О ЗАКОНЕ

Закон от Бога был дан навечно, доколе будет жизнь по плоти и для плоти (Лев. 16:34; Числ. 10:8; Исх. 12:14). Поэтому, если человек телом Христовым не умрет для закона, он остается под законом до телесной смерти (Рим. 7:4–6). Сохраняя и исполняя закон Моисеев: «Блажен ты, Израиль! Кто подобен тебе, народ, хранимый Господом, Который есть щит, охраняющий тебя, и меч славы твоей? Враги твои раболепствуют тебе, и ты попираешь выи их — Прибежище твое — Бог древний, и ты под мышцами вечными... Израиль живет безопасно, один; око Иакова видит пред собою землю, обильную хлебом и вином, и небеса его каплют росу» (Втор. 33:29, 27–28). Достаточно прочитать о времени царствования Соломона, чтобы понять как жил Израиль (3Цар. 3–4 главы).

Но не устоял Израиль в исполнении закона, начал его нарушать и преступать. Наконец оказался Израиль отвергнутым Богом, стал падать, пока не потерял всё! Об этом свидетельствуют писания многих пророков в Ветхом Завете. Что же не хватало Израилю? В чем была причина того, что они постоянно уклонялись от закона Господа и увещевания пророков? — «От тринадцатого года Иосии, сына Амонова, царя Иудейского, до сего дня, вот уже двадцать три года, было ко мне слово Господне, и я с раннего утра говорил вам, — и вы не слушали. Господь посылал к вам всех рабов Своих, пророков, с раннего утра посылал, — и вы не слушали и не приклоняли уха своего, чтобы слушать. Вам говорили: „обратитесь каждый от злого пути своего и от злых дел своих и живите на земле, которую Господь дал вам и отцам вашим из века в век; и не ходите вослед иных богов, чтобы служить им и поклоняться им...". Но вы не слушали Меня, говорит Господь, прогневляя Меня делами рук своих, на зло себе» (Иер. 25:3–7).

«О пророках. Сердце мое во мне раздирается, все кости мои сотрясаются; я как пьяный, как человек, которого одолело вино, ради Господа и ради святых слов Его, потому что земля наполнена прелюбодеями, потому что плачет земля от проклятия; засохли пастбища пустыни, и стремление их — зло, и сила их — неправда, ибо и пророк, и священник — лицемеры... Так говорит Господь Саваоф: не слушайте слов пророков, пророчествующих вам: они обманывают вас, рассказывают мечты сердца своего, а не от уст Господних. Они постоянно говорят пренебрегающим Меня: „Господь сказал: мир будет у вас". И всякому, поступающему по упорству своего сердца, говорят: „не придет на вас беда"» (Иер. 23:9–17).

Но беда, о которой говорили, предупреждали и увещевали истинные Божии пророки, пришла. Достаточно прочитать книги пророка Иеремии и плач Иеремии, в которых описан весь ужас и великая беда, которая пришла на Израиль за их непослушание Господу, за то, что постоянно уклонялись от правды Господа Бога живого и истинного. Они поклонялись и служили идолам язычников — самое мерзкое пред Господом во все времена; непременно это есть и сегодня и останется до конца существования этого мира! То в чем же дело? Что же мешало Израилю оставаться всегда верными Богу своему? Они жили отдельно от других народов в своем государстве, не имея никакого влияния извне; границы Израиля тщательно охранялись, никто чужой не мог им навязывать что-то свое. Однако они постоянно уклонялись в идолопоклонство, хотя об идолах они были неоднократно просвещены законом Моисея и всеми пророками (Втор. 4:15–19; Пс. 113:12–16; Ис. 44:9–21; Иер. 10:1–5). И всё же Израиль впадал в ужасное идолопоклонство (Иез. 8, 14 главы).

## ЗАКОНОМ ПОЗНАЁТСЯ ГРЕХ

Становится ясно и очень понятно то, о чем неоднократно говорится в Новом Завете: «Но мы знаем, что закон, если что говорит, говорит к состоящим под законом, так что заграждаются всякие уста, и весь мир становится виновным пред Богом, потому что делами закона не оправдается пред Ним никакая плоть; ибо законом познаётся грех» (Рим. 3:19–20). Глядя на историю Израиля, ясно подтверждается слово учения истины: «...одним человеком грех вошел в мир, и грехом — смерть, так и смерть перешла во всех человеков, потому что в нем (первом человеке Адаме) все согрешили» (Рим. 5:12). Очень ясно описано Апостолом Павлом в седьмой главе к Римлянам о том, что грех, закон греха и смерти, живущий в человеке, сильнее ума, воли — всей души человека, так что он не имеет никакой силы освободиться от этого закона греха и смерти: «Ибо не понимаю, что делаю: потому что не то делаю, что хочу, а что ненавижу, то делаю...» (Рим. 7:15). Так есть с каждым сегодня, кто находится под законом: он согрешает, хотя очень сильно хочет не грешить, но все равно согрешает постоянно, и редко какой день у него проходит, чтобы не согрешить. У кого так есть в его жизни, тот должен знать — это есть религия, поклонение Богу по плоти своим умом и своей силой. Такой человек находится под законом, поэтому на нем полностью исполняется Писание: «Доброго, которого хочу, не делаю, а злое, которого не хочу, делаю... Итак, я нахожу закон, что, когда хочу делать доброе, прилежит мне злое. Ибо по внутреннему человеку (по уму) нахожу удовольствие в законе Божием, но в членах моих вижу иной закон (закон греха и смерти в совести моей: Рим. 8:2), противоборствующий (борется против ума моего) закону ума моего и делающий меня пленником закона греховного, находящегося в членах моих (в совести: Мф. 15:18–20). Бедный я человек! кто избавит меня от сего тела смерти?» (Рим. 7:19–24).

Тут необходимо уточнить, что Апостол Павел в седьмой главе к Римлянам говорит не о себе, как трактуют в религиях, но разъясняет о положении человека под законом, начиная от сотворения человека: «Я жил некогда без закона; но когда пришла заповедь, то грех ожил» (Рим. 7:9). Апостол Павел никогда не жил без закона — рожденный евреем, воспитанный по строжайшему закону Моисея (Деян. 22:3, 26:4–5). Без закона жили от начала только Адам с Евой. Пришла заповедь: «не вкушай» — тут грех и ожил, а человек умер (Рим. 7:9–10). Об этом так и открывает учение Христово в Новом Завете: «Что же скажем? Неужели от закона грех? Никак. Но я не иначе узнал грех, как посредством закона. Ибо я не понимал бы и пожелания, если бы закон не говорил: „не пожелай". Но грех (ложное слово), взяв повод от заповеди, произвел во мне всякое пожелание: ибо без закона грех мертв. Я жил некогда без закона; но когда пришла заповедь (ясно показано, что слово, которое заповедал Бог, было уже заповедью закона: не вкушай — это было слово как закон, который преступать было уже нельзя, надо было исполнять), то грех ожил, а я умер; и таким образом заповедь, данная для жизни, послужила мне к смерти, потому что грех, взяв повод от заповеди (змей взял повод от слова Бога), обольстил меня и умертвил ею» (Рим. 7:7–11). Это было начало закона буквы от Бога для человека, закона доброго к жизни: «Посему закон свят, и заповедь свята и праведна и добра. Итак, неужели доброе сделалось мне смертоносным? Никак; но грех, оказывающийся грехом потому, что посредством доброго причиняет мне смерть» (Рим. 7:12–13).

Вся седьмая глава к Римлянам объясняет жизнь человека под законом, но не про Апостола Павла, что он продолжал грешить и делать то, чего не хотел делать. Иначе было бы полное противоречие его слову о себе: «Законом я умер для закона, чтобы жить для Бога. Я сораспялся Христу; и уже не я живу, но живет во мне Христос. А что ныне живу во плоти, то живу верою в Сына Божия, возлюбившего меня и предавшего Себя за меня. Не отвергаю благодати Божией; а если законом оправдание, то Христос напрасно умер» (Гал. 2:19—21).

## ДЛЯ ЧЕГО БЫЛ ДАН ЗАКОН?

Сравним жизнь первого мира до потопа без закона и жизнь после потопа под законом Моисея. Жизнь на земле во времена закона от Бога оказалась такой же, как и в первом мире до потопа. Мир опять пришел в полную негодность (закон, ослабленный плотью, стал бессилен: люди потеряли страх и стали предаваться похоти плоти, похоти очей и гордости житейской) и был готов к полному уничтожению (Рим. 8:3, 3:10—18; 1Ин. 2:15—17).

И если Израиль, избранный народ Божий, которому от Бога был преподан закон для благословенной жизни на прекрасной земле в собственном государстве, преступил закон, отпал, погиб и потерял всё, то что можно сказать о прочих народах, которые так и жили по плоти. Всё закончилось тем, что в полноте открылась несостоятельность людей, живущих по плоти и по закону буквы, в том, чтобы устроить самим достойную праведную жизнь, приемлемую Богом.

Через закон открылась суть всякого душевного человека: «Дела плоти известны; они суть: прелюбодеяние, блуд, нечистота, непотребство, идолослужение, волшебство (водимые духом диавола), вражда, ссоры, зависть, гнев, распри, разногласия, соблазны, ереси, ненависть, убийства, пьянство (куда входит и наркомания), бесчинство и тому подобное (то есть еще много больше). Предваряю вас, как и прежде предварял, что поступающие так Царствия Божия не наследуют» (Гал. 5:19–21). Закон сделал свое дело — человечество наконец поняло, что все грешники пред Богом. Таким образом, стало ясно, что люди нуждаются в Спасителе от греха, как и написано: «До пришествия веры мы заключены были под стражею закона, до того времени, как надлежало открыться вере. Итак, закон был для нас **ДЕТОВОДИТЕЛЕМ** ко Христу, дабы нам оправдаться верою; по пришествии же веры, мы уже не под руководством детоводителя» (Гал. 3:23–25).

«Братия! говорю по рассуждению человеческому: даже человеком утвержденного завещания никто не отменяет и не прибавляет к нему. Но Аврааму даны были обетования и семени его. Не сказано: „и потомкам", как бы о многих, но как об одном: „и семени твоему", которое есть Христос. Я говорю то, что завета о Христе, прежде Богом утвержденного, закон, явившийся спустя четыреста тридцать лет, не отменяет так, чтобы обетование потеряло силу. Ибо если по закону наследство, то уже не по обетованию; но Аврааму Бог даровал оное по обетованию. **ДЛЯ ЧЕГО ЖЕ ЗАКОН?** Он дан после по причине **ПРЕСТУПЛЕНИЙ**, до времени пришествия семени, к которому относится обетование… Итак, закон противен обетованиям Божиим? Никак! Ибо если бы дан был закон, могущий животворить, то подлинно праведность была бы от закона» (Гал. 3:15–24). «Отменение же прежде бывшей заповеди бывает по причине ее немощи и бесполезности, **ИБО ЗАКОН НИЧЕГО НЕ ДОВЕЛ ДО**

**СОВЕРШЕНСТВА**… — Ибо невозможно, чтобы кровь тельцов и козлов уничтожала грехи — Он же однажды, к концу веков, явился для уничтожения греха жертвою Своею» (Евр. 7:18–19, 10:4, 9:26). «Христос, входя в мир, сказал о Себе: „…вот, иду исполнить волю Твою, Боже". Отменяет первое (закон), чтобы постановить второе. По сей-то воле освящены мы единократным принесением тела Иисуса Христа… Ибо Он одним приношением навсегда сделал совершенными освящаемых» (Евр. 10:9–10,14).

«Что же скажем? Язычники, не искавшие праведности, получили праведность, праведность от веры, а Израиль, искавший закона праведности, не достиг до закона праведности. Почему? потому что искали не в вере, а в делах закона. Ибо преткнулись о камень преткновения (о Христа, Его слово учения!), как написано: „вот, полагаю в Сионе камень преткновения и камень соблазна; но всякий, верующий в Него, не постыдится" — Ибо свидетельствую им, что имеют ревность по Боге, но не по рассуждению. Ибо, не разумея праведности Божией (Христос наша праведность от Бога: 1Кор. 1:30) и усиливаясь поставить собственную праведность, они не покорились праведности Божией, потому что **КОНЕЦ ЗАКОНА — ХРИСТОС**, к праведности всякого верующего» (Рим. 9:30–33, 10:2–4).

Евреи были полностью преданы закону дел Моисея, по которому праведности достигнуть своими усилиями было невозможно (Рим. 3:20,19). Очень ярко об этом засвидетельствовал Апостол Павел и написал Церкви, вразумляя их: «Хотя я могу надеяться и на плоть… обрезанный в восьмой день, из рода Израилева, колена Вениаминова, Еврей от Евреев, по учению — фарисей, по ревности — гонитель Церкви Божией, по правде законной — непорочный. Но что для меня было преимуществом, то ради Христа я почел тщетою. Да и все почитаю тщетою ради превосходства познания Христа Иисуса, Господа моего: для Него я от всего отказался, и все почитаю за сор, чтобы приобрести Христа и найтись в Нем не со своею праведностью, которая от закона, но с тою, которая через веру во Христа, с праведностью от Бога по вере; чтобы познать Его, и силу воскресения Его, и участие в страданиях Его, сообразуясь смерти Его, чтобы достигнуть воскресения мертвых. Говорю так не потому, чтобы я уже достиг или усовершился; но стремлюсь, не достигну ли и я, как достиг меня Христос Иисус. Братия, я не почитаю себя достигшим; а только, забывая заднее и простираясь вперед, стремлюсь к цели, к почести вышнего звания Божия во Христе Иисусе» (Флп. 3:4–14).

## БЛАГОДАТЬ ОТ БОГА

Великий Святой Бог, один обладающий бессмертием, творя человека, имел великое намерение построить святой, вечный город Иерусалим! Эту тайну Он открыл уже Аврааму, и этого города Авраам ожидал (Откр. 21:1–27). Бог сотворил человека свободной личностью, способной понимать добро и зло, научаться и познавать. Воля Бога для человека заключена в том, чтобы он познал Бога, Его любовь и правду и понял на самом деле, что есть сама жизнь.

Бог попустил человеку ходить своими путями для того, чтобы человек понял и осознал, какое он сам по себе ничтожество, что своими силами он никогда не сможет сделать себя святым и праведным, и что это может сделать только

Бог и только в том случае, если человек поверит, доверится Ему и вознуждается в Нем так, чтобы Бог соделал из него пригодный Ему сосуд!

Поэтому через учение Господа Иисуса Христа Господь Бог открыл: «Но то скажу вам, братия, что плоть и кровь не могут наследовать Царствия Божия, и тление не наследует нетления» (1Кор. 15:50). Чтобы осуществить до конца Свое намерение, Бог объявил помилование всему человечеству, прощая все грехи и снимая всю вину жертвою Иисуса Христа, Который принял смерть Свою за всех, будучи чистым, святым и абсолютно невинным. Таким образом, всем людям дана возможность спастись (2Кор. 5:18–21). Для этой цели великий Бог послал на землю Господом и Спасителем Сына Своего, Который принял кровь и плоть, стал Человеком, оставаясь и Богом (Евр. 2:14; Флп. 2:5–11; Ин. 1:29, 3:16) — ...наступило лето Господне благоприятное (Лк. 4:19) — это время благодати!

# ЯВЛЕНИЕ ХРИСТА

**ГЛАВА**

- 113    План Бога
- 117    Проповедь Христа о Небесном Царстве
- 121    Победа на кресте
- 126    Вечеря Господня
- 133    Он навсегда сделал совершенными освящаемых
- 135    Конец закона — Христос
- 139    Благодать и благодать на благодать
- 142    Во Христе обитает вся полнота Божества телесно

«Ибо **жизнь явилась**, и мы видели и свидетельствуем, и возвещаем вам сию вечную жизнь, которая была у Отца и явилась нам» (1Ин. 1:2).

Явилась жизнь, которая только и есть **одна**, ибо то, что не знающие Бога люди называют жизнью, не есть сама жизнь, но есть смерть! Ибо жизнь настоящая не имеет никакого конца, она вечная непреходящая; в самой жизни нет смерти.

Когда один человек был готов последовать за Христом, но при этом попросил дать ему возможность пойти и похоронить отца своего, Господь ответил ему: «Предоставь мертвым погребать своих мертвецов, а ты иди, благовествуй Царствие Божие» (Лк. 9:59–60). Отсюда полная ясность: в этом мире, который вне Бога, нет жизни, но все люди по Адаму мертвы, совесть их составляет закон греха и смерти! (Рим. 5:12).

Итак, явлением Христа явилась сама жизнь, которой раньше на земле не было! Жизнь явилась, чтобы человеку принять ее и жить вечно: «Спасшего нас и призвавшего званием святым, не по делам нашим, но по Своему изволению и благодати, данной нам во Христе Иисусе прежде вековых времен, открывшейся же ныне (и нам) явлением Спасителя нашего Иисуса Христа (в нас), разрушившего смерть (в нас) и явившего жизнь и нетление через благовестие (слова истины)» (2Тим. 1:9–10).

Как явилась нам жизнь, которая была у Отца? — **Словом** (1Ин. 1:1–2). Именно так просто и так ясно: тайна вечной жизни явилась Словом! Что же это за Слово, которое несет в себе такую великую тайну — жизнь Самого Бога? Слово это есть Сам Бог: «В начале было Слово, и Слово было у Бога, и Слово было Бог. Оно было в начале у Бога. Все чрез Него начало быть, и без Него ничто не начало быть, что начало быть... И Слово стало плотию и обитало с нами, полное благодати и истины» (Ин. 1:1–3,14).

Бог **явил** Себя во Христе и Христом! Явиться Самому Богу во плоти было невозможно, потому что вся земля не смогла бы Его вместить — Он слишком велик! (Ис. 66:1). Ведь Он наполняет Собою всё! Он везде есть, везде всё видит, слышит и знает: «Мои мысли — не ваши мысли, ни ваши пути — пути Мои, говорит Господь. Но как небо выше земли, так пути Мои выше путей ваших и мысли Мои выше мыслей ваших» (Ис. 55:8–9). Поэтому великий, неисследимый, вечный Бог и родил Слово, которое и послал на землю Своим Единородным Сыном — Слово стало плотию и явило Самого Бога — неизмеримого, великого, непостижимого (Ин. 1:1–5,14–18). «Сей, будучи сияние славы и образ (настоящий) ипостаси Его...» (Евр. 1:3). «Который есть образ Бога невидимого, рожденный прежде всякой твари; ибо Им создано все, что на небесах и что на земле, видимое и невидимое: престолы ли, господства ли, начальства ли, власти ли, — все Им и для Него создано; и Он есть прежде всего, и все Им стоит» (Кол. 1:15–17).

## ПЛАН БОГА

Господь явился в этот мир для того, чтобы открыть тайну домостроительства и открыл ее святым Его и, во-первых, Апостолам: «Открыть всем, в чем состоит домостроительство тайны, сокрывавшейся от вечности в Боге, создавшем все Иисусом Христом, дабы ныне соделалась известною через Церковь начальствам и властям на небесах многоразличная премудрость Божия» (Еф. 3:9–10).

У Бога родилось желание сотворить Небесный Иерусалим! В Нем, в недре Его, в глубине Его сердца всё созрело, получило свою ясность — явился полный план от начала и до конца. И как это будет, Бог Сам в Себе увидел, понял, восхотел и решил всё так и произвести. Поэтому, как написано: Иисус Христос (пока Его еще не было) находился **В НЕДРЕ ОТЧЕМ**, то есть в плане, в решении, внутри сердца Бога (Ин 1:18). Тогда великий Бог выносит Слово Своего желания и Своей воли — родилось и явилось из Бога Слово, как и написано: «В начале было Слово... Оно было в начале у Бога» (Ин. 1:1–2), уже не в недре, не в глубине Бога, но уже оно **ИЗОШЛО ОТ НЕГО** (Ин. 16:27–28) — родилось Слово премудрости, силы, могущества, власти, света. Бог родил Его, чтобы этим Словом всё сотворить, претворить на деле так, как оно родилось в недре, внутри Бога: «Все чрез Него начало быть, и без Него ничто не начало быть, что начало быть» (Ин. 1:3).

Через весь Ветхий Завет проходит Слово Самого Бога как премудрость, как сила, как свет и жизнь, но нигде ни разу Слово в Ветхом Завете не названо Сыном — Его еще просто не было. Хотя Господь Иисус Христос о Себе говорит: «Тогда сказали Ему: кто же Ты? Иисус сказал им: от начала Сущий, как и говорю вам» (Ин. 8:25). Как и написано: «Не премудрость ли взывает... „К вам, люди, взываю я, и к сынам человеческим голос мой!.. Слушайте... изречение уст моих — правда; ибо истину произнесет язык мой и нечестие — мерзость для уст моих... Я родилась... Господь имел меня началом пути Своего... Я родилась прежде... когда еще Он не сотворил ни земли, ни полей, ни начальных пылинок вселенной!..."» (Притч. 8:1–8,24,22,25–31). Кто же родился?

«Который есть образ Бога невидимого, рожденный прежде всякой твари» (Кол. 1:15). И дальше: «Ибо Им создано всё, что на небесах и что на земле, видимое и невидимое… Он есть прежде всего, и все Им стоит» (Кол. 1:16—17).

И теперь здесь: «В начале было Слово… Слово было Бог. Все чрез Него начало быть… что начало быть» — становится ясным, что родилось Слово из Бога, которое было прежде всякой твари, когда еще не было ни земли, ни начальных пылинок вселенной, которое и было Христос. Это Слово и сотворило всё, как об этом очень подробно и ясно сказано в Писании: «…вначале словом Божиим небеса и земля составлены из воды и водою» — «Он сказал — и сделалось; Он повелел — и явилось» (2Пет. 3:5; Пс. 32:6,9).

Когда же исполнилось время — «Слово стало плотию и обитало с нами, полное благодати и истины; и мы видели славу Его, славу, как Единородного от Отца» (Ин. 1:14). Как Апостолы увидели и поняли Единородного от Отца? Ведь Слово (Дух премудрости) никто не мог видеть, могли видеть только дела, плоды премудрости, но никак не Единородного Сына — здесь открывается **РОЖДЕНИЕ СЫНА БОЖИЯ КАК ЧЕЛОВЕКА**, о чем было не раз предсказано пророками Ветхого Завета (Ис. 9:6—7, 7:14—15).

Итак, началом Сына Божия было Слово премудрости и разума. Сыном же Христос стал, когда родился человеком: «Родишь Сына… наречется Сыном Всевышнего… рождаемое Святое наречется Сыном Божиим» — «Се, Дева во чреве примет и родит Сына» (Лк. 1:30—35; Ис. 7:14, 9:6—7). Он будет расти, возрастать, как все человеки: «Младенец же возрастал и укреплялся духом, исполняясь премудрости, и благодать Божия была на Нем… И когда Он был двенадцати лет, пришли они также по обычаю в Иерусалим… — и потеряли Его — нашли Его в храме, сидящего посреди учителей (Он являл удивительные знания!)… И Он пошел с ними… и был в повиновении у них… Иисус же преуспевал в премудрости и возрасте и любви у Бога и человеков» (Лк. 2:40–52).

Когда Ему исполнилось тридцать лет, Он начал открыто говорить людям слово учения Своего. Христос явил, раскрыл и объяснил Бога, Его нетленное, вечное, неизменное естество! Бог был в теле человека по плоти и доказал это Своими делами и действиями: сказал ветру и морю, и они успокоились, наступила великая тишина (Мф. 8:24–26); Лазарь четыре дня был мертв, тело уже смердело — Христос позвал его, и он вышел живым и здоровым (Ин. 11:39–44); шел по воде, как по тропинке на земле (Мф. 14:25); немногими хлебами и рыбками накормил тысячи (оставшиеся куски превысили количество начальных хлебов во много раз) (Мф. 15:32–38); не было болезни такой, какую не исцелил бы Господь (Лк .4:33–41; Мф. 9:35); и многими другими чудесами и знамениями доказал Свое Божество: «Он, будучи образом Божиим, не почитал хищением быть равным Богу» — **ОН БЫЛ БОГ** (Флп. 2:6; 1Ин. 5:20).

А что люди? — всего три с половиной года потерпели Его, отвергли, не поверили Ему, Его словам учения (Ин. 8:41–47), признали обманщиком (Мф. 27:63), предали на смерть и руками беззаконных совершили над Ним лютую казнь (Деян. 2:23–24, 3:14–15, 4:11–12).

Будучи Сыном, не только Божиим, но и Человеческим, Ему пришлось прожить и пережить всё человеческое, душевное, пройти и претерпеть тяжелейшие испытания страданиями, когда Он сильным воплем к Богу умолял спасти Его от смерти,

# ЯВЛЕНИЕ ХРИСТА

и услышан был за Свое благоговение (Евр. 5:7–10). Быв основательно испытан, устоял, победил, не упал — Бог помазал Его: «И почиет на нем Дух Господень, дух премудрости и разума, дух совета и крепости, дух ведения и благочестия; и страхом Господним исполнится, и будет судить не по взгляду очей Своих и не по слуху ушей Своих решать дела (именно как человек). Он будет судить бедных по правде... И будет препоясанием чресл Его правда, и препоясанием бедр Его истина...» (Ис. 11:1–9). «Ты возлюбил правду и возненавидел беззаконие (всё это как человек), посему помазал Тебя, Боже, Бог Твой елеем радости более соучастников Твоих — Быв наречен от Бога Первосвященником по чину Мелхиседека» (Евр. 1:9, 5:8–10; Лк. 4:18) и «Которого поставил наследником всего» (Евр. 1:2).

Итак, Слово стало Человеком Иисусом Христом, Который открыл Себя словом, учением Иисуса Христа. Читая, принимая это слово верою, человек принимает жизнь, которая была у Бога. Сказать по-другому, принимая Его слово учения, человек принимает Христа, Который очень ясно засвидетельствовал о Себе: «Я есмь путь и истина и жизнь; никто не приходит к Отцу, как только через Меня» (Ин. 14:6).

# ПРОПОВЕДЬ ХРИСТА О НЕБЕСНОМ ЦАРСТВЕ

«Он сказал им: вы от нижних, Я от вышних; вы от мира сего, **Я НЕ ОТ СЕГО МИРА**. Потому Я и сказал вам, что вы умрете во грехах ваших; ибо, если не уверуете, что это Я, то умрете во грехах ваших» (Ин. 8:23–24). «Царство Мое не от мира сего… Царство Мое не отсюда… — Я на то родился и на то пришел в мир, чтобы свидетельствовать об истине; всякий, кто от истины, слушает гласа Моего» (Ин. 18:36–38). Иисус Христос явлением Своим в этот мир открыл великую тайну о том, что есть другой духовный мир, который совершенно не имеет ничего общего с этим земным миром. Здесь, в этом мире, всё тленное, преходящее, временное: «Не любите мира, ни того, что в мире: кто любит мир, в том нет любви Отчей. Ибо всё, что в мире: похоть плоти, похоть очей и гордость житейская не есть от Отца (Небесного), но от мира сего. И мир проходит, и похоть его, а исполняющий волю Божию пребывает вовек. Дети! последнее время…» (1Ин. 2:15–18).

Небесное Царство — духовный мир, неприступный свет, где обитает Бог (1Тим. 6:16), где плоть и кровь не может жить. Небесное Царство невидимо, никто не может съездить или слетать, увидеть его, рассмотреть, вернуться и рассказать. О нем проповедовали Христос и Его Апостолы: «…пришел Иисус в Галилею, проповедуя Евангелие Царствия Божия…» (Мк. 1:14).

Евангелие, или благовестие — это есть проповедь Царствия Божия, о том, что оно приблизилось. Христос не учил ни о чем другом, как только о Небесном Царстве, какое оно есть (Господь это показал во всех Своих притчах), что его можно обрести и стать гражданами этого Царства (Еф. 2:19). Когда в одном городе хотели, чтобы Господь не уходил от них и чтобы остался еще с ними, Он сказал: «…и другим городам благовествовать Я должен Царствие Божие, ибо на то Я послан» (Лк. 4:42–44). Христос тут показал, для чего Он пришел в этот мир: «на то Я послан». И далее говорит

Евангелие: «После сего Он проходил по городам и селениям, проповедуя и благовествуя Царствие Божие, и с Ним Двенадцать» (Лк. 8:1).

Затем Господь посылает двенадцать Апостолов проповедовать о главной цели Евангелия — о Царствии Божием (Лк. 9:1–2). Позже Он избирает семьдесят других учеников, которых посылает по два пред лицом Своим проповедовать Царствие Божие: «Если… не примут вас, то, выйдя на улицу, скажите: „И прах, прилипший к нам от вашего города, отрясаем вам; однако же знайте, что приблизилось к вам Царствие Божие". Сказываю вам, что Содому в день оный будет отраднее, нежели городу тому» (Лк. 10:1,8–12).

Когда Господь воскрес и сорок дней являлся ученикам, то и в эти дни Он говорил с учениками о Царствии Божием (Деян. 1:3). И после вознесения Иисуса Христа главной темой всех посланий Апостолов всегда была и оставалась тема о Царствии Божием, о проходящем образе этого мира, о том, как войти в Небесное Царство.

Но что это за мир, этот другой мир, другое Царство? Слово истины открывает нам, что этот другой мир, Божие Царство, есть **духовный мир**: «Бог есть Дух, и поклоняющиеся Ему должны поклоняться в духе и истине» (Ин. 4:24). Ясно, если Бог есть Дух, то и Его Царство также духовное, поэтому «плоть и кровь не могут наследовать Царствия Божия, и тление не наследует нетления» (1Кор. 15:50), то есть жить там может только духовное: «Сеется тело душевное, восстает тело духовное. Есть тело душевное, есть тело и духовное… Первый человек — из земли, перстный; второй человек — Господь с неба. Каков перстный, таковы и перстные; и каков небесный, таковы и небесные. И как мы носили образ перстного, будем носить и образ небесного» (1Кор. 15:44–49). Из изложенного по слову Божию вытекает очень простой и ясный вывод: кто в своей жизни не достигнет и не восхитит духовной жизни — тот просто пройдет мимо цели. Также знаем по Писанию, что там будет обитать только правда (2Пет. 3:13), ничто нечистое и никто, преданный мерзости и лжи, туда не может войти (Откр. 21:27,8).

Небесный мир имеет свою силу, свой вкус (Евр. 6:5), свое выражение: «Ибо Царствие Божие не пища и питие, но праведность и мир и радость во Святом Духе» (Рим. 14:17). Праведность, мир, радость и покой в сердце составляют блаженство, которое есть Сам Бог в человеке, естество Которого переживается человеком уже сегодня, как об этом и говорит Писание: «Ибо вот, Царствие Божие **ВНУТРЬ ВАС ЕСТЬ**» (Лк. 17:21).

Что ожидает сподобившихся достигнуть того века? (Лк. 20:35) — «Не видел того глаз, не слышало ухо, и не приходило то на сердце человеку, что приготовил Бог любящим Его» (1Кор. 2:9). Если Бог сотворил такую прекрасную вселенную, зная прежде сотворения, что всё прейдет огнем, то каково же духовное, нетленное, вечное Царство Его?! — «К наследству нетленному, чистому, неувядаемому, хранящемуся на небесах для вас, силою Божиею через веру соблюдаемых ко спасению, готовому открыться в последнее время. О сем радуйтесь!..» (1Пет. 1:3–9). «А нам Бог открыл это Духом Своим; ибо Дух все проницает, и глубины Божии» (1Кор. 2:10). Что же открыл нам Бог? — Вечное блаженство! Блаженный вечный мир! Блаженный вечный покой! Блаженную, никогда непреходящую радость — великую и преславную! Это будет навсегда, бесконечно, да так, что человек там никогда не устанет, никогда не изнеможет, никогда никакой скорби, ни печали, ни томления — всегда радость, чистая вечная любовь во всей своей полноте в общении с миллиардами Святых Духов: Ангелами, Архангелами, Серафимами.

Всё учение Иисуса Христа учит, как наследовать вечную жизнь в Божием Царстве. Нетленное, духовное Царство Бога совершенно другое и не имеет ничего общего с земным тленным царством, в котором мы живем физически; поэтому перейти в Царство Бога и принять его можно **только верой** в чистое слово Христа, верой в совершённое на Голгофе.

## ПОБЕДА НА КРЕСТЕ

«Но Христос, Первосвященник будущих благ, придя с большею и совершеннейшею скиниею, нерукотворенною, то есть не такового устроения, и не с кровью козлов и тельцов, но со Своею Кровию, однажды вошел во святилище и приобрел вечное искупление» (Евр. 9:11–12).

«Закон, имея тень будущих благ, а не самый образ вещей, одними и теми же жертвами, каждый год постоянно приносимыми, никогда не может сделать совершенными приходящих с ними... Но жертвами каждогодно напоминается о грехах, ибо невозможно, чтобы кровь тельцов и козлов уничтожала грехи» (Евр. 10:1–4) — какое яркое свидетельство тому, что под законом нет (и не было возможным) уничтожения греха и освобождения от него! За грех постоянно приносились жертвы, но этими жертвами человек никогда не мог освободиться от греха, он оставался грешным.

«Посему Христос, входя в мир, говорит: „жертвы и приношения Ты не восхотел, но тело уготовал Мне"» (Евр. 10:5). Зачем Бог уготовал тело Иисусу Христу? «Всякий первосвященник поставляется для приношения даров и жертв; а потому нужно было, чтобы и Сей также имел, что принести» (Евр. 8:3). Бог уготовал земное человеческое тело Иисусу Христу для того, чтобы Иисус Христос принес Свое тело в жертву Богу. Спрашивается: зачем стала нужна такая жертва? Ответ лежит в стихе: «Он же однажды, к концу веков, явился для **УНИЧТОЖЕНИЯ ГРЕХА** жертвою Своею» (Евр. 9:26). То есть Сын Божий явился в этот мир в человеческом теле, чтобы совершить то, что не мог совершить закон заповедей со всеми своими жертвоприношениями: Он разрушил дела диавола (1Ин. 3:8) и уничтожил грех! (Евр. 9:26).

Диавол хорошо знал, зачем явился Христос во плоти: чтобы победить его, отнять у него власть над человечеством, ибо показано, как бесы кричали: «Что Тебе до нас, Иисус, Сын Божий? пришел Ты сюда прежде времени мучить нас» — «В синагоге их был человек, одержимый духом нечистым, и вскричал: оставь! что Тебе до нас, Иисус Назарянин? Ты пришел погубить нас! знаю Тебя, кто Ты, Святой Божий. Но Иисус запретил ему, говоря: замолчи и выйди из него. Тогда дух нечистый, сотрясши его и вскричав громким голосом, вышел из него» (Мф. 8:29; Мк. 1:23–27).

И был Иисус Духом поведен в пустыню для искушения от диавола (Мф. 4:1), то есть для того, чтобы одержать над ним полную окончательную победу! После сорока дней поста, когда плоть совсем ослабла, написано, что напоследок Он взалкал (Мф. 4:1–4; Лк. 4:1–4). Тогда диавол тут же искушает: скажи, и камень станет хлебом. Диавол знал, что Христос

# ЯВЛЕНИЕ ХРИСТА

может камень в хлеб превратить, Христос тоже знал. Диаволу же нужно было добиться послушания, но он не смог найти во Христе места (Ин. 14:30), был отвергнут везде и во всем!

Затем диавол возбуждал толпу против Него, внушая: Он всего лишь человек, сын плотника, а выдает Себя Богом! А по закону такому человеку, который посягнул на святость (назвал Себя Богом), полагалась смерть: «Иисус же говорил им: Отец Мой доныне делает, и Я делаю. И еще более искали убить Его Иудеи за то, что Он не только нарушал субботу, но и Отцом Своим называл Бога, делая Себя равным Богу — Тут опять Иудеи схватили каменья, чтобы побить Его. Иисус отвечал им: много добрых дел показал Я вам от Отца Моего; за которое из них хотите побить Меня камнями? Иудеи сказали Ему в ответ: не за доброе дело хотим побить Тебя камнями, но за богохульство и за то, что Ты, будучи человеком, делаешь Себя Богом» (Ин. 5:16–18, 10:31–33).

«Он изъязвлен был за грехи наши и мучим за беззакония наши; наказание мира нашего было на Нем, и ранами Его мы исцелились!.. Он истязуем был, но страдал добровольно и не открывал уст Своих... потому что не сделал греха и не было лжи в устах Его. Но Господу угодно было поразить Его, и Он (Бог Отец) предал Его мучению... На подвиг души Своей Он будет смотреть с довольством; чрез познание Его Он, Праведник, Раб Мой, оправдает многих и грехи их на Себе понесет» (Ис. 53:5–11).

Итак, Христос — истинный Бог и жизнь вечная (1Ин. 5:20) — Сам взял на Себя преступления всего человечества и принес Себя в жертву, Свое физическое тело, которое уготовал Ему Бог. «Потому что и Христос, чтобы привести нас к Богу, однажды пострадал за грехи наши, праведник за неправедных, быв умерщвлен по плоти, но ожив духом...» (1Пет. 3:18). «Но Бог воскресил Его, расторгнув узы смерти, потому что ей невозможно было удержать Его» (Деян. 2:24) — смерть взяла Его и хотела удержать, но Бог расторгнул узы смерти. Почему? Быв искушаем во всем, чем только можно было, Христос не сделал никакого греха, Он не отпал и не упал, как это произошло с Адамом и Евой; поэтому Он есть последний Адам, второй человек — с неба, совершивший победу до конца, пройдя весь путь от рождения до смерти. Он устоял против диавола, Он был Святой и Праведный, тем и победил!

## ЧТО РАСПЯЛ ГОСПОДЬ НА КРЕСТЕ?

Еще немного о том, что распял Господь на кресте. «Он **ГРЕХИ НАШИ** Сам вознес Телом Своим на древо, дабы мы, избавившись от грехов, жили для правды: ранами Его вы (мы) исцелились» (1Пет. 2:24). Когда и как мы освободились от закона греха и смерти? «Он же однажды, к концу веков, явился для уничтожения греха жертвою Своею...» (Евр. 9:26). Очень ясно — от закона греха и смерти мы освободились Духом Иисуса Христа: «закон духа жизни во Христе Иисусе освободил меня от закона греха и смерти» (Рим. 8:1–2). Это свершилось после победы Господа, по воскресении Его: Своею жертвою, смертью и воскресением, Он свершил полную победу над законом греха и смерти. Поэтому, когда сказано: «Господь возложил на Него грехи всех нас» (Ис. 53:6; Рим. 3:22–25), то говорится о полной победе Господа над диаволом: Христос принял на Себя наказание — смерть за грехи всего мира, и по воскресении Своем получил всю власть уничтожить грех в человеке.

## ЯВЛЕНИЕ ХРИСТА

Вопрос: что такое грех? — это **ЛОЖНАЯ ВЕРА**; ложная вера в человеке есть дух лжи диавола, то разве можно ли было дух лжи распять так, чтобы умерла ложь? — нет, конечно. Дух невозможно распять, умертвить, его можно только изгнать, что и сотворил Господь для человека, победив Своим воскресением диавола, лишил его власти и отобрал ключи ада и смерти (Откр. 1:18). Воскреснув из мертвых, «смерть уже не имеет над Ним власти» (Рим. 6:9), Христос стал Духом животворящим, дающим жизнь (1Кор. 15:45). Когда человек поверит в свершенное Господом, тогда Христос свершает победу в человеке: разрушает в нем смерть и являет Собой жизнь и нетление! (2Тим. 1:9–10).

На кресте было распято физическое душевное тело — это было возмездие за грех (Рим. 6:23). Великий Бог вложил в это распятое тело всех людей по Адаму, как ветхую тварь: «А я не желаю хвалиться, разве только крестом Господа нашего Иисуса Христа, которым для меня мир распят, и я для мира» — «Зная то, что ветхий наш человек распят с Ним, чтобы упразднено было тело греховное (которое взяло свое начало от Адама в саду Едемском и перешло во всех человеков, ибо в нем все согрешили: Рим. 5:12), дабы нам не быть уже рабами греху (чтобы людей снова вернуть к чистоте сотворенного тела без греха); ибо умерший (вместе со Христом верою на кресте) освободился от греха» (1Кор. 15:44–48; Гал. 6:14; Рим. 6:6–7). Таким образом в Нем был распят ветхий человек по Адаму, который и должен был умереть за свои грехи — преступления.

«Ныне, когда вы освободились от греха и стали рабами Богу, плод ваш есть святость, а конец — жизнь вечная», — говорит нам слово истины (Рим. 6:22). Почему же весь религиозный христианский мир продолжает учить и верить обратному: остаются грешными, постоянно согрешающими? То есть очевидно, что в религиозном мире жертвой Иисуса Христа закон греха и смерти не побежден, но продолжает жить и действовать во всех религиозных людях, тогда как слово учения Иисуса Христа неоднократно многими местами Писания говорит об уничтожении греха жертвой Иисуса Христа (Евр. 9:26), об освобождении от греха (Рим. 6:6—7,18,22). Они веруют в распятие и смерть Господа как в историю, что так было, но в освобождение от закона греха и смерти не веруют, потому что не уверовали в свою смерть и в свое воскресение со Христом. Они не понимают и не имеют **ВЕРЫ В ПОБЕДУ ГОСПОДА**, которая свершилась с воскресением Христа. Победа Христа в полноте — в смерти и в воскресении; без этой полноты нет драгоценной веры по правде Бога нашего!

## ВЕЧЕРЯ ГОСПОДНЯ

«Ибо так возлюбил Бог мир, что отдал Сына Своего Единородного, дабы всякий, верующий в Него, не погиб, но имел жизнь вечную. Ибо не послал Бог Сына Своего в мир, чтобы судить мир, но чтобы мир спасен был чрез Него. Верующий в Него не судится, а неверующий уже осужден, потому что не уверовал во имя Единородного Сына Божия» (Ин. 3:16—18) — в это следует просто поверить «от веры в веру, как написано: „праведный верою жив будет"» (Рим. 1:17).

Христос, Который был у Отца в великой славе, любви, мире, радости, ради искупления людей от смерти, должен был по воле великого Бога принять плоть и кровь, стать человеком и предать Себя на крестную смерть, жестокую казнь от людей грешных, безумных, одержимых диаволом. Уже одно то — сойти на землю, оставив славу Небесного Царства, в среду грешных людей, находящихся во тьме — непостижимо человеческому уму! А какую казнь Господь претерпел от грешников! «Помыслите о Претерпевшем такое над Собою поругание от грешников, чтобы вам не изнемочь и не ослабеть душами вашими» (Евр. 12:3).

Перед казнью на кресте Господь собрал двенадцать Апостолов отпраздновать пасху по Ветхому Завету, которую евреи праздновали один раз в год, воспоминая, каким образом Господь Бог вывел их из Египта. Сама пасха в то время был агнец, кровью которого евреи по повелению от Господа помазали косяки и перекладины дверей в домах; самого же агнца испекли на огне и съели, ничего не оставляя от него. В ту же ночь Ангел от Бога прошел по Египту, умерщвляя всех первородных от человека до скота, но не входил в дома, на перекладине и косяках дверей которых была кровь, проходил мимо... Народ Божий вышел из земли Египетской, Израиль был спасен из рабского плена, получив полную свободу, освобождение от рабства (Исх.12гл.). Пасха, совершенная евреями в Египте — очень яркий образ, показывающий на Христа: Господь взял Израиль и вывел их из плена рабства в Египте, так и нас Господь взял и вывел из рабства греха этого мира: «Вот Агнец Божий, Который берет на Себя грех мира!» (Ин. 1:29).

«Ученики сделали, как повелел им Иисус, и приготовили пасху. Когда же настал вечер, Он возлег с двенадцатью учениками... И когда они ели, Иисус взял хлеб и, благословив, преломил и, раздавая ученикам, сказал: примите, ядите: сие есть Тело Мое. И, взяв чашу и благодарив, подал им и сказал: пейте из нее все, ибо сие есть Кровь Моя нового завета, за многих изливаемая во оставление грехов» (Мф. 26:19–20,26–30; Лк. 22:15–20) — Сам Господь оставил заповедь о вечере.

Поэтому и мы с полным осознанием и с верой воспоминаем то, что Иисус Христос, Сын Божий, будучи равен Богу, принял плоть и кровь, родился в сей мир человеком (и переживал все как человек), то есть Бог явился во плоти, совершил Собою искупление, оправдание, прощение наших грехов, отдав Свое тело в жертву, умер и воскрес и воссел по правую сторону на троне у Отца на высоте! Чтобы это не забылось и, более того, не устранилось, Господь и дал такую заповедь воспоминания («сие творите в Мое воспоминание»: 1Кор. 11:24), доколе Он снова придет; это мы и делаем и будем делать по заповеданному нам!

В свое время о вечере началось разномыслие, до разделения, между Мартином Лютером и одним из его единомышленников, который был предан делу реформации, как и сам Лютер. Лютер утверждал: при вечере Господней хлеб есть Тело Господа, а его сподвижник стал утверждать, что это только символ, никак не Тело, но хлеб. Между ними произошел немалый спор о том, как следует понимать. Так и не пришли к единству, каждый остался при своем понимании.

Наша вера и убеждение: хлеб есть хлеб, пока не принесли пред Господа и не благословили как Тело Его ломимое — с этого момента ломимый нами хлеб стал для нас Телом Господа по слову Самого Господа: «Сие есть Тело Мое». «Я говорю вам как рассудительным; сами рассудите о том,

## ЯВЛЕНИЕ ХРИСТА

что говорю. Чаша благословения, которую благословляем, не есть ли приобщение Крови Христовой? Хлеб (который благословляем, как и чашу), который преломляем, не есть ли приобщение Тела Христова? Один хлеб, и мы многие одно тело; ибо все причащаемся от одного хлеба» (1Кор. 10:15–17). Господь сказал слово — мы поверили и не подвергаем это слово сомнению; ибо все учение Господа, Новый Завет есть учение веры и душевным умом оно не разъясняется, как написано: «А без веры угодить Богу невозможно» (Евр. 11:6). Итак, по вере: когда приносим хлеб пред Господа, мы его благословляем тем, что признаем и благодарим за Тело Господа, которое было ломимо, что мы и творим — преломляем; так же благословляем и вино. Необходимо брать именно физические хлеб и вино, и когда во имя Его благословляем их, мы принимаем Его Тело и пьем Его Кровь.

Вечеря Господня творится во имя Его, в воспоминание Его ужасно тяжелого страдания! Ведь Бог явился во плоти к людям, Им сотворенным, открыть им правду жизни, которая только **ОДНА** — нет никакой жизни, кроме жизни, которая есть Сам Бог! Чтобы явить людям настоящую вечную жизнь, Иисус Христос принял на Себя за нас наше наказание, заплатил за всех **ВЕЛИКУЮ ЦЕНУ** — предал Себя на распятие, на самую мучительную и страшную смерть на кресте, то есть заплатил за нас цену выкупа сполна! Поэтому творя вечерю Господню, «смерть Господню возвещаете, доколе Он придет» (1Кор. 11:26); именно тем, что едим хлеб — Тело Христа, пьем вино — Кровь Христа, именно этим возвещаем Богу во Христе, что поверили и верим, что жертва Христа была совершена за нас, и она действует через нашу веру в нашей жизни, потому что мы умерли со Христом для жизни этого мира, плоть со страстями и похотями на самом деле распята, живем теперь не по плоти, но по Духу Господа и Бога нашего! Это и есть достойное принятие вечери Господней.

Что же происходит в христианских течениях, когда творят вечерю Господню? Они рассуждают о своем достоинстве участвовать, принимать вечерю, то есть рассуждают о своем теле. Для этого свершают покаяние, примирение между собой (это нужно делать всегда, не только перед вечерей), делая себя достойными по плоти, потом с постом и молитвой приступают к преломлению хлеба и к чаше с вином, но чаще с соком виноградным, хотя Господь ясно сказал: «Истинно говорю вам: Я уже не буду пить от плода виноградного до того дня, когда буду пить новое вино в Царствии Божием» (Мк. 14:25; Мф. 26:29). Но рассуждая о собственном достоинстве, а не о жертве Иисуса Христа и Его пролитой Крови, принимают вечерю в осуждение самим себе. «Да испытывает же себя человек, и таким образом пусть ест от хлеба сего и пьет из чаши сей. Ибо, кто ест и пьет недостойно, тот ест и пьет осуждение себе, не рассуждая о Теле Господнем» (1Кор. 11:28–29). Ведь разве может человек сделать себя достойным? — никак нет. Вечеря Господня есть рассуждать о Теле Господа: что заставило Его принять плоть и кровь? зачем Он явился на землю человеком, в теле человеческом? зачем принес это тело в жертву? какие страдания перенес? Совсем нет ни слова о том, чтобы рассуждать человеку о своем теле: достоин он или нет?! Поэтому вечеря Господня, совершаемая в религии, есть полное преступление учения Христова и положение, когда человек не имеет Бога (2Ин. 9ст.).

Еще следует упомянуть, что в некоторых религиозных христианских течениях обязательно совершается омовение ног — берут пример с того, как поступил Господь во время вечери: омыл ноги ученикам. Из этого примера сделали шаблон, не понимая, что в учении Нового Завета нет закона: «Он дал нам способность быть служителями нового завета, не буквы, но Духа, потому что буква убивает, а Дух животворит» (2Кор. 3:6–9).

Вот небольшой пример такого служения омовения ног, как это происходит по букве закона! Шли три брата в деревню, зная, что завтра будет вечеря. Шли тропинкой в деревню несколько километров. Прошел дождь, тропинка была грязная, братья сняли обувь и босиком пришли в деревню, прямо во двор пресвитера. Спросили его: где нам ноги помыть? Пресвитер сказал: «Зайдите за дом, там в корытце помоете». Они зашли за дом, в корытце помыли ноги. На другой день — вечеря. Как всегда пресвитер препоясал себя полотенцем и, взяв тазик с водой, подошел к первому, который стоял близко; им оказался один из тех, которые вчера пришли, пройдя по грязной тропинке. Пресвитер, как положено, говорит ему: «Брат, по заповеди хочу омыть тебе ноги». Тот брат ему ответил: «Брат, я вчера в корытце омыл свои ноги, теперь они чистые», то есть очень постыдил перед всеми пастыря. Когда они с грязными ногами пришли во двор к пастырю, то если по любви, пастырь и омыл бы ноги им, и заповедь омовения ног имела бы смысл! Но это и показало, что пастырь просто служил по закону — так надо.

А как по истине? С кротостью, без малейшего превозношения, омыв ноги ученикам, Господь показал пример того, что в любви Божией совершенно нет никакой гордости, ни превозношения одного над другим, все совершенно равны (1Пет. 2:9), чтобы и ученики Его в жизни своей являли любовь друг ко другу и в полном равенстве совершали свой путь в Небесное Царство!

Кто же имеет право проводить вечерю Господню? По Ветхому Завету только род Аарона был избран Богом священнодействовать; для этого он был отделен от общества: не должны были прикасаться к нечистому, носили только определенные священнические одежды, кушали только определенную пищу, которую не имели право кушать другие... — это было служение Богу по плоти. Сегодня мы все — род Божий во Христе Иисусе, царственное священство (1Пет. 2:9), где нет разделения на священство и мирян, как было в Ветхом Завете. На каком основании сегодня имеет право проводить вечерю Господню только определенное лицо? Где так есть по Писанию, что только избранные люди, как пресвитер, диакон, учитель, благовестник, евангелист, епископ имеют право брать в руки чашу и ломать хлеб? В Новом Завете нет служения по плоти, все члены Церкви имеют одинаковое право послужить в Церкви: благословить, преломить хлеб и разнести; так же и чашу с вином! Если сегодня рожденные от Бога находятся где-то по двое, трое или четверо, и они имеют любовь, веру и желание делать воспоминание страданий Господа, что может стоять им препятствием согласно Писанию? Только одно важно: не рассуждать о своем теле, насколько оно годно или негодно, но рассуждать о Теле Господнем, о том, что принесла жертва Господа.

Итак, вечеря Господня — это воспоминание того, что Иисус Христос на самом деле был Бог и Человек; исшел от Бога, пришел в мир Человеком, открыл дорогу в Небесное Царство, был казнен на кресте, перенес ужасные страдания и смерть — цена за грехи человечества — и даровал спасение!

# ОН НАВСЕГДА СДЕЛАЛ СОВЕРШЕННЫМИ ОСВЯЩАЕМЫХ

«Ибо если кровь тельцов и козлов и пепел телицы через окропление освящает оскверненных, дабы чисто было тело, то кольми паче Кровь Христа, Который Духом Святым принес Себя, непорочного Богу, очистит совесть нашу от мертвых дел для служения Богу живому и истинному» (Евр. 9:11–14).

По закону очищалось тело: «дабы чисто было тело». Жертва Господа, пролитая Кровь очищает совесть, которая есть тайна духовного состояния человека.

Во всем Ветхом Завете вообще нет упоминания о совести — как будто ее вообще не было! Но она была, и была занята законом греха и смерти, то есть была мертва для Бога.

Учители Израильские, книжники, фарисеи, священники согласно закону старательно очищали свое тело — своего наружного человека; отсюда они превратились в гробы окрашенные, которые казались наружно людям красивыми, внутри же были полны костей мертвых и всякой нечистоты: «Так и вы по наружности кажетесь людям праведными, а внутри исполнены лицемерия и беззакония» (Мф. 23:27–28). Господь говорит им: «Фарисей слепой! очисти прежде внутренность чаши и блюда, чтобы чиста была и внешность их» (Мф. 23:26). Но как было очистить внутренность (совесть) фарисею и законоучителю, если по закону очищалось только тело? Только одним путем это возможно: последовать за Господом, принять Его учение, пребыть в слове учения и «познаете истину, и истина сделает вас свободными» (Ин. 8:31–36). Именно только верою в чистое учение

Господа сердце очищается от порочной совести (Евр. 10:22). Что же такое порочная совесть? Порочная или нечистая совесть (Тит. 1:15) — это совесть, в которой живет закон греха и смерти, дух лжи, сам диавол.

«Он одним приношением навсегда сделал совершенными освящаемых» (Евр. 10:14). Возникает вопрос: где в человеке свершается совершенство святости? Или другими словами, если человек стал совершенным верою в жертву Иисуса Христа, то где в человеке произошло то, что он стал совершенным? На этот вопрос только один раз дан ответ во всей Библии и так незаметно, что никакая религия на него не реагирует, просто не замечает его, не придает ему никакого значения. Между тем ответ этот основополагающий в духовной жизни любого человека, а именно: совершенство достигается в совести человека посредством его веры в учение Нового Завета; посредством веры в жертву Иисуса Христа уничтожается закон греха и смерти в совести человека. Другими словами, из совести человека изгоняется диавол, потому что совестью человека становится Иисус Христос, поселяясь Духом Святым. Это и есть — человек родился от Бога!

«Она есть образ настоящего времени, в которое приносятся дары и жертвы, не могущие сделать в совести совершенным приносящего» (Евр. 9:9). Это место Писания объясняет, что именно в совести человек не может стать совершенным со всеми жертвоприношениями по Ветхому Завету, и потому это сделал только Господь наш Иисус Христос Своей жертвой (Евр. 10:14). Где делается человек совершенным? — в совести!

# КОНЕЦ ЗАКОНА — ХРИСТОС

«Учитель! какая наибольшая заповедь в законе? Иисус сказал ему: „возлюби Господа Бога твоего всем сердцем твоим и всею душою твоею и всем разумением твоим" — сия есть первая и наибольшая заповедь; вторая же подобная ей: „возлюби ближнего твоего, как самого себя"; на сих двух заповедях утверждается весь закон и пророки» (Мф. 22:35–40). «Закон и пророки до Иоанна; с сего времени Царствие Божие благовествуется, и всякий усилием входит в него» (Лк. 16:16).

Почему закон и пророки только до Иоанна Крестителя, а от Иоанна Крестителя начало Нового Завета Господа нашего Иисуса Христа в Его Крови? (Мф. 26:28). Ответ: «Отменение же прежде бывшей заповеди бывает по причине ее немощи и бесполезности, ибо закон ничего не довел до совершенства; но вводится лучшая надежда, посредством которой мы приближаемся к Богу — ...то лучшего завета поручителем соделался Иисус» (Евр. 7:18–22). «Во всем, в чем вы не могли оправдаться законом Моисеевым, оправдывается Им всякий верующий» (Деян. 13:39). «Конец закона — Христос, к праведности всякого верующего» (Рим. 10:4). Закон отменен по причине его немощи и бесполезности, он ничего не довел до совершенства; он не смог освободить от закона греха и смерти, но, наоборот, оказался силой греха (1Кор. 15:56). Поэтому на место Ветхого Завета поставлен и преподан Новый Завет, Ходатай которого есть Иисус Христос (Евр. 9:15). Он есть также Первосвященник и священнодействователь святилища и скинии истинной (Церкви), которую воздвиг Господь, а не человек (Евр. 8:1–2).

Возникает очень серьезный вопрос: закон Моисеев, Ветхий

Завет, который Христос назвал «закон и пророки», весь отменен и заменен Новым Заветом или только частично, так что некоторые заповеди закона перенесены в Новый Завет и имеют одинаковую силу с заповедями Нового Завета? Ответ на этот вопрос уже ясно изложен местами Писания, приведенными вначале. Но в подтверждение уже изложенного есть еще основополагающие места Писания: закон требовал святости («Будьте святы, ибо Я свят»: Лев. 11:44), которую человек сам, своей силой, по букве должен был достигать. Но стать святыми исполнением закона оказалось невозможным, «ибо законом познаётся грех» (Рим. 3:20). Иисус Христос взял на Себя грех всего мира, умер за всех людей, воскрес из мертвых и от Бога стал нашей святостью и праведностью, которые требовались по закону (1Кор. 1:30; Рим. 8:1–2). Таким образом, оправдание закона исполнилось в нас, живущих не по плоти, но по духу (Рим. 8:4). Христос умер для закона, так и мы навсегда освободились от него, умерев телом Христовым для закона: «Так и вы, братия мои, умерли для закона телом Христовым, чтобы принадлежать другому, Воскресшему из мертвых... но ныне, умерши для закона, которым были связаны, мы освободились от него, чтобы нам служить Богу в обновлении духа, а не по ветхой букве» (Рим. 7:1,4–6).

Итак, когда человек принимает верою Иисуса Христа — Христос становится его святостью и праведностью (1Кор. 1:30; Гал. 3:26–28; Откр. 19:8). Если закон требовал дел от человека, то Новый Завет предлагает верою предоставить себя Богу, и Сам Бог, живя в человеке, будет употреблять его по Своему усмотрению на Свои Божественные дела (Рим. 6:13,19–22, 12:1–8, 8:14, 15:17–19).

## ЯВЛЕНИЕ ХРИСТА

В Новом Завете для человека Христос есть его свет, ум, любовь, радость, мир, надежда, вера, кротость, смирение, пища, питие, путь — то есть всё во всём! В законе буквы человек стремится всё это восхитить и очень желает, чтобы для него Христос тоже стал «всё во всём», и он верит и стремится победить грех, ибо понимает и видит себя все время согрешающим! И он понимает: как только освобожусь от греха, тогда Христос и вселится в меня и станет «всё во всём»!

Велика беда людей сегодня в том, что они не познали Новый Завет! Когда идет речь о законе буквы, они понимают под ним Ветхий Завет. Он относится для них к соблюдению субботы, к тому, что можно есть и что нельзя и так далее. Они понимают это как отмененное, что не нужно этого сегодня придерживаться, но многое из Ветхого Завета перенесли в служение Нового Завета, перемешали всё и тем самым Новый Завет превратили в букву закона и чисто своей силой, умом и волей исполняют его, видя в этом свою святость и угождение Богу. Эти люди не расстались со старым Адамом, борются с ним, стараясь перевоспитать его, сделать праведным и святым, но это им никак не удается. А кто верою не расстался со старым Адамом, того всегда будет влечь под закон рабства, потому что по Адаму человек — грешник, не может не грешить. По уму же человеку доступно понимать только закон буквы, который одно запрещает, а другое разрешает. Понимая умом, что возмездие за грех смерть, человек всеми своими силами борется против греха, но... всегда остается побежденным и продолжает грешить! Почему? — не уверовал как должно в Голгофу!

Они просят у Господа силы, потому что Господь не есть их сила в них. Для них Он Сам по Себе, и они сами по себе, как было и по Ветхому Завету. Они просят постоянно благословения, потому что Христа нет в них, и они не могут видеть себя уже навсегда благословенными. Они просят и порой даже усиленно просят, но ничего на деле им не посылается. И хотя они знают, что это так, но не хотят этому верить. Обманывая себя, приписывают Богу какие-то собственные успехи и дела, как благословение от Бога, тогда как неверующие еще больше преуспевают в том же. В глубине остаются неудовлетворенными, понимают, что слово на них и в них не исполняется, но даже самим себе не признаются в этом до конца, боясь полного отпадения от веры. Приглядываются к другим, замечают, что и с теми примерно так же, как и с ними, тем утешают и успокаивают себя. Такие люди совсем не понимают, ни что такое закон буквы, ни что такое Новый Завет и закон Духа, как выйти из закона буквы и как войти в закон Духа!

Телом Христовым мы умерли для закона буквы, то есть для закона Моисеева (Ветхий Завет), который убивал и осуждал, спастись им было невозможно. Написано: «конец закона — Христос, к праведности всякого верующего» (Рим. 10:4). Если кто не уразумел, что значит «конец закона», тот никогда не сможет иметь праведности — закон этого не допустит!

На основании вышеизложенного становится очень ясно, что Ветхий Завет закончил свое действие на Иоанне Крестителе; закон сделал свое дело: он показал, что человек своими силами не может освободиться от сознания греха. Таким образом, стало ясно, что люди нуждаются в Спасителе от греха. Настало время благодати Нового Завета. Ветхий Завет отменен **полностью**, так что спасение Божие есть только Новый Завет во Христе и Христом.

# БЛАГОДАТЬ И БЛАГОДАТЬ НА БЛАГОДАТЬ

«И Слово стало плотию и обитало с нами, полное благодати и истины... И от полноты Его все мы приняли и благодать на благодать, ибо закон дан чрез Моисея; благодать же и истина произошли чрез Иисуса Христа» (Ин. 1:14–17).

Великий Бог возлюбил и помиловал погрузившееся во тьму человечество: «Бог, богатый милостью, по Своей великой любви, которою возлюбил нас, и нас, мертвых по преступлениям, оживотворил со Христом, — благодатью вы спасены...» (Еф. 2:4–5). «Потому что Бог во Христе примирил с Собою мир, не вменяя людям преступлений их...» (2Кор. 5:19). «Он грехи наши Сам вознес телом Своим на древо, дабы мы, избавившись от грехов, жили для правды: ранами Его вы исцелились» (1Пет. 2:24–25). Это есть благодать от Бога: Христос примирил всё человечество с Богом, приняв на Себя положенную по закону смерть, искупил всё человечество от вечной погибели и подарил ему полное прощение грехов.

Весьма сильное свидетельство о благодати показано нам на примере разбойника, распятого рядом с Иисусом. Стоило разбойнику только признать Христа: «Мы осуждены справедливо, потому что достойное по делам нашим приняли, а Он ничего худого не сделал. И сказал Иисусу: помяни меня, Господи, когда приидешь в Царствие Твое! И сказал ему Иисус: истинно говорю тебе, ныне же будешь со Мною в раю» (Лк. 23:41–43). Что спасло разбойника? — простое и откровенное осознание себя, кем он был и что ужасное творил, и признание Господа Иисуса Христа Спасителем!

Становится вопрос: разве разбойник что-то такое сделал, чтобы заслужить такие милости и получить спасение? Он грабил, убивал людей... Что же спасло его от вечной погибели? — «благодать Божия, спасительная для всех человеков» (Тит. 2:11). «Вот, теперь время благоприятное, вот, теперь день спасения» (2Кор. 6:2). Этот день, день «ныне», начался с возгласа Иисуса на кресте: «Совершилось!» Пока день «ныне» длится, всем людям объявлено полное прощение грехов — только поверь.

Что мы сделали для того, чтобы избавиться от греха и чтобы нам он не вменялся? — ничего! Господь наш Иисус Христос приобрел нам вечное искупление, а мы просто поверили и приняли свершенное на кресте. Поэтому есть великая причина радоваться, торжествовать, славить и славить Бога, благодарить Его за время благоприятное, за день «ныне», в который мы слышим еще глас Его во спасение. «Камень, который отвергли строители, соделался главою угла: это — от Господа, и есть дивно в очах наших. Сей день сотворил Господь: возрадуемся и возвеселимся в оный» (Пс. 117:22–24). С явлением Иисуса Христа вторым пришествием этот день «ныне» закончится, и возможность спасения прекратится.

«Бог, богатый милостью, по Своей великой любви, которою возлюбил нас, и нас, мертвых по преступлениям, оживотворил со Христом, — благодатью вы спасены, — и воскресил с Ним, и посадил на небесах во Христе Иисусе... Ибо благодатью вы спасены через веру, и сие не от вас, Божий дар: не от дел, чтобы никто не хвалился» (Еф. 2:4–9).

Итак, Новый Завет принес людям спасение **НЕЗАВИСИМО ОТ ДЕЛ**: «...когда умножился грех, стала преизобиловать благодать» (Рим. 5:20) — как ни велик был бы грех, благодать от Бога всегда выше во спасение любого грешника. Нет такого глубокого падения, которого не искупила бы жертва Иисуса Христа. Эта любовь превосходит разумение человеческое (Еф. 3:19; Флп. 4:7).

Однако, получив по вере прощение всех своих грехов, человек не стал бессмертным, в нем еще не открылись святость и праведность, он остается еще душевным, плотским человеком. Для того чтобы стать праведным и святым, человеку нужно верою принять «благодать на благодать». «И от полноты Его все мы приняли и благодать на благодать» (Ин. 1:16). «Тайну, сокрытую от веков и родов, ныне же открытую святым Его, которым благоволил Бог показать, какое богатство славы в тайне сей... которая есть Христос в вас...» (Кол. 1:26—27).

Что такое благодать на благодать? — это больше, чем благодать! Это означает принять в себя Господа Иисуса Христа, воскресшего из мертвых и ставшего Духом животворящим. Этот Дух приходит и вселяется по вере в человека, освобождая его от закона греха и смерти, который составлял совесть человека. Христос — Дух животворящий. Человек тоже имеет дух — это его совесть. Христос Своим Духом приходит в дух человека, сливается с ним в одно и становится совестью человека (1Кор. 6:17). Человек стал теперь святым и праведным. Слово истины исполняется: «Но вы не по плоти живете, а по духу, если только Дух Божий живет в вас. Если же кто Духа Христова не имеет, тот и не Его» (Рим. 8:9,14).

Получается, принять верою прощение грехов не есть еще полнота спасения, не есть еще рождение от Бога. Само же рождение есть принять верою свою смерть со Христом на кресте, когда старая тварь умирает, а новая со Христом воскресает (Рим. 6:6–7). Человек перешел из смерти в жизнь, то есть вышел из этого мира жизни по плоти и вошел во Христе и со Христом в небесный Божий мир, который и принес на землю Господь Иисус Христос.

Таким образом, Христос не только простил нам все грехи, но и дал нам Себя, чтобы жить **В НАС И ЗА НАС**. Наша жизнь стала праведной и святой: «От Него и вы во Христе Иисусе, Который сделался для нас премудростью от Бога, праведностью и освящением и искуплением» (1Кор. 1:30).

Уразумейте благодать на благодать, которая не имеет цены в сравнении с самым драгоценным в этом мире, как о том Дух премудрости свидетельствовал много тысяч лет назад: «Приобретение ее лучше приобретения серебра, и прибыли от нее больше, нежели от золота: она дороже драгоценных камней; и ничто из желаемого тобою не сравнится с нею! Долгоденствие — в правой руке ее, а в левой у нее — богатство и слава; пути ее — пути приятные, и все стези ее — мирные. Она — древо жизни...» (Притч. 3:14–18).

## ВО ХРИСТЕ ОБИТАЕТ ВСЯ ПОЛНОТА БОЖЕСТВА ТЕЛЕСНО

Сын Божий, явившись во плоти, выдержал страшную войну против диавола и победил: «Он, во дни плоти Своей, с сильным воплем и со слезами принес молитвы и моления Могущему спасти Его от смерти; и услышан был за Свое благоговение; хотя Он и Сын, однако страданиями навык

# ЯВЛЕНИЕ ХРИСТА

послушанию, и, совершившись, сделался для всех послушных Ему виновником спасения вечного, быв наречен от Бога Первосвященником по чину Мелхиседека» (Евр. 5:7–10). «Благодарение Богу, даровавшему нам победу Господом нашим Иисусом Христом» (1Кор. 15:57). Он, Господь наш «есть прежде всего, и все Им стоит. И Он есть глава тела Церкви; Он — начаток, первенец из мертвых, дабы иметь Ему во всем первенство, ибо благоугодно было Отцу, чтобы в Нем обитала всякая полнота… — Ибо в Нем обитает вся полнота Божества телесно, и вы имеете полноту в Нем, Который есть глава всякого начальства и власти» (Кол. 1:17–19, 2:9–10).

Чем выражается полнота Бога в Нем? Что входит в эту полноту?

| | |
|---|---|
| Он — Сын Божий: | Мф. 16:16; Ин. 6:69; Рим. 1:3–4 |
| Сын Человеческий: | Мк. 2:10; Мф. 12:8; 1Тим. 2:5 |
| Образ Бога невидимого: | Кол. 1:15; Евр. 1:3 |
| Сущий Бог: | Рим. 9:5: 1Ин. 5:20 |
| Сущий от начала: | Ин. 8:25 |
| Чудный советник: | Ис. 9:6 |
| Отец вечности: | Ис. 9:6 |
| Царь вечный: | Лк. 1:32–33 |
| Господь: | 1Кор. 8:6; Деян. 2:36 |
| Слово: | Ин. 1:1,14 |

| | |
|---|---|
| Дух Святой: | 2Кор. 3:17; Евр. 9:14; Ин. 4:24 |
| Творец всего: | Кол. 1:16; Евр. 1:2,10–12 |
| Он — прежде всего: | Кол. 1:17 |
| Все Им стоит: | Кол. 1:17; 1Кор. 8:6 |
| Любовь: | 1Ин. 4:16 |
| Премудрость, праведность, освящение, искупление: | 1Кор. 1:30; 2Кор. 5:21; Евр. 2:11; 1Пет. 1:18–19 |
| Он наш ум: | 1Кор. 2:16 |
| Свобода: | 2Кор. 3:17 |
| Путь, истина, жизнь: | Ин. 14:6; 1Ин. 1:1–3 |
| Воскресение: | Ин. 11:25 |
| Надежда наша: | 1Тим. 1:1 |
| Огонь поядающий: | Евр. 12:29 |
| Краеугольный камень: | 1Пет. 2:6; Еф. 2:20–22 |
| Начало и конец: | Откр. 1:8 |
| Первый и Последний: | Откр. 1:17, 2:8, 22:13; Ис. 44:6, 48:12 |
| Мир наш, Князь мира: | Еф. 2:14; Ис. 9:6 |
| Агнец Божий: | Ин. 1:29 |
| Первосвященник: | Евр. 5:1–6, 7:23–28 |

# ЯВЛЕНИЕ ХРИСТА

| | |
|---|---|
| Ходатай Нового Завета: | Евр. 9:13–15 |
| Поручитель Нового Завета: | Евр. 7:22 |
| Свет миру: | Ин. 8:12, 12:46 |
| Спаситель мира: | Деян. 4:12; 1Ин. 4:14 |
| Дверь: | Ин. 10:7,9 |
| Обрезание наше: | Кол. 2:11; Рим. 2:28–29 |
| Добрый пастырь: | Ин. 10:11,14; Евр. 13:20 |
| Глава Церкви: | Кол. 1:18; Еф. 1:22–23 |
| Истинная виноградная лоза: | Ин. 15:1 |
| Хлеб жизни: | Ин. 6:35–51 |
| Истинная пища и питие: | Ин. 6:53–55 |
| Первенец из мертвых: | Кол. 1:18; Откр. 1:5 |
| Наследник всего: | Евр. 1:2; Рим. 8:17 |
| Второй человек: | 1Кор. 15:47 |
| Свидетель верный: | Откр. 1:5, 3:14 |
| Корень и потомок Давида: | Откр. 22:16 |
| Звезда светлая и утренняя: | 2Пет. 1:19; Откр. 22:16 |
| Храм нового Иерусалима: | Откр. 21:22 |
| Вчера и сегодня и вовеки Тот же: | Евр. 13:8 |
| Он — полнота Божества телесно: | Кол. 2:9 |

| | |
|---|---|
| Он — весь алфавит, все буквы, употребляющиеся для письма: | Откр. 1:8 |
| Судия вселенной: | Деян. 10:42, 17:31 |
| Он имеет ключи ада и смерти: | Откр. 1:18 |

Великая благочестия тайна: Бог явился во плоти людям на землю, взял на Себя вину всего человечества, заплатил Собою цену наказания за грех — смерть, освободив от наказания смертью всё человечество. Кто поверит и примет милость и благодать спасения своего, перейдет из этого мира на сторону Христа, примет свою смерть со Христом на кресте для жизни по плоти, для закона, для закона греха и смерти, для этого мира, погрязшего во тьме греховной, и воскреснет со Христом в небесном мире, тот будет иметь в себе бессмертие — жизнь вечную! (1Тим. 3:16; Ин. 1:29, 3:16–21; Рим. 6–8 главы; 2Тим. 1:9–10; Евр. 9:26–28; 2Кор. 5:14–21).

При этом очень важно понимать, что только чистое учение Господа нашего несет собою бессмертие Божие. Если человек имеет твердое намерение достигнуть будущего века и воскресения из мертвых (Лк. 20:35–36), то ему никоим образом нельзя преступать чистое учение Христово, уклониться от него, вносить в него свое человеческое: добавлять или убавлять; если человек такое сделает или допустит и поверит — останется без Бога! «Всякий, преступающий учение Христово и не пребывающий в нем, **НЕ ИМЕЕТ БОГА**; пребывающий в учении Христовом **ИМЕЕТ** и Отца и Сына» (2Ин. 9ст.). «Держись образца здравого учения, которое ты слышал от меня, с верою и любовью во Христе Иисусе» — «Ибо мы не повреждаем слова Божия, как многие, но проповедуем искренно, как от Бога, пред Богом, во Христе!» (2Тим. 1:13; 2Кор. 2:17).

Вечная слава великому Богу во Христе Иисусе, вся честь и поклонение Ему Единому навсегда неизменно! Слава! Слава! Аминь.

# ПЕРВАЯ ЦЕРКОВЬ

## 07
ГЛАВА

150     Избрание Апостолов

155     Первая Церковь и ее падение

160     Уклонение от истины

163     Кто по праву может назвать себя домом Божиим?

Первая Церковь была основана Апостолами на чистом основании учения Иисуса Христа, Который есть начальник этой драгоценной веры. Иисус Христос принес новую веру, которую Он однажды и на все времена передал святым (Иуд. 3ст.). И уверовавшие в Него «стали называться Христианами» (Деян. 11:26). Они были полностью едины в своей вере и знании, у них не было разделения ни по какому вопросу, они постоянно единодушно пребывали в учении Апостолов: «У множества же уверовавших было одно сердце и одна душа… Апостолы же с великою силою свидетельствовали о воскресении Господа Иисуса Христа; и великая благодать была на всех их» (Деян. 4:32–33).

## ИЗБРАНИЕ АПОСТОЛОВ

«Когда же настал день, (Христос) призвал учеников Своих и избрал из них двенадцать, которых и наименовал Апостолами: Симона, которого и назвал Петром, и Андрея, брата его, Иакова и Иоанна, Филиппа и Варфоломея, Матфея и Фому, Иакова Алфеева и Симона, прозываемого Зилотом, Иуду Иаковлева и Иуду Искариота, который потом сделался предателем» (Лк. 6:13–16). Их избрал Господь: «…будете Мне свидетелями в Иерусалиме и во всей Иудее и Самарии и даже до края земли» (Деян. 1:8). Господь послал их научать народы (Мф. 28:19–20), благословив их на служение распространения благой вести на земле.

Согласно Писанию Нового Завета, Апостолы были первыми душами, которые стали новыми тварями: «…тем, которые приняли Его, верующим во имя Его, дал власть быть чадами Божиими, которые ни от крови, ни от хотения плоти, ни от хотения мужа, но от Бога родились — Рожденное от плоти есть плоть, а рожденное от Духа есть дух — ...истинно, истинно говорю тебе, если кто не родится свыше, не может увидеть Царствия Божия» (Ин. 1:10—13, 3:6,3). Рождение свыше от Духа истины (Иак 1:18) есть явление новой твари: «...кто во Христе, тот новая тварь; древнее прошло, теперь все новое» (2Кор. 5:17), «Ибо во Христе Иисусе ничего не значит ни обрезание, ни необрезание, а **НОВАЯ ТВАРЬ**» (Гал. 6:14—16).

Как и когда свершилось с Апостолами рождение от Бога, а потом и крещение Духом Святым? Они пребывали с Господом всюду, всегда и везде: «Вы пребыли со Мною в напастях Моих, и Я завещаваю вам, как завещал Мне Отец Мой, Царство» (Лк. 22:28—29). Они следовали везде с Господом, и Он сказал им: «Я умолю Отца, и даст вам другого Утешителя, да пребудет с вами вовек, Духа истины, Которого мир не может принять, потому что не видит Его и не знает Его; а вы знаете Его, ибо Он с вами пребывает и в вас будет. Не оставлю вас сиротами; приду к вам» (Ин. 14:16—18). «Он с вами пребывает и в вас будет» — очень ясно: с ними пребывал Господь, они Его знали. Когда же Он вселился в них так, что они не остались сиротами?

Когда Господь был на земле во плоти, ученики ходили с Ним; Он посылал их творить Его дела, давая им силу и власть. Но они еще не были рождены от Бога. Поэтому когда Господа арестовали в саду — они разбежались, а Петр даже трижды отрекся от Него. «Петр начал прекословить Ему: будь милостив к Себе, Господи! да не будет этого с Тобою! Он же, обратившись, сказал Петру: отойди от

Меня, сатана! ты Мне соблазн! потому что думаешь не о том, что Божие, но что человеческое» (Мф. 16:21–23); Петр сказал Господу: «Господи! с Тобою я готов и в темницу и на смерть идти. Но Он сказал: говорю тебе, Петр, не пропоет петух сегодня, как ты трижды отречешься, что не знаешь Меня» (Лк. 22:33–34). Это всё происходило с ними, когда они были только очищены словом: «Вы уже очищены через слово, которое Я проповедовал вам» (Ин. 15:3), но Христос еще не стал их жизнью, то есть рождение не свершилось, потому что Господь еще не умер и не воскрес, не стал Духом животворящим, чтобы вселиться в них, чтобы рождение от Бога завершилось в полноте! (Ин. 3:5).

Когда же свершилось их рождение в полноте? — «В тот же первый день недели вечером... пришел Иисус, и стал посреди, и говорит им: мир вам!.. Иисус же сказал им вторично: мир вам! как послал Меня Отец, так и Я посылаю вас. Сказав это, дунул, и говорит им: примите Духа Святого. Кому простите грехи, тому простятся; на ком оставите, на том останутся» (Ин. 20:19–23) — именно здесь в этот момент свершилось рождение Апостолов в полноте: Господь Иисус Христос вдунул Себя в них! В этот момент Господь вошел в них и стал их совестью и умом, здесь свершилась их смерть со Христом на кресте, переход из смерти в жизнь, из этого земного, душевного мира в мир Божий, духовный, вечный, нетленный! С этого времени Апостолы и все, кто были с ними, явились настоящими детьми Божиими, запечатленными Духом Святым — свершилось рождение от Бога! (Еф. 4:30; Рим. 8:9,14,16–17).

Но сила на служение Апостола в них не явилась, потому что Христос еще был с ними некоторое время после воскресения из мертвых. После вознесения Христа, в день пятидесятницы, на них был излит Дух Святой — сила на служение: «Он повелел им: не отлучайтесь из Иерусалима, но ждите обещанного от Отца... вы, через несколько дней после сего, будете крещены Духом Святым... вы примете силу, когда сойдет на вас Дух Святой; и будете Мне свидетелями в Иерусалиме и во всей Иудее и Самарии и даже до края земли» (Деян. 1:4—5,8). «И внезапно сделался шум с неба... И явились им разделяющие языки, как бы огненные... И исполнились все Духа Святого» (Деян. 2:2—4). Таким образом завершилось их становление на служение.

Почему с Апостолами происходило по-особенному? — потому что им надлежало встать против страшной машины земных властей, которые в свое время за явление силы и мудрости слова жизни, боясь потерять свою власть и положение, распяли Иисуса Христа: «Тогда первосвященники и фарисеи собрали совет и говорили: что нам делать? Этот Человек много чудес творит. Если оставим Его так, то все уверуют в Него, и придут Римляне и овладеют и местом нашим, и народом. Один же из них, некто Каиафа, будучи на тот год первосвященником, сказал им: вы ничего не знаете, и не подумаете, что лучше нам, чтобы один человек умер за людей, нежели чтобы весь народ погиб... С этого дня положили убить Его» (Ин. 11:47—53).

Какую же силу и власть должны были иметь Апостолы, чтобы им можно было встать и выступить, не касаясь вообще земной власти (ни за, ни против), но совершенно свободно явить Царство Бога на земле в избранных Богом людях, понимая всю враждебную силу, которая восстанет против, чтобы уничтожить то новое, что опять становится угрозой их положения: потерять власть над людьми.

Господь говорил Своим ученикам: «Истинно, истинно говорю вам: вы восплачете и возрыдаете, а мир возрадуется; вы печальны будете, но печаль ваша в радость будет» (Ин. 16:20). Распяв Христа, власти были рады тому, что освободились от Того, Кто мучил их Своим учением и делами. Но вдруг явились люди, да еще с такой силой и властью, что привели в движение целые народы из разных государств, которые на тот день оказались в Иерусалиме: «И внезапно сделался шум с неба, как бы от несущегося сильного ветра, и наполнил весь дом, где они находились... И исполнились все Духа Святого, и начали говорить на иных языках, как Дух давал им провещевать. Когда сделался этот шум, собрался народ и пришел в смятение, ибо каждый слышал их, говорящих его наречием. В Иерусалиме же находились Иудеи, люди набожные, из всякого народа под небесами... И все изумлялись и дивились, говоря между собою: ...слышим их, нашими языками говорящих о великих делах Божиих» (Деян. 2:1–13).

Вот для этого события Господь Бог подготовил Своих Апостолов — события неповторимого, однократного, во свидетельство сразу на многие страны. К такому явлению необходимо было родить, воспитать, подготовить Апостолов, чтобы они могли явить абсолютно новое начало Царства Божия на земле.

Для того чтобы Апостолы стали на самом деле Апостолами, чтобы смогли понести, вынести и положить в этом мире доброе основание дому Божию, Церкви Божией, им пришлось вот так проходить подготовку, ибо у них не было Писания Нового Завета как у последователей за ними. Они стали сосудами, чтобы явить человечеству на все последующие времена Писание Нового Завета Господа нашего Иисуса Христа.

## ПЕРВАЯ ЦЕРКОВЬ И ЕЕ ПАДЕНИЕ

«Придя же в страны Кесарии Филипповой, Иисус спрашивал учеников Своих: за кого люди почитают Меня, Сына Человеческого? Они сказали: одни за Иоанна Крестителя, другие за Илию, а иные за Иеремию, или за одного из пророков. Он говорит им: а вы за кого почитаете Меня? Симон же Петр, отвечая, сказал: Ты — Христос, Сын Бога Живого! Тогда Иисус сказал ему в ответ: блажен ты, Симон, сын Ионин, потому что не плоть и кровь открыли тебе это, но Отец Мой, Сущий на небесах; и Я говорю тебе: ты — Петр (камень), и на сем камне Я создам Церковь Мою, и врата ада не одолеют ее; и дам тебе ключи Царства Небесного: и что свяжешь на земле, то будет связано на небесах, и что разрешишь на земле, то будет разрешено на небесах» (Мф. 16:13–19).

По воскресении Своем «Иисус говорит Симону Петру: Симон Ионин! любишь ли ты Меня больше, нежели они? Петр говорит Ему: так, Господи! Ты знаешь, что я люблю Тебя. Иисус говорит ему: паси агнцев Моих. Еще говорит ему в другой раз: Симон Ионин! любишь ли ты Меня? Петр говорит Ему: так, Господи! Ты знаешь, что я люблю Тебя. Иисус говорит ему: паси овец Моих! Говорит ему в третий раз: Симон Ионин! любишь ли ты Меня? Петр опечалился, что в третий раз спросил его: „Любишь ли Меня?", и сказал Ему: Господи! Ты все знаешь; Ты знаешь, что я люблю Тебя. Иисус говорит ему: паси овец Моих!» (Ин. 21:15—17). Апостолы и ученики поняли, что Господь призвал и поставил Петра над ними и над всеми, дал ему ключи Царства Небесного и власть связывать и развязывать, что в служении своем Апостол Петр очень последовательно и являл!

После крещения Апостолов Духом Святым явилось знамение: Апостолы вдруг заговорили на наречиях народов, которые были собраны в Иерусалиме из многих стран. Тогда Петр и проявил свое ведущее положение среди Апостолов: он встал с одиннадцатью Апостолами и произнес первую свою проповедь, обращаясь к этой огромной толпе, о чем подробно описано в книге Деяния Апостолов, вторая глава. Именно в этот день в Иерусалиме свершилось рождение первой общины христиан.

Община христиан в Иерусалиме очень быстро умножалась: уже только в этот первый день приняли водное крещение около трех тысяч душ (Деян. 2:41); в другой раз приложилось душ около пяти тысяч! (Деян. 4:4). Все верующие имели одно сердце в своей вере и знании, и никто ничего из имения своего не называл своим, но все у них было общее. Было одно учение, одна община, разделения не было совсем: «У множества же уверовавших было одно сердце и одна душа... — И они постоянно пребывали в учении Апостолов, в общении и преломлении хлеба и в молитвах — Апостолы же с великою силою свидетельствовали о воскресении Господа Иисуса Христа; и великая благодать была на всех их» (Деян. 4:32, 2:42, 4:33).

Но сразу началась сильная борьба — восстание евреев за закон! Они поверили в Иисуса Христа, но настаивали держаться и закона Моисеева: обрезания по плоти,

ПЕРВАЯ ЦЕРКОВЬ

соблюдения чистоты, касаемо пищи и праздников, и особенно субботы, дня отдыха, когда по закону нельзя было работать, нельзя делать никакого дела, даже зажигать огня! Происходили очень сильные споры, об этом хорошо показано в книге Деяния Апостолов (пятнадцатая глава). Еще более подробно об этом Апостол Павел написал в своем послании Галатам, среди которых произошел соблазн — приняли заповеди закона Моисеева, который закончил свое служение, и остались без Христа, отпали от благодати (Гал. 5:1–9). Для ясности хорошо прочитать и понять все послание Галатам.

Вся Библия от начала говорит о том, чтобы не уклоняться, не добавлять, не убавлять, но в точности исполнять учение от Бога (Втор. 4:2, 16:19–20; Нав. 1:6–9; Откр. 22:18–19). Так, в книге Иисуса Навина написано: «И служил Израиль Господу во все дни Иисуса и во все дни старейшин, которых жизнь продлилась после Иисуса...» (Нав. 24:31). Но когда родилось следующее поколение, затем еще одно поколение, Израиль уже начал уклоняться от закона Божия, устанавливая сами себе так, как им подходило; об этом очень подробно описано в книге Судей Израилевых. То же самое начало происходить после того, как не стало Апостолов и тех, которые еще знали их и жили при них. Еще при жизни Апостола Павла началось уклонение от чистоты учения Господа Иисуса Христа и Его Апостолов; об этом говорят следующие места Писания: «Ибо таковые лжеапостолы, лукавые делатели, принимают вид Апостолов Христовых. И неудивительно: потому что сам сатана принимает вид Ангела света, а потому не великое дело, если и служители его принимают вид служителей правды; но конец их будет по делам их» — «Подражайте, братия, мне и смотрите на тех, которые поступают по образу, какой имеете в нас. Ибо многие, о которых я часто говорил вам, а теперь даже со слезами говорю, поступают как враги креста Христова. Их конец — погибель, их бог — чрево, и слава их — в сраме, они мыслят о земном» (2Кор. 11:12–15; Флп. 3:17–19). Апостол Петр от Бога предупреждал: «Были и лжепророки в народе, как и у вас будут лжеучители, которые введут пагубные ереси... И многие последуют их разврату, и через них путь истины будет в поношении» (2Пет. 2:1–3). Апостол Иуда писал об этом: «Ибо вкрались некоторые люди... нечестивые, обращающие благодать Бога нашего в повод к распутству...» — «Они, как бессловесные животные, водимые природою... Глаза у них исполнены любострастия и непрестанного греха; они прельщают неутвержденные души (младенцев в вере)... Ибо, произнося надутое пустословие, они уловляют в плотские похоти и разврат тех, которые едва отстали от находящихся в заблуждении. Обещают им свободу, будучи сами рабы тления; ибо кто кем побежден, тот тому и раб» (Иуд. 3–4ст.; 2Пет. 2:12–19). И Апостол Иоанн также предупреждал: «Дети! последнее время. И как вы слышали, что придет антихрист, и теперь появилось много антихристов, то мы и познаём из того, что последнее время. Они вышли от нас, но не были наши: ибо если бы они были наши, то остались бы с нами; но они вышли, и через то открылось, что не все наши» (1Ин. 2:18–19).

Таким образом, чистота учения Господа нашего Иисуса Христа постепенно нарушалась: «И стало у них словом Господа: заповедь на заповедь, заповедь на заповедь, правило на правило, правило на правило, тут немного, там немного, — так что они пойдут, и упадут навзничь, и разобьются, и попадут в сеть, и будут уловлены» — духом диавола! (Ис. 28:13). Так что Апостол Павел писал: «Удивляюсь, что вы от призвавшего вас благодатью Христовою так скоро переходите к иному благовествованию, которое, впрочем, не иное, а только есть люди, смущающие вас и желающие превратить благовествование Христово. Но если бы даже мы или Ангел с неба стал благовествовать вам не то, что мы благовествовали вам, да будет анафема!» (Гал. 1:6—9).

Апостол Павел предупреждал Тимофея: «Будет время, когда здравого учения принимать не будут, но по своим прихотям будут избирать себе учителей, которые льстили бы слуху; и от истины отвратят слух и обратятся к басням. Но ты будь бдителен во всем...» — «Наблюдайте, чтобы кто не лишился благодати Божией; чтобы какой горький корень, возникнув, не причинил вреда, и чтобы им не осквернились многие» (2Тим. 4:1—5; Евр. 12:15). Таким образом началось разделение — грех против Тела Господа! Понятно, что это начало происходить не от Духа Святого, но от ума человеческого по внушению диавола! А плотской ум никак не может принимать то, что от Духа Божия. Плотскому уму ближе и яснее понимать как по закону буквы — тут плотской ум вносит свое по плоти, а это означает — по закону добра, по букве закона Моисеева, как Апостол Павел написал: «Душевный человек не принимает того, что от Духа Божия, потому что он почитает это безумием, и не может разуметь, потому что о сем надобно судить духовно. Но духовный (не плотской) судит о всем, а о нем судить никто не может... А мы имеем ум Христов» (1Кор. 2:14—16). Получилось так, что учение Господа нашего Иисуса Христа постепенно превратили опять в закон мертвой буквы убивающей, а не спасающей!

Картина сегодняшнего христианства такова — разделение за разделением, так что уже трудно сосчитать, сколько образовалось течений под именем христиане! И служение любого христианского течения очень далеко удалено от чистой веры в благодать спасения, которая есть: Христос — наша святость, наша праведность, наша любовь, наша вечная жизнь (1Кор. 1:30; Кол. 3:1–4; 1Ин. 5:19–20).

## УКЛОНЕНИЕ ОТ ИСТИНЫ

«Ибо я ревную о вас ревностью Божиею; потому что я обручил вас единому мужу, чтобы представить Христу чистою девою. Но боюсь, чтобы, как змий хитростью своею прельстил Еву, так и ваши умы не повредились, уклонившись от простоты во Христе» (2Кор. 11:2–3).

Господь наш приобрел Кровию Своею (Деян. 20:28) Церковь, которая есть Тело Его (Еф. 1:22–23), и снова придет именно за этой **ЦЕРКОВЬЮ**, в которой нет никакого **РАЗДЕЛЕНИЯ**, где все едины в познании, мире и любви! Во времена Апостолов творились великие чудеса и знамения. Не стало Апостолов, не прошло и ста лет (может быть, больше или меньше), истинная Церковь превратилась в земную религиозную организацию, и истины в ней не стало. Почему? Что произошло? — именно потому, что удалось диаволу расшатать, в первую очередь, полное единство; было допущено уклонение от простоты во Христе, так что умы повредились и начали видеть по-другому; и пошло разделение за разделением!

Все Апостолы говорили и предсказывали явления отступления, искажения истины: «Ибо мы не повреждаем слова

Божия, как многие, но проповедуем искренно, как от Бога, пред Богом, во Христе» (2Кор. 2:17). Апостол Павел предупреждал и предсказал: «Ибо я не упускал возвещать вам всю волю Божию. Итак, внимайте себе и всему стаду, в котором Дух Святой поставил вас блюстителями, пасти Церковь Господа и Бога, которую Он приобрел Себе Кровию Своею. Ибо я знаю, что, по отшествии моем, войдут к вам лютые волки, не щадящие стада; и из вас самих восстанут люди, которые будут говорить превратно, дабы увлечь учеников за собою — Посему свидетельствую вам в нынешний день, что чист я от крови всех...» (Деян. 20:27–30,26).

Апостол Петр написал, с чего именно начнутся искажения, преступления учения Христова: ложные учители введут пагубные ереси! Эти пагубные ереси явятся в учениях. «Отвергаясь искупившего их Господа» (2Пет. 2:1) — в этом явлении начало всякого искажения, извращения учения Господа, и оно есть основа всякого заблуждения христианских течений, которых расплодилось много и даже очень много!

Начнем от католичества, которое полностью объязычествовалось при римском императоре Константине. Произошло разделение католиков: отделились восточные, которые сделали реформу и стали православными. Католики — то же самое, что и православные. Но от реформы получилась разница между ними в различных правилах служения: например, в католических костелах (так называют их церкви) все сидят, в православии — нельзя. Католики накладывают крестное знамение слева направо; православные, наоборот, справа налево; у тех и у других появились свои иконы, свои святые и так далее. По прошествии времени Мартин Лютер, будучи католическим монахом, увидел и понял, что слишком перегибают палку в учении, слишком далеко ушли от учения Библии. Он восстал против этого, и совершилась великая реформа, а сам Лютер по человеческому признанию стал великим реформатором. От учения Лютера (он перевел Библию с латыни на немецкий язык) произошло большое движение в Германии, которое получило название протестанты — так они называются и сегодня. В это же время восстал еще один реформатор (Кальвин), и от него пошло движение под названием кальвинизм — очень строгая, до абсурда, религия; с Лютером они не сошлись по некоторым вопросам веры.

И вот начались реформы за реформами. Что делали эти реформы? Кто-то сильно умный, читая Библию, находил что-то лучшее, чем было в данном учении, в котором стояли на то время; он свое это лучшее выносил среди верующих, находились последователи, отделялись — готово новое течение; но всегда всё оставалось и остается в рамках религии, то есть поклонение по плоти.

Сначала реформы вели к строгости в служении — чем строже, тем лучше. Но наконец от этой строгости люди стали сильно уставать и отпадать от веры; нашлись те, которые поняли, что так дальше нельзя — слишком большие идут потери, развернулись к послаблению и давай раскручивать гайки. Так, в результате реформы у пятидесятников, когда пошло послабление, образовалось новое течение, которое получило название харизматы. Они — те же пятидесятники, но под другим названием. Служение их таково: еще немного и полностью сольются с миром, который активно служит диаволу. Они приводят себя к душевному экстазу, прыгая, танцуя, крутясь под музыку, почти не отличить от мирских дискотек — так привлекается молодежь. Очень и очень печальная картина и это считается служением Богу!

Но есть, конечно, и те, которые сохраняют строгость по прошлому образу, но всё это — душевное поклонение по плоти. Не может религия ни понять, ни поверить, что не реформы нужны, но нужна **СМЕРТЬ ДЛЯ ЭТОГО МИРА**.

Сегодняшние христиане, вернее, присвоившие себе это имя, учение Господа в своем основании отвергают, ибо корень или ядро учения Нового Завета во Христе Иисусе есть жертва Господа на кресте. В их учениях жертва Христа не имеет силы освободить от греха, грех не уничтожается в человеке — это и есть пагубные ереси, веруя в которые люди отвергаются искупившего их Господа. Ведь как уже было изложено выше, для того Христос и принял кровь и плоть человеческую, дабы жертвою Своею совершить победу над диаволом (Евр. 2:14) и уничтожить грех в человеке через веру в Него (Евр. 9:25–28), освободить человека от закона греха и смерти (Рим. 8:1–2) и явить в нем жизнь и нетление (2Тим. 1:9–10). Тогда человек становится **НОВОЙ ТВАРЬЮ** во Христе, святой и праведный, старое (по Адаму) умерло со Христом на кресте, его больше не стало (2Кор. 5:17; Рим. 6:1–11, 5:17).

## КТО ПО ПРАВУ МОЖЕТ НАЗВАТЬ СЕБЯ ДОМОМ БОЖИИМ?

«Итак, братия святые, участники в небесном звании, уразумейте Посланника и Первосвященника исповедания нашего,

Иисуса Христа, Который верен Поставившему Его, как и Моисей во всем доме Его... Христос — как Сын в доме Его; дом же Его — мы!» (Евр. 3:1–6). Кто они эти «мы», которые по праву называют себя: «дом же Его — мы»? Или сказать: кто, какое собрание (общество) людей, которых объединяет **ОДНО ПОНИМАНИЕ**, **ОДНА ВЕРА**, имеет пред Богом право утверждать: мы — дом Божий или мы — Церковь, Тело Господа Иисуса Христа?

На сегодня Библия переведена на сотни разных языков, все читают именно эту Библию, и на одной этой Библии возникли сотни толкований, порой очень чуждых друг другу. Почему так? На этот вопрос дал очень конкретный и ясный ответ Сам Господь: «Почему вы не понимаете речи Моей? Потому что не можете слышать слова Моего. Ваш отец — диавол, и вы хотите исполнять похоти отца вашего. Он был человекоубийца от начала и не устоял в истине, ибо нет в нем истины. Когда говорит он ложь, говорит свое, ибо он — лжец и отец лжи» (Ин. 8:43–44). По причине того, что всё это действует в людях, ясно обнаруживается сила лжи (извращение слова Бога) — она на деле есть и действует, и это очевидный факт.

Библия так просто и так ясно говорит: «Всякий, преступающий учение Христово и не пребывающий в нем, **НЕ ИМЕЕТ БОГА**! Пребывающий в учении Христовом имеет и Отца и Сына» (2Ин. 9ст.) — разве возможно еще яснее выразить опасность остаться без Бога и оказаться во тьме вечной погибели, как это выразил Иоанн этим словом? Преступить учение Иисуса Христа — означает остаться без Бога, а это значит погибнуть во тьме. Разве этого недостаточно для того, чтобы вникнуть, разобраться, как учит учение Иисуса Христа, чтобы спастись, чтобы наследовать жизнь вечную?

Но диаволу удалось так запутать человечество ложными толкованиями Библии, что идет полное отступление от слова Божия и веры в Бога. В полной мере исполняются слова Господа: «Входите тесными вратами, потому что широки врата и пространен путь, ведущие в погибель, и многие идут ими; потому что тесны врата и узок путь, ведущие в жизнь, и немногие находят их» (Мф. 7:13—14).

Сколько таких людей, которые утверждают, что ходят во свете, имеют общение с Богом, на самом же деле полностью обмануты, ходят во тьме, совершенно не осознавая этого, и настолько ослеплены, что когда им говорится об истинном свете, они очень даже твердо утверждают, что именно это и есть тьма! Имея способность такого ума, очень настойчиво и эмоционально увлекают людей в учения, которые есть тьма, а утверждают, что это свет от Бога, и подлинно исполняется слово, сказанное от древности Духом Святым: «Горе тем, которые зло называют добром и добро — злом, тьму почитают светом и свет — тьмою!.. Горе тем, которые мудры в своих глазах и разумны пред самими собою!.. — И сказал Он: пойди и скажи этому народу: слухом услышите — и не уразумеете, и очами смотреть будете — и не увидите. Ибо огрубело сердце народа сего, и ушами с трудом слышат, и очи свои сомкнули, да не узрят очами, и не услышат ушами, и не уразумеют сердцем, и не обратятся, чтобы Я исцелил их» (Ис. 5:20—21, 6:9—11; Мф. 13:13—17).

На сегодня очень много разделений в так называемом христианстве. У каждого разделения Христос имеет свой **ОСОБЫЙ ОБРАЗ**, который не подходит другим. Именно в этом суть и смысл разделения. Выражается оно в правилах и постановлениях, тесно связанных с народными традициями, то есть разделения базируются на человеческих учениях. У одних они заключаются на строгих правилах и законах, которые можно выразить одним словом «нельзя», очень многое нельзя, а у других это можно, а нельзя у них то, что у тех можно — вечные споры между ними. Таким образом Христос превращен в **ИДЕАЛ**, под который все стараются подстроиться, прилагая много усилий, чтобы стать такими, каков их идеал. Но это никому никогда не удается, ибо идеал без греха, а они с грехом и освободиться никогда не смогут.

Но одно у всех христианских течений есть общее: **СОГРЕШАЮТ ВСЕ**! Тут разделения нет никакого — все грешат и согрешают, все на одном корне растут и созидаются, и никто никогда не может сказать: я святой, свободен от греха, не грешу и не согрешаю. Именно этот корень их объединяет в одно целое. Это уже поняли, поэтому идет такое объединение под названием Экуменическое движение (организационно оформилось в 1948 году, когда был создан Всемирный совет церквей). При этом утверждается, что такое множество различных толкований и так называемых церквей — это хорошо, правильно и угодно Богу, обогащает своим разнообразием. Но беда в том, что нет согласия: какая церковь или член какой церкви должен стоять во главе (православные никогда не уступят первенство католикам, адвентисты — баптистам...) — слишком глубоки разномыслия в понимании учения веры среди них; но грешат все одинаково — единство всё же имеется.

Немаловажно заметить, что религия утверждает свою веру на чудесах, которые есть в любой религии. Если их нет, то их обязательно придумают, «обратятся к басням» (2Тим. 4:4), чтобы подтвердить и подкрепить правильность своей веры.

## ТАЙНА БЕССМЕРТИЯ — В ЧИСТОМ СЛОВЕ БОГА

Но не чудеса и не знамения есть критерий правильной веры, а только слово истины: «Не всякий говорящий Мне: „Господи! Господи!", войдет в Царство Небесное, но исполняющий волю Отца Моего Небесного. Многие скажут Мне в тот день: „Господи! Господи! не от Твоего ли имени мы пророчествовали? и не Твоим ли именем бесов изгоняли? и не Твоим ли именем многие чудеса творили?" И тогда объявлю им: „Я никогда не знал вас; отойдите от Меня, делающие беззаконие"» (Мф. 7:21–23). Тайна бессмертия, тайна вечной жизни лежит только в чистом слове Бога, которое есть Бог и было Бог от начала (Ин. 1:1–5). «Небо и земля прейдут, но слова Мои не прейдут», — сказал Господь Иисус Христос (Лк. 21:33). «Пребывающий в учении Христовом имеет и Отца и Сына» (2Ин. 9ст.).

Именно **О ЧИСТОТЕ, О НЕИЗМЕННОСТИ СЛОВА ИСТИНЫ** говорит вся Библия от древности: слово Бога чистое (Пс. 11:7, 17:31, 118:138,140,142; Притч. 30:5–6), не прибавляй и не убавляй ничего от заповеди Господа (Втор. 4:2, 5:32–33, 12:32, 16:19–20), не уклоняйся ни направо, ни налево! (Нав. 1:6–9).

Новый Завет, учение Господа нашего Иисуса Христа, изложенное святыми Его Апостолами, говорит: не искажать слово Божие, потому что искаженное слово не есть уже слово жизни от Бога (2Кор. 2:17, 4:1–3), не прибавлять и не убавлять от учения Иисуса Христа (Откр. 22:18–19). «Иисус Христос вчера и сегодня и вовеки Тот же» (Евр. 13:8). У Бога нет изменения и ни тени перемены (Иак. 1:17), слово Бога неизменное! (Тит. 1:1–3). «Твердое основание Божие стоит, имея печать сию: «познал Господь Своих»; и: «да отступит от неправды всякий, исповедующий имя Господа» (2Тим. 2:19), «содержа слово жизни» (Флп. 2:16) — Слово, о котором говорится в 1Ин. 1:1–2.

От самого начала в Едемском саду диавол исказил слово Бога; Адам и Ева поверили и приняли ложь диавола — это и есть грех; сам грех — неверие чистому слову Бога. Так есть до сего самого дня: грех есть неверие чистому учению Господа. Слово учения Господа нашего извращено на многие лады, уклонение от истины очень велико, и это есть вечная смерть во тьме, в озере, горящем огнем, вместе с диаволом и ангелами его! (Мф. 25:41,46).

## ЕДИНСТВО В ДОМЕ БОЖИЕМ

Все учение Апостолов очень ясно говорит о единстве: «Одно тело и один Дух, как вы и призваны к одной надежде вашего звания; один Господь, одна вера, одно крещение, один Бог и Отец всех, Который над всеми, и через всех, и во всех нас — Дабы мы не были более младенцами, колеблющимися и увлекающимися всяким ветром учения, по лукавству человеков, по хитрому искусству обольщения, но истинною любовью все возращали в Того, Который есть глава Христос, из Которого все тело (подтверждается, что тело одно, нет второго, третьего, пятого, десятого тела, как стало ныне много тел!), составляемое и совокупляемое посредством всяких взаимно скрепляющих связей, при действии в свою меру каждого члена, получает приращение для созидания самого себя в любви — Доколе все придем в **ЕДИНСТВО ВЕРЫ** и познания Сына Божия, в мужа совершенного, в меру полного возраста Христова» — «Никто да не обольщает вас самовольным смиренномудрием и служением Ангелов, вторгаясь в то, чего не видел, безрассудно надмеваясь плотским своим умом и не держась главы, от которой все тело, составами и связями будучи соединяемо и скрепляемо, растет возрастом Божиим» (Еф. 4:4–6,14–16,13; Кол. 2:18–19).

Апостол Павел убеждал: «Умоляю вас, братия, именем Господа нашего Иисуса Христа, чтобы все вы говорили одно и не было между вами разделений, но чтобы вы соединены были в одном духе и в одних мыслях... — Разве разделился Христос?» — «Бог же терпения и утешения да дарует вам быть в **ЕДИНОМЫСЛИИ** между собою, по учению Христа Иисуса, дабы вы единодушно, едиными устами славили Бога и Отца Господа нашего Иисуса Христа» — «Только живите достойно благовествования Христова... что вы стоите в **ОДНОМ ДУХЕ**, подвизаясь единодушно за веру Евангельскую... — содержа слово жизни... имейте одни мысли, имейте ту же любовь (любовь Христову, которая объемлет нас, рассуждающих по истине: 2Кор. 5:14–15), будьте единодушны и единомысленны» (1Кор. 1:10,13; Рим. 15:5–6; Флп. 1:27, 2:16,2). Исходя из этих мест Писания следует, что община Христова — Церковь (Тело Самого Господа) есть только одна на этой земле, единая по учению истины Евангелия, о чем всецело молился Господь наш Иисус Христос перед Своим страданием: «Они не от мира, как и Я не от мира. Освяти их истиною Твоею: слово Твое есть истина... Не о них же только молю, но и о верующих в Меня по слову их, да будут все едино, как Ты, Отче, во Мне, и Я в Тебе, так и они да будут в Нас едино, — да уверует мир, что Ты послал Меня. И славу, которую Ты дал Мне, Я дал им: **ДА БУДУТ ЕДИНО**, как Мы едино. Я в них, и Ты во Мне; да будут совершены воедино, и да познает мир, что Ты послал Меня и возлюбил их, как возлюбил Меня» (Ин. 17:16–23). Учение Господа нашего очень ясно открывает, что Господь один, учение одно, вера одна, нет и не может быть никакого разделения.

Итак, кто же те, какое же общество верующих, которые по праву от Бога утверждают: «мы — дом Бога»? Вопрос не праздный, но очень серьезный, серьезнее некуда, ибо если произойдет обман у тех, которые утверждают, что они дом Божий, а на деле это ложь, то что ожидает таковых?

Итак, в доме Божием нет и не может быть разделения, ибо Христос не разделяется. Слово учения определенно и ясно говорит о полном единодушии и единомыслии! Дом Божий есть Церковь (Тело Господа), приобретенная Кровию Его (Деян. 20:28), столп и утверждение истины (1Тим. 3:15), где недопустимо никакое искажение истины. Чистое слово учения есть хлеб и питие верующего человека, познавшего истину (Ин. 6:48,51; 7:37).

Мы приняли драгоценную веру по правде Бога нашего и Спасителя Иисуса Христа. Эта вера силою слова истины освободила нас от закона греха и смерти, сделала нас свободными от греха, и мы стали праведны и святы во Христе и Христом (2Пет. 1:1–4; Рим. 8:1–2; Ин. 8:31–36). В нашей среде нет разделений, все подвизаются пребывать в истине, не искажать слово. По праву от Бога **МЫ — ДОМ БОЖИЙ**!

# СЕЙ МИР И РЕЛИГИЯ

## 08
ГЛАВА

174 Что такое сей мир?

178 Религия

186 Что ожидает сей мир?

«Мы знаем, что мы от Бога и что **ВЕСЬ МИР ЛЕЖИТ ВО ЗЛЕ** — Не любите мира, ни того, что в мире: кто любит мир, в том нет любви Отчей. Ибо всё, что в мире: похоть плоти, похоть очей и гордость житейская, не есть от Отца, но от мира сего. И мир проходит, и похоть его, а исполняющий волю Божию пребывает вовек» (1Ин. 5:19, 2:15–17).

Как важно и жизненно необходимо верующему знать, что такое сей мир! Как не любить сей мир, если не понимаешь, что такое сей мир, из чего он состоит, как он выражается? Как знать верующему, вышел он из мира или все еще находится в нем? Велика тьма неведения по этому вопросу среди верующих! Никто из верующих не признаёт себя находящимися в этом мире, но считают и веруют, что вышли из мира, тогда как на самом деле они и составляют сей мир и полностью живут жизнью этого мира! Кто серьезно занимается тем, чтобы понять вопрос о сем мире? Этот вопрос относится к тем вопросам, от знания которых зависит жизнь и смерть человека, «ибо проходит образ мира сего» (1Кор. 7:31). Быть другом миру означает быть врагом Богу (Иак. 4:4). Кто любит мир, в том нет любви Отчей! А это значит, что проходит образ мира, а вместе с ним прейдет и человек, имеющий только одно направление — жить для удовлетворения преходящего тела. Таковой человек не имеет будущего и окажется в вечной погибели, откуда нет возврата!

## ЧТО ТАКОЕ СЕЙ МИР?

Многие верующие понимают сей мир так: если человек пьет алкоголь, курит, ворует, блудит, то это и есть сей мир. Но если человек перестал делать перечисленное и верит в Бога, то он вышел из этого мира. Но так ли это? Бесспорно, перечисленное, куда можно добавить еще многие злые дела, присуще этому миру. Но только ли такие очевидно нехорошие дела характеризуют сей мир? Если бы это было так, то было бы просто и понятно: делает злые дела — это сей мир, делает добрые — не сей мир. В основном так и понимают, глубже не вникают, поэтому не знают, что сей мир состоит из **ДОБРА И ЗЛА**! Именно добро и зло — выражение сего мира.

Начиная от грехопадения Адама и Евы, стал слагаться сей мир вне Бога. Люди размножались; у разных народов стали появляться разные боги, и ни один народ не остался без поклонения своему богу, без своей религии. По сей день вера, поклонение чему-либо есть основа духовной жизни этого мира. Без веры люди никогда не жили. Начиная с раннего детства, человек не может без поклонения и веры, ибо человек так создан, что ищет свое совершенство, наполнение, нуждается всегда в помощи и поддержке; люди обязательно поклоняются своему богу, который есть идол. Богом, например, может быть их автомобиль, домашнее животное, знаменитый артист, богатство, одежда или собственное тело, или... или... или... — этому посвящает себя человек, этим занято его сердце, в этом смысл его жизни!

Все люди сего мира живут верой! Вопрос только в том: во что веруют?

Во-первых, веруют в науку. Всё доказывается учеными; если не могут доказать физическими опытами и подтвердить научными исследованиями, то никогда этому нет веры. Очень много тайн существующей природы дано было раскрыть людям и этим они полностью обольстились: нет никакого Бога, всё сотворилось само собой, природой. Это полное безумие!

Стремление к знанию родило страшную суету: человеку необходимо все исследовать, знать, достигать. Человечеству кажется: вот еще этого достигнем и тогда... но, достигнув очередного, всем становится понятно, что надо и дальше достигать... начинается гонка, и чем дальше, тем больше надо чего-то нового. Жизнь людей на земле стала совершенно невозможной без знания. Так увлеклись и такую создали и устроили себе суету, что вообще никому нет ни покоя, ни мира, ни радости в жизни! Полностью исполнилось слово Писания: «...осуетились в умствованиях своих, и омрачилось несмысленное их сердце; называя себя мудрыми, обезумели» (Рим. 1:21–22). «Мир своею мудростью не познал Бога в премудрости Божией... Ибо мудрость мира сего есть безумие пред Богом...» (1Кор. 1:21, 3:19). Поэтому вера мира сего — есть безумие!

Во-вторых, веруют в политику, которая не от Бога, а от мира сего, вокруг которой и действиями которой управляется и направляется человеческое общество во всех государствах. И у каждого государства своя политика, которая выражается законами, которые, как правило, преступаются. Зачастую политика проявляется ложью, хитростью, лукавством, обольщением, выгодой в свою пользу, так что доходит порой до войны друг против друга. Сама же власть от Бога установлена (Рим. 13:1) для управления страной всегда на добро своему народу, если соблюдает Конституцию — основной закон любого государства.

В-третьих, религиозная вера в Бога, которая действует независимо от законов государства, отделена от государства, самостоятельно управляет собой, обществом. Христианская религия имеет основанием веру в Библию.

# СЕЙ МИР И РЕЛИГИЯ

Религия потому называется религией, что люди в ней поклоняются Богу по плоти, душевно. До пришествия Христа для правильного поклонения был дан от Бога Ветхий Завет — закон буквы, на то время единственно правильная религия от Бога у Израиля. Новый Завет дан для жизни уже не по мертвой букве, но по Духу Воскресшего из мертвых Иисуса Христа, Который стал Духом животворящим, поселяющимся в совести человека (Кол. 1:26–28). Религия не познала тайну явления Христа в этот мир, превратила своим плотским, душевным умом и Новый Завет в закон мертвой буквы: «Ибо, не разумея праведности Божией и усиливаясь поставить собственную праведность, они не покорились праведности Божией» (Рим. 10:3–4). Учение христианской религии таково: Бог — вне человека, и человеку самому надо справляться с грехом, бороться с ним и победить его. Бог же на небе, смотрит на человека; человек же должен усердно молиться и просить силы, просить помощи, просить терпения и кротости, просить любви, и Бог человеку подаёт.

Истина же такова: Бог не имеет ничего общего с этим миром, Его в этом мире нет, потому что весь мир лежит во зле, как Господь и сказал Своим ученикам: «Если мир вас ненавидит, знайте, что Меня прежде вас возненавидел... Если Меня гнали, будут гнать и вас... Если бы Я не сотворил между ними дел, каких никто другой не делал, то не имели бы греха; а теперь и видели, и возненавидели и Меня и Отца Моего» (Ин. 15:18–24). Кто возненавидел Христа и предал Его на распятие? — это сделала религия! Она отвергла Христа, не приняла Его и извергла Его из своей среды, предав на распятие.

На этих трех столпах: наука, политика, религия стоит и

утверждается сей земной физический мир, то есть любое учение, любая вера, которая не стоит на чистом слове учения Господа, составляет сей мир.

## РЕЛИГИЯ

«...„люди сии чтут Меня устами, сердце же их далеко отстоит от Меня, но тщетно чтут Меня, уча учениям, заповедям человеческим". Ибо вы, оставив заповедь Божию, держитесь предания человеческого...» (Мк. 7:6–8).

В человеческом понимании религия связана с Богом. Она формирует образ Бога, образ служения и поклонения. Человек старается быть богоугодным, своими силами исполняя предписанное религией. Но на самом деле люди в религии обмануты: человек желает добра, но совесть его остается нетронутой, Бог вне человека, не становится его жизнью и святостью. А вне Христа, каким бы хорошим не был человек, он находится во тьме! Такое поклонение Богу своими делами и есть религиозное поклонение. Однако прежде чем рассуждать дальше, рассмотрим глубже, в чем суть религии.

Любая религия содержит в себе систему добра и зла, посредством которой функционирует вся земная жизнь! Без религии жизнь на земле была бы просто невозможной, и именно это открывает и доказывает реальность действующего зла в человеке. Никто из людей не хочет быть злым, но зло его захватывает, управляет вопреки желанию и хотению человека — оспорить это никто не может. Жизнь людей доказывает и показывает: совершив преступление, человек, придя в себя, не может понять, почему так сделал, глубоко сожалеет, осознаёт, что сделал зло, хотя и не хотел: «Зачем я так поступил, зачем такое сделал? Я не хотел этого делать, я хотел бы быть другим!» Это сознание дает человеку религия, закон, в котором так или иначе он был воспитан, потому что в любого человека, начиная с детства, родители вселяют понимание что «хорошо» и что «плохо».

Эту систему познания добра и зла неизменно принесла в мир религия. И хотя религий в мире очень много (в том числе очень великих религий, как магометанство, буддизм, христианство), все они построены на одной основе: любить ближнего своего и ненавидеть врага своего. В этом дух религии: считать врагами всех не своей веры! На религиозной основе во славу своих богов шли постоянные войны между народами и племенами; когда одно племя или народ побеждал другой, то силой заставляли принимать свою религию под страхом смерти. В наши дни «ненавидеть врага своего» старательно затушевывают, особенно христианская религия, потому что Христос учил: «люби и врага своего», но это на практике плохо удаётся, вернее, совсем не удаётся, а только прикрывается словами о любви, на деле же это только лицемерие. В основе своей между религиями всегда есть вражда, хотя наружно это может быть искусно прикрыто. «Враг твой» — это всегда другая религия, поэтому «ближний» — всегда человек одной религии.

Здесь следует подчеркнуть и обратить внимание на интересный факт, что учение любой религии всегда стоит на одном и том же слове: «люби ближнего твоего». Получается, в этой религии проповедуют «люби ближнего» и в другой — «люби ближнего», но встретились двое из этих религий и они уже «дальние» друг другу, то есть враги. И хотя эти два человека могут сидеть где-то рядом, но они далекие друг другу, разделенные между собой, потому что они из разных религий. Именно это положение и состояние открывает и доказывает духовный мир людей: физически сидят рядом, едят за одним столом, но духовно между ними пропасть, они очень далеки друг от друга. Но если один из них примет религию другого, тогда они станут ближними и будут любить друг друга, хотя физически могут находиться далеко друг от друга, даже в разных государствах, но они ближние, их ничто не разделяет. На одной лестничной площадке живут соседи; если они из одной религии — между ними согласие, но если они из разных религий — они уже далекие, чужие, разделенные между собой. Получается, что в них как бы разные духи, но это не разные духи, а один и тот же религиозный дух мира сего; суть его в том, что он состоит из гордости, тщеславия, искания своего, лицемерия, ненависти и разделения — эти свойства есть естество этого духа. Этот дух живет в человеке, и человек неизменно несет плоды этого духа, которые есть разделение, вражда, ссоры, что и делает людей далекими, чужими друг другу. Суть любой религии всегда одна и та же: гордиться, знать больше, захватить власть, господствовать, искать себе выгоды, искать пользу себе. Даже в одной религии, где люди как будто и одно, однако плоды эти неизменно являются, как бы их не скрывали и не замазывали.

Итак, в одном и том же человеке живет и зло и добро, это и есть одно целое — закон земной жизни, который определило древо познания добра и зла.

## ОСНОВЫ РЕЛИГИИ

Религия, с одной стороны, инструмент сдерживания, с другой — инструмент насилия, потому что запрещает делать то, что человеку хотелось бы. Религия — закон, твердо предписывающий, что можно и что нельзя. Преступая закон и правила своей религии, искренне верующий религиозный человек понимает, что нарушает волю Бога, делает неугодное Богу, и это сознание создает в человеке такое мучение, такое страдание, что никакое религиозное руководство так не может наказать, как это делает диавол посредством закона данной религии! Таким образом, исполняется слово Писания: «Жало же смерти — грех; а сила греха — закон» (1Кор. 15:56; Рим. 7:15–25).

Любая христианская религия помимо закона имеет еще и заповеди, которые вытекают из закона и не так твердо требуют исполнения, но чем лучше эти заповеди исполняешь, тем это «угоднее» Богу. Эти заповеди определяют ревность и старания членов. Закон обязаны точно все исполнять, а заповеди закона как бы растяжимы, имеют пространство, в котором можно быть лучшим, они дают возможность выделиться, оказаться в числе особо уважаемых. Заповеди всегда связаны с традициями. Традиции — та же неотъемлемая часть религии. Традиции слагаются на основании закона, исходя из поведения, отношений между людьми, проведения служений. Становится традицией, когда надо спеть именно этот псалом, как начинать и вести собрание, как его закончить. Становится традицией, когда и какую следует носить одежду и, случись, если кто-то окажется не в традиционной одежде на празднике, на свадьбе, на похоронах, то хотя это и не твердый закон, но, однако, будет отмечено не к поощрению.

Такие всевозможные традиции (когда и какое блюдо сготовить, когда следует кушать это, а когда другое, выделение дней и так далее) и становятся заповедями данной религии.

Религия всегда предписывает поступать честно в браке, на работе, в обществе — этим сдерживает людей от зла, которое в них живет и действует, как бы окружаются забором, который не дает идти туда, куда хотелось бы! Примером для ясности может служить забор вокруг огорода, поставленный от скота, который хочет зайти в огород и полакомиться там. Не будь забора, скотина обязательно бы этим воспользовалась, но забор не пускает. Так и закон для человека — в человеке действуют желания и хотения, которые влекут, толкают к удовлетворению, например, иметь то, что имеют другие (если не может приобрести честно, то путем нечестным), но... закон стоит на страже, не пускает. Таким образом закон производит гнев: хочется, но нельзя! (Рим. 4:15). Скотина стоит у забора и, видя то, что она хочет съесть, не может понять, почему стоит преграда. То, что растет в огороде, влечет, но забор не пускает. Влечение становится всё сильнее, забор всё сильнее мешает! Наконец, скотина начинает искать, как преодолеть преграду, и если рогами можно снести забор — она это обязательно сделает или, если можно перелезть, перелезет.

Точно по такому же принципу действует закон на человека, а чувства, желания и хотения человека — против закона. По мере обострения желаний человек обязательно начинает искать, как и где можно обойти закон и, найдя возможность, обойдет его! Таким образом закон ослабевает (Рим. 8:3). Наконец человек больше не выдерживает, желания превышают страх, человек отказывается от сдерживающего учения и начинает свободно исполнять свои желания и хотения.

## РЕЛИГИЯ ОЖЕСТОЧАЕТ ПРОТИВ БОГА

Считается, что человек, выйдя из религиозной общины, уходит от Бога, перестает верить в Бога. Для людей этой общины так оно и есть, так как они религию связывают с Богом. Объявляя, что Бога нет, человек уходит из религии, которая именно к этому его и привела, потому что на самом деле в ней нет Бога! Истина есть в том, что религиозные люди не познали Бога и не могли познать — этому всецело помешала религия, а направлял и вел весь этот процесс диавол — враг всякой правды! Люди в религии были обмануты, думая, что верят и молятся Богу, на самом же деле не верили в Бога, но верили в образ Бога, созданный религией, думая, что это угодно Богу.

Сначала диавол навязал людям религиозное поклонение Богу, создавая видимость веры и угождения Богу: старательно исполняя законы, человек видит в этом большую любовь к Богу. А с другой стороны, посредством закона, внутри человека увеличиваются страсти, хотения и желания: чем больше нельзя, тем больше хочется. Диавол таким образом вел и ведет людей все к большему ожесточению против Бога; человек ожесточается и порывает с религией полностью, чтобы приобрести желанную свободу, но на самом деле подпадает под полную власть диавола.

Стараясь сбросить с себя иго религии, ясно вырисовывается как желанна человеку свобода! Он жаждет и хочет свободы, он сотворён для нее, он ищет и тянется к ней, но где она и что такое свобода человек не знает. И когда он слышит, что Бог дает истинную свободу («Где Дух Господень, там свобода»: 2Кор. 3:17), то реагирует на это чуть ли не с ужасом, потому что все, связанное с Богом, он относит к религии, в которой он очень настрадался. Слыша о Боге, человек думает, что надо вернуться назад в религию, но этого он не хочет! Это показывает, насколько человек отравлен и затемнен ложью диавола, что он и слышать о Боге ничего не хочет.

Но на самом деле, даже выйдя из христианской религиозной общины, человек обязательно остается религиозным, потому что иначе с ним не может быть — он нуждается в полноте, он всегда ищет ее, отсюда его обязательная религиозность: поклоняться идеалу и стараться стать подобным ему. Это есть сей земной душевный мир!

## РЕЛИГИЯ — ЗЕМНОЕ УЧЕНИЕ

Сама религия в своей сути есть земное учение, которому верят и поклоняются. Когда человек предает себя тому, чтобы стать верным этому учению, то по этой вере выстраивается его жизнь и сознание.

Например, учение о коммунизме. Создатели и последователи этого учения вообще отвергли веру в Бога, утверждая, что Бога нет. Это нужно было нечистому духу, чтобы верующие в коммунизм полностью и безраздельно принадлежали только ему, чтобы поклонялись только этому учению и верили только в него. Само учение и вера в него уже говорят о поклонении. Спрашивается, кому поклоняться? В кого верить? Любое учение состоит из правил и законов, и это учение точно так же; и это доказывает, что учение о коммунизме является такой же религией, вождей и создателей которой почитали как богов. Кто пережил период расцвета религии коммунизма, тот знает, как чтили имя и портреты

Сталина — выше и больше, чем иконы в православной церкви; о нем пели, называя своим солнцем, отцом и самым мудрым вождем. Когда же разоблачили и сделали гласным его изуверство, коварство, ложь и насилие, тогда сняли везде его портреты и перестали ему поклоняться. Позже разоблачили и Ленина, который оказался не менее коварным, жестоким и лживым, чем Сталин. Таким образом, религия эта пала, но не до конца, остались почитатели и поклонники, продолжающие ей верить! И любая партия, которой ныне время, есть религия со своими правилами и законами, со своим учением, в которое верят, чтут и поклоняются создателям и вождям этой партии, которые и являются ее богами.

Но есть люди, не принадлежащие ни к какой партии, ни к религии — то как их понимать? Да, такое есть и такое возможно, и это не иначе как потому, что нашли своего личного бога! Человек обязательно нуждается в источнике, откуда бы он черпал силы для своего бытия, и это говорит о духовной стороне жизни.

## РЕЛИГИЯ — СИСТЕМА ДОБРА И ЗЛА

Читая историю человечества со всеми ее событиями, страшными и добрыми, глядя на мир сей сегодня, неминуемо встает вопрос: зачем Бог сотворил человека, или для чего человек вообще существует? Неужели только для того, чтобы большим трудом множества людей построить красивые здания, целые города, потом одним махом, через войны, все уничтожить, чтобы начать все сначала? Снова всё построили, опять война, опять всё уничтожили, опять начинают сначала — ведь абсурдно всё! Но из поколения в поколение, из века в век всё это повторяется снова и снова, и нет ничего нового, чтобы было как-то по-другому, только способы уничтожения меняются и всё больше в пользу скорейшего уничтожения. Причиной всего является именно религия!

Религия несет собой систему, посредством которой сей мир только и может существовать, но она же несет и систему вражды: на протяжении веков шли войны на религиозной основе во имя господства своей веры. Сколько жестокости, лжи и лицемерия проявили все религии. Добро и зло остаются неизменными. Люди всегда против зла, создаётся видимость, что очень бы хотели уничтожить всякое зло, но это невозможно! Зло и добро — одно целое, религия мира сего, одно без другого не может быть и не бывает. Зло необходимо для того, чтобы могло проявляться добро, иначе как бы могло проявляться добро? Точно так необходимо добро, чтобы могло проявляться зло; именно посредством зла познаётся ценность добра. Они одно целое — древо познания добра и зла! Это древо от Бога, но оно исключает Бога и ведет человека к тому, что он и есть сам бог. И только явление Иисуса Христа открыло возможность перейти в Божественный мир через рождение от слова истины и смерть со Христом на Голгофе; выход из религии, как из системы, из загона — это переход из одной сферы в другую, из смерти в жизнь.

## ЧТО ОЖИДАЕТ СЕЙ МИР?

«А нынешние небеса и земля… сберегаются огню на день суда и погибели нечестивых человеков» (2Пет. 3:7). «Не медлит

Господь исполнением обетования, как некоторые почитают то медлением; но долготерпит... Придет же день Господень, как тать ночью, и тогда небеса с шумом прейдут, стихии же, разгоревшись, разрушатся, земля и все дела на ней сгорят» (2Пет. 3:9–14).

Только подумать, что ожидает и что предстоит этому миру?! Слово Бога о том говорит: придет день Господень внезапно, когда меньше всего будут ожидать: «О дне же том и часе никто не знает, ни Ангелы небесные, а только Отец Мой один» (Мф. 24:35–39). Однако написано, что будет предшествовать этому: «на земле уныние народов и недоумение... люди будут издыхать от страха и ожидания бедствий...» (Лк. 21:25–26). Разве сегодня уже не все так, как предсказал Господь и Апостол Петр? Люди на земле постоянно находятся в страхе от террористов: то тут, то там жуткие картины происходящего... А катастрофы? — постоянные катастрофы! Люди не имеют надежды.

«Небеса с шумом прейдут, стихии же, разгоревшись, разрушатся, земля и все дела на ней сгорят» — «Небо и земля прейдут, но слова Мои не прейдут» (2Пет. 3:10; Мф. 24:35).

Однако сегодня еще время благодати, в которое всем дана возможность выйти из этого погибающего мира и восхитить жизнь вечную. День спасения еще длится, именно поэтому и стоит еще этот мир, доколе не войдет полное число язычников. Итак, «примиритесь с Богом» (2Кор. 5:20) — призыв идет и сегодня, пока время благоприятное: «Ибо сказано: „во время благоприятное Я услышал тебя и в день спасения помог тебе". Вот, теперь время благоприятное, вот, теперь день спасения» (2Кор. 6:1–2). Что же нужно делать человеку, чтобы примириться с Богом? Это раскрывает следующая глава.

# ШАГИ ВЕРЫ

**09**
**ГЛАВА**

| | |
|---|---|
| 191 | Избрание |
| 193 | Вера |
| 197 | Что такое грех? |
| 200 | Покаяние |
| 203 | Рождение свыше |
| 208 | Обрезание в сердце |
| 210 | Водное крещение |
| 211 | Держаться веры |
| 214 | Младенец во Христе |
| 219 | Побеждающий наследует все |
| 225 | О бодрствовании |
| 231 | Молитва |
| 235 | Крещение Духом Святым |
| 239 | Мера полного возраста Христова |

Есть много путей в этом мире, которыми ходят люди, но у нас есть только один истинный путь — Иисус Христос. Есть много так называемых истин в этом мире, которым верят и доверяются люди, но у нас есть только одна истина — Иисус Христос, Который выразил Себя словом учения Своего. Есть также многоразличные учения, определяющие, что такое жизнь, но у нас есть одна жизнь — Иисус Христос, которую Он также выразил Своим словом учения. Его слово учения есть Слово Бога, которое было от начала у Бога и было Бог, в котором и сокрыта тайна бессмертия. К этому Слову Бога нечего добавить и нечего отнять, оно чисто, поэтому оно и есть Дух Святой. Если к нему что-то добавить — уже ложь; так же и отнять — уже ложь. Бог же есть свет (правда), и нет в Нем никакой тьмы (лжи) (Ин. 6:63; 1Ин. 1:5).

Господь наш Иисус Христос есть путь, и Он четко и ясно засвидетельствовал, что к Богу можно прийти только через Него: «Я есмь путь и истина и жизнь; никто не приходит к Отцу, как только через Меня» (Ин. 14:6).

И истинная вера есть только одна, как дальше утверждает нас в этом святое Писание: «Один Господь, одна вера, одно крещение» (Еф. 4:4–6). Чтобы оказаться на этом единственно верном пути, необходимо делать правильные шаги: познать веру, совершить искреннее покаяние, умереть со Христом на Голгофе для этого мира, для себя, для всякой лжи и воскреснуть со Христом в Божественном мире; родившись от Бога — начать жить только Христом, возрастая в благодати и познании Господа.

# ИЗБРАНИЕ

«Благословен Бог и Отец Господа нашего Иисуса Христа, благословивший нас во Христе всяким духовным благословением в небесах, так как Он избрал нас в Нем прежде создания мира, чтобы мы были святы и непорочны пред Ним в любви, предопределив усыновить нас Себе чрез Иисуса Христа, по благоволению воли Своей!» (Еф.1:3—5).

Как понять, Бог избрал нас прежде создания мира?

Еще не была сотворена земля и люди на земле, вообще не было еще ничего физического, но у Бога Отца все уже было готово: новое небо, новая земля, святой город Иерусалим и спасенные в нем царствуют со Христом! Как же это возможно? Прежде чем сотворить землю и человека Бог составил Себе подробный план, обо всем рассудил, все предусмотрел. Возьмем земной пример: должен быть построен новый район в городе. Сначала архитекторы заранее всё предусматривают до мельчайшей подробности, создают детальный проект и только потом начинается стройка. Точно так и у Бога: прежде чем Бог начал творить, Он знал, сколько людей будет нужно для небесного Иерусалима. Он уже тогда видел и сердца всех людей, как они станут жить и захотят ли знать о Нем, потому что Бог сотворил человека свободной личностью, так что человек совершенно свободен в своем выборе, свободен сам избрать свой путь! Бог же от начала знал, кто сподобится «достигнуть того века и воскресения из мертвых» (Лк.20:35). Путь каждого был известен Богу, как об этом пишет Давид: «Еще нет слова на языке моем, — Ты, Господи, уже знаешь его совершенно... Ибо Ты устроил внутренности мои и соткал меня во чреве матери моей!.. Зародыш мой видели очи Твои; в Твоей книге записаны все дни, для меня назначенные, когда ни одного из них еще не было» (Пс.138:4,13,16).

Когда было все в плане Бога предусмотрено, тогда Он начал приводить его в исполнение: «...дела Его были совершены еще в начале мира!» (Евр.4:3). Бог «хочет, чтобы все люди спаслись и достигли познания истины» (1Тим.2:4) и со своей стороны Бог сделал всё: для спасения человечества явился Христос в этот мир и умер без всякого лицеприятия за всех людей; слово благовестия проповедано по всей земле. И теперь часть человека: понять есть ли Бог и начать искать Его; и если человек искренно заинтересовался, начинает искать — тогда Бог выходит навстречу и начинает его привлекать (Ин.6:44). Человек начинает серьезно заниматься тем, чтобы понять Писание, встречаться с верующими, посещать их собрания; ему необходимо вникать, искать, стучать, как заповедал Господь (Лк.11:9–10), прилагая усилия понять веру, молиться и умаляться, просить Бога об откровении правды — и Бог откроется человеку! Таким образом человек приходит к правильному покаянию и уверованию, как и написано: «А без веры угодить Богу невозможно; ибо надобно, чтобы приходящий к Богу веровал, что Он есть, и ищущим Его воздает» (Евр.11:6).

Но что получается со многими и многими? — не пребывают в слове истины основательно и попадают в обман религиозных течений. Некоторые увидели выгоду нахождения в религии и ради устройства земной жизни приняли ее; другие искренно подвизаются в религии и очень сильно желают спасения, но сами слепы и следуют за слепым, а если слепой ведет слепого, то оба упадут в яму (Мф.15:14). Когда таким людям говорится истина, они не желают слушать, отвергают, потому что плотским своим умом создали сами себе образ святости и благочестия, который и близко не похож на истину. В ком же живет Иисус Христос, того не узнают, так как он не подходит к придуманным ими меркам наружного благочестия.

Однако дорога к жизни никому не закрыта. Всем людям одинаково возвещено, все свободны обратиться, поэтому никто из людей не будет иметь никакого оправдания — так говорит слово Божие (Рим.1:17–20). Каждый ищи познать Бога искренно и серьезно, и верен Господь Бог Своему слову: «Я скажу вам: просите, и дано будет вам; ищите, и найдете; стучите, и отворят вам, ибо всякий просящий получает, и ищущий находит, и стучащему отворят» (Лк.11:9–10).

## ВЕРА

Слово святого Писания нам открывает: «Вера — от слышания, а слышание — от слова Божия» (Рим. 10:17) — «...как веровать в Того, о Ком не слыхали? как слышать без проповедующего? и как проповедовать, если не будут посланы?» (Рим. 10:14–15). И до сего дня слово истины проповедуется по милости и по воле великого Бога. Бог касается сердца человека, открывает ему слух и разум, и человек начинает задумываться и искать Бога.

От слышания слова Бога приходит понимание духовной жизни, которую не увидеть и не пощупать, но всё же она реальна. Приходит понимание о том, что есть другой мир — духовный, Божий, нетленный, вечный, где царит мир, любовь и правда. Туда путь открыт и есть возможность спастись от гибели с этим миром и перейти в духовный мир Господа и Бога.

«Я есмь путь и истина и жизнь; никто не приходит к Отцу, как только через Меня» (Ин. 14:6). Слова «никто не приходит к Отцу» показывают на необходимость идти: чтобы прийти к Отцу, необходимо пройти путь. Есть только одна дорога, которая проложена и ведет к Отцу. И о ней сказано: «Входите тесными вратами, потому что широки врата и пространен путь, ведущие в погибель, и многие идут ими; потому что тесны врата и узок путь, ведущие в жизнь, и немногие находят их» (Мф. 7:13–14; Лк. 13:23–24).

Дорога эта называется Иисус Христос (Ин. 14:6). Почему она так называется — понятно, но как идти по ней? Какова протяженность этой дороги? Чем эта дорога измеряется: километрами, милями или?.. Следует хорошо изучить и понять эту дорогу, иначе можно пойти дорогой, которая ведет мимо Небесного Царства или в обратную сторону, как это нередко случается в земной жизни: спросил — ответили неверно и показали дорогу совсем не туда, куда надо. Человек проделал путь, пройдя много километров, и попал совсем не туда; необходимо вернуться назад, но сильно устал, кончились силы... Поэтому очень и очень важно расспросить и хорошо понять правильную дорогу, а это значит пребыть в слове учения Господа и тогда «познаете истину» (Ин. 8:31–32).

Но вот расспросил, разобрался, понял и тронулся в путь. В земном смысле — тронулся в путь ногами, пошел шаг за шагом. Но как пойти дорогой, которая называется Иисус Христос — тоже ногами? Рассуждая примерами на земном, становится понятно, что дорога, которая называется Иисус Христос, не измеряется километрами. Эта дорога не земная — она духовная; это означает, что ею нужно идти духовно, шаг за шагом. Но какими ногами? — понятно, что не физическими. Но есть ли «духовные ноги»? И если есть, то какие они размером? Они у всех одинакового размера и называются они **ВЕРА**. Через всю жизнь любой человек на земле шагает верой: либо широкой дорогой в погибель, как об этом сказал Господь, либо узкой дорогой в жизнь вечную и тоже только верой. Других никаких дорог для человечества нет: либо дорога греха и смерти в вечную тьму погибели, либо дорога, которая есть Иисус Христос, через тесные врата на узкий путь, ведущий в Царство вечного Бога, в бессмертие, «ногами» веры.

Основа любого человека на земле лежит в вере: человек верит и иначе он не может. Человек, потерявший смысл верить, заканчивает свою земную, душевную жизнь самоубийством, и это есть последняя его вера — он верит обману диавола, что в этом конец его мучениям, томлениям, что для него наконец-то наступит покой. Причины самоубийства разные: обманут в любви, не достиг своей цели, большая гордость, которая делает человека совершенно слепым, не позволяя ему дальше жить, или же крушение в жизни, большой долг, который нечем покрыть, лишился семьи, работы, то есть потерял полностью веру дальше жить. Остается последний шаг веры — физическая смерть.

Поэтому всегда вера. Без веры нет движения, нет дела, нет жизни. Что же такое есть сама вера? Есть этому прямое свидетельство слова Писания: «Вера — от слышания, а слышание — от слова Божия» (Рим. 10:17). Нет слова

— нет веры. Поэтому сама вера всегда есть слово учения. Есть учение — слово Божие, но есть и учения — слово диавола; какое учение человек примет — будет его вера. Это ясно показывает, что произошло от начала в Едемском саду с Адамом и Евой: не было слова — не было веры; была чисто душевная жизнь («и стал человек душою живою» — Быт. 2:7; 1Кор. 15:45), как и у животного мира (питаться, играть, спать), который не имеет веры. Когда сказал Бог слово — заповедь, появилась вера. Слово Божие учит: «Я жил некогда без закона; но когда пришла заповедь, то грех ожил...» — грех взял повод от заповеди (Рим. 7:9,8) — эти слова учения открывают начало духовного движения в человеке, начало веры.

Если бы Господь не явился в этот мир и не сообщил о другом мире, то откуда было бы взяться вере в Евангелие о Небесном Царстве? Но Господь принес слово веры, как написано: «драгоценную веру...» (2Пет. 1:1). Что подразумевается под драгоценной верой? — учение Иисуса Христа и есть драгоценная вера по правде Бога нашего. Только эта драгоценная вера несет в себе тайну спасения, тайну бессмертия Божия: мир, радость, праведность, святость, а в совокупности — любовь и вечное блаженство.

Принять это слово веры и стать верующим — есть способность души. Но массы людей не поверили, то есть не приняли слово веры, остались неверующими Богу, они верят другому слову, которое есть ложь.

Какое учение принял человек — оно и есть его вера. Однако Бог сотворил человека со способностью отказаться от одной веры и принять другую, которая становится его пониманием и мышлением. Принимая истинную веру, в человеке меняются понимание и взгляд, желания и цель — всё меняется.

«А без веры угодить Богу невозможно; ибо надобно, чтобы приходящий к Богу веровал, что Он есть, и ищущим Его воздает» (Евр. 11:6).

## ЧТО ТАКОЕ ГРЕХ?

Важный вопрос, в котором прежде всего следует основательно разобраться, это вопрос греха. В любой религии сам грех, его суть, остается всегда сокрытым под различными пониманиями, которые вообще не грех. Например, в некоторых религиях нельзя смотреть телевизор, пить вино и тому подобное, потому что это называется грехом. Вот этим «нельзя» религиозные христиане борются против собственных желаний, которые не грех и с грехом ничего общего не имеют. Подлинный же грех, который есть жало смерти и который несет смерть, не видят и не знают, а там, где нет греха, там всецело утверждают, что это грех. Результат этого таков: когда нужно действительно каяться, осознавать грех — никогда не каются, а там, где каяться не нужно — очень даже каются, плачут и рыдают. На вопрос «что такое грех» — тут же открывают послание к Галатам и читают в пятой главе: «Дела плоти известны…». Скажи им, что они ошибаются, что это не грех — они крайне удивятся, сделают большие глаза: «как не грех?» и тут же сочтут тебя заблудшим, находящимся полностью во тьме. Но на самом деле дела плоти, перечисленные в пятой главе Галатам (Гал. 5:19–21), не есть сам грех, но есть следствие греха, его плоды. Сам грех — в другом.

Чтобы разобраться, начнем с самого начала. Что именно стало грехом против Бога в Едемском саду? — неверие слову, которое заповедал Бог Адаму и Еве, вера в ложь змея, который извратил слова Божии и преподал свое слово лжи. Через эту веру в перевернутое, извращенное слово Бога смерть получила доступ к человеку (Рим. 5:12) и стала его духовной сутью; и так до сего самого дня.

## В ЧЕМ И КАК ВЫРАЖАЕТ СЕБЯ ГРЕХ?

О том, что такое грех, сказал Сам Господь в Новом Завете: «О грехе, что не веруют в Меня» (Ин. 16:9). Можно возразить: «Но ведь все течения веруют в Него. Половина человечества на земле или еще больше носит имя христианин; только католиков больше миллиарда — все носят имя христиане. Как это понять?» Ответ таков: все течения веруют в Иисуса Христа, в свой идеал, которого каждое течение создало себе, то есть каждое течение создало своего Христа, но в истинного Христа, Который есть слово истины, не веруют. На сегодня есть: Христос — баптист, Христос — пятидесятник, Христос — субботник, Христос — сионист, Христос — православный, Христос — католик и так далее. Но подлинный Христос, Который есть путь, истина и жизнь, есть только один, поэтому и вера есть только одна (Еф. 4:5).

Иисус Христос сказал, что когда веруют не Ему — это грех Нового Завета (Ин. 16:9). Отсюда очень ясен вывод: если веруют не Христу, значит, веруют сатане, то есть лжи. Другими словами, сатана на сегодня создал многоразличные учения и толкования, которые все ложные, так как в них утверждают, что невозможно освободиться от греха, что все будут согрешать, пока находятся в физическом теле. В этом есть основательное уклонение от чистого учения Евангелия Иисуса Христа, ибо оно говорит об уничтожении греха в совести (Евр. 9:26).

Когда человек верит неверному учению, не по Христу — вера его ложная. Всякая неправильная вера есть неверие в Господа; всякая неправильная вера есть искажение слова истины, есть преступление учения Иисуса Христа. Преступить учение Христово — означает остаться без Бога, о чем ясно написал Иоанн в своем втором послании (2Ин. 9ст.). Поэтому становится понятным, что сам грех есть неправильная вера. Неправильная вера — состояние, когда человек живет во грехе, отсюда дела и плоды греха, с которыми вечная брань у человека.

Обратимся к посланию Галатам. В первой главе речь идет об извращении Евангелия: «Удивляюсь, что вы от призвавшего вас благодатью Христовою так скоро переходите к иному благовествованию, которое, впрочем, не иное, а только есть люди, смущающие вас и желающие превратить благовествование Христово... — Вы шли хорошо: кто остановил вас, чтобы вы не покорялись истине? Такое убеждение не от Призывающего вас. Малая закваска заквашивает все тесто» (Гал. 1:6–7, 5:7–9). Галаты приняли другое убеждение, и именно оно принесло плоды, описанные в Гал. 5:19–21. Что же следовало делать Галатам? Стараться не делать дела плоти или исправить веру и убеждение? — конечно, надлежало очиститься от ложного учения, исправить веру, тогда дела и плоды явились бы другие.

Но чем занимается сегодня весь религиозный мир? Никто не ищет очищения от ложной веры, но все борются с плодами и делами греха. Диаволу это очень даже подходит, так как он остается сокрытым в них посредством неправильной веры и делает свое. Люди, не разумея, думают, что у них самая правильная вера, тем не менее, с грехами нет конца борьбе и мучению, притом во всех религиях одинаково; ни в одной религии никто не может назвать себя святым, праведным, несогрешающим, и это подлинно так. Грех остается в них, плоды же снаружи. Сегодня эти плоды срезали, выкинули, а назавтра опять — вот они. И так бесконечно.

Что же нужно делать? — не с плодами и делами бороться, а правильно уверовать в неискаженное учение Христа. И первый шаг к этому — правильное покаяние.

## ПОКАЯНИЕ

«...Пришел Иисус в Галилею, проповедуя Евангелие Царствия Божия и говоря, что исполнилось время и приблизилось Царствие Божие: покайтесь и веруйте в Евангелие» (Мк. 1:14–15).

Главная цель явления Иисуса Христа в сей мир — это проповедь Царствия Божия. Само Его явление в сей мир является свидетельством о том, что есть на самом деле другой духовный мир — Небесное Царство, не имеющее ничего общего с физическим временным миром. В Небесном Царстве нет никаких правил, ни постановлений, ни традиций — оно другое. В нем действует закон духа жизни во Христе Иисусе (Рим. 8:2), который не имеет ничего общего с законом земным, предписывающим что можно, а что нельзя. В Небесном Царстве

# ШАГИ ВЕРЫ

имеет силу и власть только водительство Духом Святым: «Все, водимые Духом Божиим, суть сыны Божии» (Рим. 8:14). И для этого необходимо рождение от Бога, которое творит Бог: «Восхотев, родил Он нас словом истины...» (Иак. 1:18).

Чтобы рождение от Бога свершилось по истине, необходим правильный первый шаг. Если первый шаг будет сделан неверно, то дальнейшие шаги не могут быть верными, направление будет искаженным.

Покаяние — это очень серьезный первый шаг, который необходимо сделать искренно и откровенно, с полной верой и осознанием дела. Покаяние нужно свершить верно и нерелигиозно: курил, пил, блудил и так далее — каюсь, больше не буду. Это слишком поверхностное покаяние, которое не затрагивает самого корня греха — неверия слову истины.

Когда человек правильно покаялся? «Вера — от слышания, а слышание — от слова Божия» (Рим. 10:17). Что же начинает слышать человек? Он начинает слышать об этом мире, о его положении и состоянии, и что он определен огню на погибель всех грешников. Затем он слышит о Христе, о Его явлении в этот мир для спасения людей. Бывает, что человек слушал, но не услышал; Господь сказал: «Кто имеет уши слышать, да слышит» (Мф. 13:9). Человек услышал — это значит, что живое слово Бога попало в ум и сердце. Вникая далее в Писание, человек начинает понимать и осознавать о гибели этого мира и о своей погибели с этим миром. Он поверил, не хочет погибнуть с этим миром, но хочет спасения — тут происходит покаяние! Он полностью поворачивается к Богу, отворачивается от мира; он понял: «если кто хочет идти за Мною, отвергнись себя, и возьми крест свой, и следуй за Мною, ибо кто хочет душу свою сберечь, тот потеряет ее, а кто потеряет душу свою ради Меня, тот обретет ее» — «С Ним шло множество народа; и Он, обратившись, сказал им: если кто приходит ко Мне и не возненавидит отца своего и матери своей, и жены и детей, и братьев и сестер, а притом и самой жизни своей, тот не может быть Моим учеником. И кто не несет креста своего и идет за Мною, не может быть Моим учеником» (Мф. 16:24–25; Лк. 14:25–27). То есть ничто и никто не должен стать препятствием, встать впереди веры слову Господа. Человек принимает решение последовать Христу («Ибо всякий, кто призовет имя Господне, спасется»: Рим. 10:13), он призывает имя Господа: «Спаси меня! Я грешник в этом мире, но поверил Тебе, пришел вот к Тебе!» — произошло покаяние.

Необходимо хорошо уразуметь, что означает отвергнуть себя — это касается всей веры и знания этого мира, потому что сей мир, водимый духом диавола, переполнен верой и знанием! Это хорошо следует усвоить, принять и поверить, чтобы ничего не перетащить из старой жизни в новую, иначе будут большие серьезные проблемы. Господь наш об этом очень ясно преподал Свое слово учения: «Никто не приставляет заплаты к ветхой одежде, отодрав от новой одежды, а иначе и новую раздерет, и к старой не подойдет заплата от новой. И никто не вливает молодого вина в мехи ветхие; а иначе молодое вино прорвет мехи, и само вытечет, и мехи пропадут; но молодое вино должно вливать в мехи новые; тогда сбережется и то, и другое» (Лк. 5:36–38).

В свое время к Иоанну Крестителю шли люди креститься в воде, исповедуя в покаянии свои грехи; шли также и фарисеи к нему, которые были тяжело обременены грехами, они не хотели их открыто исповедовать и покаяться; им Иоанн сказал: «Порождения ехиднины (ядовитой змеи)! кто внушил

# ШАГИ ВЕРЫ

вам бежать от будущего гнева? Сотворите же достойный плод покаяния!» (Мф. 3:5–12).

«...Чтобы они покаялись и обратились к Богу, делая дела, достойные покаяния» (Деян. 26:20) — в чем же выражаются дела, достойные покаяния? Если есть люди обиженные, люди, которым было сделано зло, которые знают уверовавшего и имеют против него, которым он должен деньги, или вещи, или еще что, то он должен пойти к этим людям, найти их, где бы они ни жили, покаяться перед ними и вернуть всё, что задолжал, полностью примириться с ними! Могут быть такие люди, которые не захотят увидеться и говорить с ним — это останется их проблемой, но уверовавший должен со своей стороны всё довести до конца на основании правды.

Итак, человеку всё прощено, он чист от всей своей прошлой жизни, Богом ему ничего не вспоминается.

Но как быть дальше? Человек полностью обратился к Богу, сделал первый правильный шаг в рождении свыше от Духа Святого, но это не есть еще само рождение, ведь ветхий человек еще не умер (Ин. 12:24–25). Живя ветхим Адамом, человек будет снова и снова грешить.

## РОЖДЕНИЕ СВЫШЕ

Теперь вникнем глубже в вопрос рождения от Бога. Ибо сказано: «Если кто не родится свыше, не может увидеть Царствия Божия» (Ин. 3:3).

Слово говорит: «Посему, как одним человеком грех вошел в мир, и грехом — смерть, так и смерть перешла во всех человеков, потому что в нем все согрешили» (Рим. 5:12).

Рождаясь от душевного Адама, невозможно родиться каким-то другим, как только таким же душевным, каким был и есть сам Адам — именно по роду своему. Это очень ясно доказывается через всю жизнь и существование этого мира, потому что всё в этом мире размножается и умножается по роду своему: кошка не может родить собаку, лошадь не родит корову, тигр не родит льва! Всё всегда по роду своему, как об этом и написал Иаков: «Течет ли из одного отверстия источника сладкая и горькая вода? Не может, братия мои, смоковница приносить маслины или виноградная лоза смоквы. Также и один источник не может изливать соленую и сладкую воду» (Иак. 3:11–12). Так человек по плоти, душевный, не может родить кого-то другого рода, не такого, как он сам есть.

«Рожденное от плоти есть плоть, а рожденное от Духа есть дух. Не удивляйся тому, что Я сказал тебе: „должно вам родиться свыше". Дух дышит, где хочет, и голос его слышишь… так бывает со всяким, рожденным от Духа» (Ин. 3:6–8) — Господь ясно сказал и положил основание: когда человек рожден от Духа — он слышит голос Духа! Слыша голос Духа, человеку необходимо покориться этому голосу, исполняя Его волю: «Ибо все, водимые Духом Божиим, суть Сыны Божии… Сей самый Дух свидетельствует духу нашему, что мы — дети Божии» (Рим. 8:14,16).

### КАК ПРОИСХОДИТ РОЖДЕНИЕ СВЫШЕ?

Чистое слово учения Господа нашего есть живое семя Божие, которое рождает (1Пет. 1:23); «Восхотев, родил Он нас словом истины…» (Иак. 1:18) — рождает именно чистое слово Бога, неискаженное; поэтому, чтобы свершилось рождение, необходимо услышать слово истинное, которое есть живое семя Божие, пребывающее вовек! Во всех религиозных течениях, которых сегодня тысячи, нет рождения от Бога, ибо слово Бога искажается, и поэтому слово учения баптистов рождает баптистов, учение адвентистов рождает адвентистов, учение пятидесятников рождает пятидесятников, учение харизматов — харизматов, всё по роду своему.

Чтобы свершилось рождение от Бога, необходимо поверить и принять чистое учение Господа нашего Иисуса Христа, как и сказал об этом Апостол Петр: «Симон Петр, раб и Апостол Иисуса Христа, принявшим с нами равно драгоценную веру по правде Бога нашего и Спасителя Иисуса Христа...» (2Пет. 1:1). Принимая равно с Апостолами драгоценную веру по правде Бога нашего, мы становимся «причастниками Божеского естества, удалившись от господствующего в мире растления похотью» (2Пет. 1:4). Естество Божие есть святость: «будьте святы, потому что Я свят» (1Пет. 1:15–16).

Может ли Святой Бог родить несвятое, будучи Сам Святым? Нет! Бог рождает по образу Своему — святое, чистое и праведное (1Ин. 3:9). Когда происходит рождение от Бога, является новая тварь, которой ранее никогда не было. «Во Христе Иисусе ничего не значит ни обрезание, ни необрезание, а новая тварь» — «Итак, кто во Христе, тот новая тварь; древнее прошло, теперь всё новое» — «Зная то, что ветхий наш человек распят с Ним...» (Гал. 6:15; 2Кор. 5:17; Рим. 6:6–7).

Что же должен делать человек, чтобы свершилось рождение? — **ПОВЕРИТЬ В ГОЛГОФУ**! Не просто верить в историю о Голгофе (гора недалеко от Иерусалима, где были распяты на кресте Христос посередине, а по сторонам — два разбойника), ибо диавол подменил само слово о кресте, спасительное от греха, чисто историей, которая не спасает. А что свершилось для человечества на кресте — утрачено. Как креститься в смерть Христа, чтобы на самом деле умереть со Христом для греха, чтобы с Ним быть погребенным и с Ним воскреснуть по духу, став новой тварью в Небесном Царстве уже сегодня?

Человек ровно ничего не может делать для своей святости, праведности, как только одно: поверить честно всем своим умом и сердцем в то, что совершил Бог во Христе и Христом! Подчеркнем, что произошло для человечества на Голгофе.

Первое: Христос пролил Свою Кровь для уничтожения греха: «Он грехи наши Сам вознес телом Своим на древо, дабы мы, избавившись от грехов, жили для правды» (1Пет. 2:24). Более того, написано: «Он же однажды, к концу веков, явился для уничтожения греха жертвою Своею» (Евр 9:26). Итак, на Голгофе жертвою Иисуса Христа мы навсегда освободились от греха (Рим. 6:22). Закон духа жизни во Христе Иисусе освободил нас от закона греха и смерти (Рим. 8:2).

Второе: Своей смертью на Голгофе Господь упразднил ветхого Адама — жизнь во грехе и неверии Богу (Рим. 6:6). Каким же образом мы могли быть распяты со Христом так, чтобы ветхий Адам, ветхая природа была упразднена, то есть умерла? Ведь распятие Господа свершилось более двух тысяч лет тому, как же мы могли быть распяты с Ним? Здесь и лежит тайна явления новой твари: мы все были вложены во Христа Богом, Отцом Господа, еще до сотворения мира: «От Него и вы во Христе...» — «Спасшего нас и призвавшего нас званием святым, не по делам нашим, но по Своему изволению и благодати, данной нам во Христе Иисусе прежде вековых времен, открывшейся же ныне явлением

Спасителя нашего Иисуса Христа, разрушившего смерть и явившего жизнь и нетление через благовестие» слова истины (1Кор. 1:30; 2Тим. 1:9–10). У Бога все было готово еще до сотворения всей этой вселенной: «Так как Он избрал нас в Нем прежде создания мира, чтобы мы были святы и непорочны пред Ним в любви» (Еф. 1:4). То есть великий Бог, предавший Христа на распятие, предал на распятие весь мир по Адаму, по ветхой твари; поэтому, когда Христос был распят на кресте, от Бога мы были в Нем распяты, хотя нас еще не было на земле, но от Бога наше распятие со Христом свершилось, и это мы приняли верою!

Можем ли мы грешить? — конечно, нет! Почему? Ветхого Адама больше нет — кто же будет грешить?

Третье: через смерть Иисуса Христа мы умерли для закона буквы, так что он не имеет над нами больше никакой власти! Понимание этого вопроса очень важно, потому что жало смерти — грех, а сила греха — закон (1Кор. 15:56). Апостол Павел пишет: «Он дал нам способность быть служителями нового завета, не буквы, но духа, потому что буква убивает, а Дух животворит» (2Кор. 3:6). «Ныне, умерши для закона, которым были связаны, мы освободились от него, чтобы нам служить Богу в обновлении духа, а не по ветхой букве» (Рим. 7:1–6). Если кто не уразумел вопрос «конец закона — Христос» (Рим. 10:4), тот никогда не сможет иметь праведность от Бога, закон этого не допустит (об этом подробнее раскрыто в главах о законе и о Христе).

Итак, последовательное принятие верою того, что свершилось на Голгофе: признать себя распятым и умершим на кресте вместе со Христом, похоронить себя вместе с Ним в водном крещении и воскреснуть вместе с Ним силою Духа Божия для новой жизни — это и есть рождение свыше, которое совершается в нашем духе, то есть в совести человека. Наш дух рождается от Духа Божия, и мы становимся Его детьми, оправданными воскресением Иисуса Христа (Рим. 4:25), купленными дорогою ценою и уже не свои (1Кор. 6:19–20). Мы стали святыми, избранными в Его удел, дабы возвещать совершенства Призвавшего нас из тьмы в чудный Свой свет (1Пет. 2:9–10). Отныне мы живем только нашим духом, поступаем по духу.

«...Приемлющие обилие благодати и дар праведности будут царствовать в жизни посредством единого Иисуса Христа» (Рим. 5:17).

## ОБРЕЗАНИЕ В СЕРДЦЕ

«Ибо не тот Иудей, кто таков по наружности, и не то обрезание, которое наружно, на плоти; но тот Иудей, кто внутренно таков, и то обрезание, которое в сердце, по духу, а не по букве: ему и похвала не от людей, но от Бога» (Рим. 2:28–29).

Христиане — это избранный народ Божий, отделенный от этого мира; Иисус Христос дал Себя за нас, чтобы избавить нас от всякого беззакония и очистить Себе народ особенный, ревностный к добрым делам (Тит. 2:14). Точно так было и с Авраамом, наследники которого были сначала избраны по плоти (временно, как собственный народ) для показания будущего, что настоящие наследники будут по вере! Поэтому всякий человек, кто поверил в Евангелие, становится собственностью Христа. Через смерть Иисуса Христа, умерев с Ним на Голгофе, он выходит из этого мира (отделяется) — это и есть особенный народ, то есть отделенный от этого мира, святой.

Смерть для этого мира и рождение от Бога и есть настоящее обрезание, сделанное не руками, но Самим Богом в сердце человека: «В Нем вы и обрезаны обрезанием нерукотворенным, совлечением греховного тела плоти, обрезанием Христовым; быв погребены с Ним в крещении, в Нем вы и совоскресли верою в силу Бога, Который воскресил Его из мертвых, и вас, которые были мертвы во грехах и в необрезании плоти вашей, оживил вместе с Ним, простив нам все грехи» (Кол. 2:11–13).

В Ветхом Завете было так: кто хотел стать израильтянином, должен был сначала обрезаться, и только тогда он принимался в общество израильское. Так и сегодня, чтобы стать членом Церкви нужно нерукотворное обрезание. Кто умер со Христом на Голгофе, вышел из этого мира, отделился, стал святым, потому что воскрес со Христом для новой жизни в Небесном Царстве — тот стал гражданином совершенно другого государства, неземного! Печать этому — водное крещение. Принимая водное крещение, душа становится членом Тела Христова, вступив в завет с Господом и дав обещание на всю жизнь повиноваться и служить Господу доброй совестью.

# ВОДНОЕ КРЕЩЕНИЕ

Водное крещение — это есть слово Бога, Его повеление и есть «не плотской нечистоты омытие, но обещание Богу доброй совести, спасает воскресением Иисуса Христа» (1Пет. 3:21–22).

Человек ставит точку в своей вере своим погребением вместе с Господом в водном крещении. Всё это есть вера в учение Иисуса Христа: «Неужели не знаете, что все мы, крестившиеся во Христа Иисуса, в смерть Его крестились? Итак, мы погреблись с Ним крещением в смерть, дабы, как Христос воскрес из мертвых славою Отца, так и нам ходить в обновленной жизни» (Рим. 6:3–7).

Водное крещение — печать, удостоверяющая веру уверовавшего. Чтобы ясней понять этот очень серьезный и основополагающий вопрос, скажем образно: пишется тот или иной документ; когда документ готов, правильно и соответственно требованию написан, необходима печать, которая подтверждает верность этого документа. Без такой печати документ не имеет силы и его нигде не примут к действию, но если стоит печать, то он годен, имеет силу, его примут к действию.

Итак, нашим уверованием, обращением к Богу, мы начинаем писать документ. Когда человек покаялся, принял верою смерть своего ветхого человека на кресте вместе с Господом и воскресение с Ним новой тварью — документ написан, следует поставить печать, которая и есть водное крещение: обещание Богу доброй совести навсегда!

В Писании нам оставлены примеры, как следует совершать водное крещение. Крещение происходило там, где было много воды (Ин. 3:23): река, озеро или водоем, куда могли зайти оба. «И сошли оба в воду, Филипп и евнух; и крестил его» (Деян. 8:38), то есть необходимо, чтобы и крестящий и крещаемый могли войти в воду и совершить полное погружение.

Водное крещение есть подтверждение веры делом: погребение ветхой твари, умершей со Христом на кресте. Выйдя из воды, человек стал новой тварью, жизнь которого отныне только Иисус Христос, человек больше не принадлежит себе, но Богу. Уразумев значение и смысл креста и свою смерть с Господом на нем, человек исповедует с верой: Иисус Христос — моя жизнь; другую жизнь он уже не признаёт.

Водное крещение есть свидетельство того, во что человек поверил. Он дал обещание Богу навсегда: не на месяц, не на год, не на десять лет, но на всю свою жизнь ходить перед Богом, жить Богом, служить Богу доброй, чистой совестью! (1Пет. 3:18–22). Если потом человек нарушает или отступает от этого своего обещания, то он делает себя виноватым перед Богом; он делает сам себя недостойным Бога, не сохраняет верность Богу. Куда это приведет — понятно всем.

## ДЕРЖАТЬСЯ ВЕРЫ

Иисус сказал: «Имейте веру Божию» (Мк. 11:23). Вера Божия всегда стоит на чистом слове Бога. На всё, что написано в Писании, она говорит: «Аминь» и на том стоит непоколебимо. Если написано, что «ветхий наш человек распят с Ним, чтобы упразднено было тело греховное», то вера это так и принимает и говорит: «Аминь! Я распят со Христом, умер с Ним, и тело греховное упразднено, слава Тебе, Господи». Но здесь восстают чувства, которые еще не приучены навыку, не исполнены Христом, но ими еще пользуется сатана, который станет обязательно указывать на проявления плоти: «Где же распят? Вот, ты живой, грешишь». И здесь необходимо держаться веры! «В ней свидетельствованы древние. Верою познаём, что веки устроены словом Божиим, так что из невидимого произошло видимое. Верою Авель... Верою Енох... Верою Ной... Верою Авраам... А без веры угодить Богу невозможно...» (Евр. 11:2–10). Какой пример веры оставил Авраам? Авраам верил полной верой, не имел абсолютно и тени неверия в себе, и Господь Бог эту веру в нем испытал: повелел принести Богу в жертву Исаака, своего сына, которого он ожидал двадцать пять лет (Быт. 22:1–24). И что же Авраам? Как он повел себя? Ни тени сомнения! Ни тени противления! Авраам верил — обетование Бог не нарушит, но исполнит. За такую свою верность и непоколебимость в вере Авраам был назван другом Богу (Иак. 2:23). Нет никакого другого смысла и важности для Бога и пред Богом, как только вера Ему, но вера такая, как верил Авраам.

«Вера же есть осуществление ожидаемого и уверенность в невидимом» (Евр. 11:1), то есть ожидаемого еще не видно и оно не пришло, но «мы духом ожидаем и надеемся праведности от веры» (Гал. 5:5). Это и есть вера — она держится за слово, как написано, доколе не свершится, а оно свершится обязательно, потому что это обетования Божии, в которых Богу невозможно солгать (Евр. 6:17–18). Бог верен Своему слову, что обещал — исполнит. Имея вокруг себя такое облако свидетелей веры (как описано в 11 главе послания

## ШАГИ ВЕРЫ

к Евреям), свергнем с себя всякое бремя и запинающий нас грех — неверие, с терпением будем проходить предлежащее нам поприще — да не смущается сердце ваше, ибо верен Бог! Он не человек, чтоб Ему лгать, и не сын человеческий (рожденный по плоти и от плоти), чтоб Ему изменяться. Он ли скажет и не сделает? будет говорить и не исполнит? (Евр. 12:1–3; Ин. 14:1,27; Числ. 23:19). Написано: «Кто во Христе, тот новая тварь; древнее прошло, теперь все новое» (2Кор. 5:17). Вера говорит: «Аминь! Я — новая тварь во Христе, древнего Адама больше нет, он умер и погребен со Христом». «Царство Небесное силою берется, и употребляющие усилие восхищают его» (Мф. 11:12) — вера скажет сатане: «Отойди от меня сатана, я строю на вере, как написано, и Бог вменит мне эту веру». О чем говорят слова: «стойте в вере», «подвизайся добрым подвигом веры», «пребываете тверды и непоколебимы в вере», «веру сохранил»? (1Кор. 16:13; 1Тим. 6:12; Кол. 1:23; 2Тим. 4:7) — говорят именно о том, что нужны усилия, чтобы устоять и стоять в вере. Усилия нужны не для того, чтобы бороться с грехами, как учит религия, но чтобы непоколебимо стоять верой на обетованиях Божиих и не давать места сомнениям! Поэтому когда чувства идут вразрез со словом Божиим, то есть с верой, то их необходимо решительно отвергать и не следовать за ними. Всегда надо помнить: закона нет, осуждать некому! Но при этом исповедовать: «Господи, слава Тебе, Ты и за эти мои поступки умер и полностью уплатил, так что не вменяешь их мне» (Рим. 8:33–34). Итак, вера, чтобы было по милости (Рим. 4:16), ибо во Христе Иисусе ничего не значит закон буквы, но только вера, действующая любовью (Гал. 5:6, 6:15–16).

# МЛАДЕНЕЦ ВО ХРИСТЕ

«Потому отныне мы никого не знаем по плоти; если же и знали Христа по плоти, то ныне уже не знаем. Итак, кто во Христе, тот новая тварь; древнее прошло, теперь все новое» (2Кор. 5:16–17).

Родившийся от Бога человек — духовный младенец. В чем выражается его младенчество? Как и физический младенец, он беспомощный, немощный, нуждающийся в постоянном уходе. Слово говорит: «Я не мог говорить с вами, братия, как с духовными, но как с плотскими, как с младенцами во Христе. Я питал вас молоком, а не твердою пищею, ибо вы были еще не в силах, да и теперь не в силах…» (1Кор. 3:1–3) — в чем они были не в силах? В послании к Евреям Апостол Павел пишет: «Всякий, питаемый молоком, несведущ в слове правды, потому что он младенец» (Евр. 5:13). Это означает, что младенец способен слово исказить, неверно истолковать, поверить ложному толкованию; поступки и дела младенца — плотские, то есть как физический младенец какает и писает в штаны, так и духовный — он поступает по плоти. Можно ли младенцу во Христе вменять поступки и дела по плоти, наказывать его за это? — нет, никак нельзя! Мы умерли для закона телом Иисуса Христа, мы больше не под законом (Рим. 7:4–6), поэтому младенцы никак не подлежат суду и осуждению (Рим. 8:33–34), но подлежат освящению (1Кор. 1:30). Другими словами, младенцы подлежат правильному питанию чистым словесным молоком, чтобы они правильно росли (1Пет. 2:1–2) и по мере роста очищались от всего плотского.

От чего растет физический ребенок? — от правильного питания он прибавляет в весе, растут кости, развиваются мозг, слух, зрение... От чего растет духовный младенец во Христе? — от правильного питания словом истины. Младенец укрепляется в благодати (то есть в понимании оправдания, а не осуждения — 2Пет. 3:18), в вере, в слове, чувства навыком приучаются к различению добра и зла (Евр. 5:14). О том, что христианину нужно расти и возрастать, Писание очень ясно открывает: «Стезя праведных как светило лучезарное, которое более и более светлеет до полного дня» (Притч. 4:18; Еф. 4:13,15—16; Флп. 1:9—11; Кол. 1:10 и другие).

## РОСТ И ОСВЯЩЕНИЕ

Когда человек уверовал и родился от Бога, диавол потерял насиженное им место в совести, но это не значит, что он совершенно оставил человека, он еще продолжает преследовать и, когда возможно, ищет повлиять на человека через его плоть, которая еще мертва от греха, как написано: «Если Христос в вас, то **ТЕЛО МЕРТВО ОТ ГРЕХА**, но дух (совесть человека) жив для праведности» (Рим. 8:10). Телу нужно еще «ожить», то есть полностью покориться Духу, как об этом написано: «...то Воскресивший Христа из мертвых оживит и ваши смертные тела Духом Своим, живущим в вас» (Рим. 8:11). Далее написано: «Итак, братия, мы не должники плоти, чтобы жить по плоти; ибо если живете по плоти, то умрете, а если духом (совестью) умерщвляете дела плотские, то живы будете» (Рим. 8:12—13). Хоть вера младенца и совершенна по мере возраста, но необходимо бодрствовать, быть всегда внимательным к проявлениям плоти, потому что диавол ходит «как рыкающий лев, ища, кого поглотить» (1Пет. 5:8). Он неотступно ищет уловить младенца, искушая его через плоть, хорошо зная его «слабые места» и пользуясь неопытностью младенца в вере. Написано в первом послании Петра: «Возлюбленные! прошу вас, как пришельцев и странников, удаляться от плотских похотей, восстающих на душу» (1Пет. 2:11). Таким образом диавол снаружи может возбуждать, увлекать душу назад, обольщая прелестями удовлетворения похоти плоти и похоти очей, которым человек был раньше предан. Апостол Петр пишет о младенцах: «Итак, отложив всякую злобу и всякое коварство, и лицемерие, и зависть, и всякое злословие возлюбите чистое словесное молоко, дабы от него возрасти вам во спасение» (1Пет. 2:1–2). Проявления плоти могут выражаться и так, как об этом написал Апостол Павел в первом послании Коринфянам, то есть спорами, разногласиями (1Кор. 3:1–4). Но младенцу это все не вменяется, пока он это не видит и не понимает, потому что нет закона. По мере роста и познания эти явления просто отпадают.

Евангелие учит, что освящение наше есть Христос (1Кор. 1:30). Он — наше возрастание и освящение, Он освящает и очищает нас. От нас требуется только вера и согласие. Человек, уверовав по-настоящему, радуется в своей вере: он — младенец во Христе, совершен, свят, оправдан, другого не знает, потому что Господь смертью на Голгофе освободил его от закона. Он только радуется от Духа Господа в нем, Которого он переживает, а то, что он еще многое творит и живет по плоти — не видит, не переживает, как об этом и написал Апостол Павел Коринфянам (1Кор. 3:1–4). Младенцу никак не следует себя как-то контролировать, в себе копаться, выискивая недостатки, мучиться, осуждать себя — искреннему младенцу ничего не вменяется. Младенец радуется, ликует, питаясь чистым словесным молоком, и вдруг открываются его глаза и ум, и он видит, что тут понимал неверно, следовательно и действовал неверно, и говорил неверно! Почему он вдруг это понял? Это Господь его осветил, открыл его глаза и ум, он созрел к этому, поэтому может уже и понять и с радостью принять очищение от Господа. Младенцу кажется, что теперь он уже возрос, теперь он уже знает и понимает, очень этому радуется, но проходит время, вдруг опять ему открывается неправда в понимании и в вере, и так до полного возраста, до полного очищения.

Рожденному от Бога дано самому управлять и заниматься своим телом: «Дабы мы не были более младенцами... увлекающимися всяким ветром учения, по лукавству человеков, по хитрому искусству обольщения, но истинною любовью все возращали в Того, Который есть глава Христос... Посему я говорю и заклинаю Господом, чтобы вы более не поступали, как поступают прочие народы... Они, дойдя до бесчувствия, предались распутству... Но вы не так познали Христа» (Еф. 4:14–23). «Отложить прежний образ жизни ветхого человека» — повеление идет именно к дитю Божию, рожденному от Бога; он должен, познавая и научаясь истине, управлять своим телом, превращать его в праведность и святость! И тогда человек готов к пришествию Христа. Тело человека преобразится во Христе равно в такое же, как было у Христа после воскресения из мертвых.

Бог постоянно наблюдает и видит Своих детей: насколько полюбили и любят Бога, как подвизаются, как отдаются Его водительству. За человека Бог не будет делать то, что дано ему делать. Бог ожидает, чтобы душа, умаляясь в молитвах, предоставляла себя Богу, чтобы Он действовал через нее! Прямо сказано: «Представьте тела ваши в жертву...» (Рим.

12:1). Бог не будет насиловать человека; человек сам должен ревновать, простираться, заниматься собой, облекаясь в праведность: «Если вы знаете, что Он праведник, знайте и то, что всякий, делающий правду, рожден от Него» (1Ин. 2:29).

Духовный рост верующего измеряется полнотой освящения, чистотой веры, праведностью и святостью жизни, то есть тем, насколько Христос овладел человеком, насколько Он водит, управляет и направляет его (Рим. 8:14), когда и тело полностью покорно совести, духовной жизни человека. Иаков об этом пишет так: «Кто не согрешает в слове, тот человек совершенный, могущий обуздать и все тело» (Иак. 3:2). Начинает он так: «Братия мои! не многие делайтесь учителями... ибо все мы (как невозросшие) много согрешаем... в слове», ибо младенец несведущ в слове правды (Евр. 5:13). И если теперь несведующего в слове правды сделать учителем (как на практике часто и бывает), что получится? — много наломает дров!

В младенческом возрасте всегда имеется опасность уклониться от истины. Об этом говорит Иаков в пятой главе: если кто уклонится от истины, его надо обратить назад, ибо он согрешил! Согрешить в Новом Завете — это оказаться во лжи, оказаться обманутым в вере, принять то или иное человеческое учение, что очень даже возможно младенцам, несведущим в слове правды. Такое положение очень ясно показано в послании к Галатам, которое говорит о том, что Галаты согрешили и уклонились от истины.

Посему поспешим с ростом, чтобы не оставаться младенцами, колеблющимися и увлекающимися всяким ветром учения, по лукавству человеков, по хитрому искусству обольщения (Еф. 4:14), поспешим познавать Сына Божия, чтобы возрасти в меру полного возраста Христова (Еф. 4:13). Вечную жизнь наследует праведный и святой — к этому должны все прийти, за нас этого никто не сделает, только каждый сам, как написано: «Посему, братия, более и более старайтесь делать твердым ваше звание и избрание; так поступая, никогда не преткнетесь, ибо так откроется вам свободный вход в вечное Царство Господа нашего и Спасителя Иисуса Христа» (2Пет. 1:10–11).

## ПОБЕЖДАЮЩИЙ НАСЛЕДУЕТ ВСЕ

«Побеждающий наследует все, и буду ему Богом, и он будет Мне сыном» (Откр. 21:7). Что же побеждающий должен победить? Писание говорит: «Не любите мира, ни того, что в мире: кто любит мир, в том нет любви Отчей! Ибо всё, что в мире: похоть плоти, похоть очей и гордость житейская, не есть от Отца, но от мира сего. И мир проходит, и похоть его, а исполняющий волю Божию пребывает вовек» (1Ин. 2:15–17). «Кто побеждает мир, как не тот, кто верует, что Иисус есть Сын Божий — Ибо всякий, рожденный от Бога, побеждает мир, и сия есть победа, победившая мир, вера наша», которая в нас осуществит ожидаемое (1Ин. 5:5,4; Евр. 11:1). Побеждающий наследует все — новый город Иерусалим!

Почему говорится «побеждающий», а не «победивший»? Господь возвестил: «Если кто хочет идти за Мною, отвергнись себя, и возьми крест свой, и следуй за Мною» (Мф. 16:24). Как можно это понять: отвергнись себя? Как я могу отвергнуть самого себя, если я есть я? — я живу, дышу, ем, сплю, работаю — все это есть я. Как я должен отвергнуть себя — не могу же я перестать дышать, кушать, спать? Господь еще и по-другому сказал о том, что значит отвергнуть себя: «Любящий душу свою погубит ее, а ненавидящий душу свою в мире сем, сохранит ее в жизнь вечную» (Ин. 12:25). Опять очень интересно: возненавидеть душу свою в этом мире, или другими словами, живя в этом мире, ненавидеть себя — как это исполнить? Разве я могу куда-то выйти из этого мира в другой какой-то мир, где будет такая жизнь, что своей жизни в этом мире можно отречься, что она станет для меня абсолютно чужой, противной, ненавистной?!

Еще Господь сказал: «Если кто приходит ко Мне и не возненавидит отца своего и матери, и жены и детей, и братьев и сестер, а притом и самой жизни своей, тот не может быть Моим учеником; и кто не несет креста своего и идет за Мною, не может быть Моим учеником» (Лк. 14:25–27) — какие слова! Никогда душевный, нерожденный от Бога, человек их не поймет, не сможет понять; нужно родиться от Бога, чтобы потом получить откровение в себе от Господа.

**ПОБЕЖДАЮЩИЙ!** Да, Христос победил этот мир тем, что абсолютно не жил этим миром: «...лисицы имеют норы, и птицы небесные — гнезда; а Сын Человеческий не имеет, где приклонить голову» (Лк. 9:58). Душевному земному человеку, который хотел следовать за Христом, но попросил: «Господи! позволь мне прежде пойти и похоронить отца моего», Иисус сказал: «предоставь мертвым погребать своих мертвецов, а ты иди, благовествуй Царствие Божие» (Лк. 9:59–60).

Господь показал: ничто не может быть дороже веры и

ничто не может стать впереди служения для Царства Небесного — человеку следует победить такое в себе! Да, человек поверил, хочет следовать, но этому всегда есть и будут серьезные препятствия, так как человек привык жить по-другому, по-другому понимал, и вдруг — отрекись, оставь без всякого сожаления, без всякого рассуждения, даже если это не принимается близкими и родными!

«Еще другой сказал: я пойду за Тобою, Господи! но прежде позволь мне проститься с домашними моими. Но Иисус сказал ему: никто, возложивший руку свою на плуг и озирающийся назад, не благонадежен для Царствия Божия» (Лк. 9:61–62). Видимо, этот человек какое-то время ходил вслед за Христом вместе с учениками, слушал, как Господь учил, что творил, и наконец пришел к выводу: хочу быть со Христом и следовать за Ним. Решил — вернусь домой, распрощаюсь с домашними, приду и последую навсегда за Господом и с Господом. Он сказал об этом Христу, но Господь увидел неосновательность, преданность не от всего сердца — всё же домашние были ему небезразличны, потому как давали знать о себе в сердце его, то есть не свершилось в нем самоотречение от этого мира, от жизни в нем! И Господь сказал очень серьезные слова: если кто не отречется всего, что имеет, притом и самой жизни своей, тот не может быть Моим учеником! (Лк. 14:26,33). Человеку необходимо самоотречение себя, своей жизни — он не станет пригодным для небесного Божественного мира, если не умрет для земного!

Поэтому первая необходимая победа самого человека — самоотречение, переход из этого мира в мир небесный, человек должен в этом оказаться победившим! Христос победил и готов совершить эту победу и в человеке, если он принимает Христа. Он и совершит, если человек предоставляет Ему эту возможность: вера есть осуществление ожидаемой победы в самом себе.

Что же человек должен совершить над собой, чтобы отвергнуть себя или отречься себя? — человек **ДОЛЖЕН ОКАЗАТЬСЯ ПОБЕЖДАЮЩИМ!** Господь изложил Свое учение так: «Входите тесными вратами, потому что широки врата и пространен путь, ведущие в погибель, и многие идут ими; потому что тесны врата и узок путь, ведущие в жизнь, и немногие находят их» — «Некто сказал Ему: Господи! неужели мало спасающихся? Он же сказал им: подвизайтесь войти сквозь тесные врата, ибо, сказываю вам, многие поищут войти, и не возмогут» (Мф. 7:13–14; Лк. 13:23–24). Многие искали, хотели войти, но не смогли — не оказались побеждающими! И в этом весь вопрос: Господь Иисус Христос готов был совершить победу в человеке (как и во всех, кто поверил и хотел войти), но человек оказался не готов к самоотречению, не готов возненавидеть свою жизнь в этом мире по плоти, для плоти. Господь никогда не будет виновен в том, что человек не свершил свой путь так, как об этом засвидетельствовал Апостол Павел: «Подвигом добрым я подвизался, течение совершил, веру сохранил; а теперь готовится мне венец правды, который даст мне Господь, праведный Судия, в день оный; и не только мне, но и всем, возлюбившим явление Его» (2Тим. 4:7–8).

Итак, первая, самая важная и необходимая победа — рождение от Бога! Если рождение от Бога словом истины не свершится, всё остальное, что человек ни делал бы, будет напрасным — пройдет мимо цели, потому что не приложил должных усилий пройти сквозь тесные врата, он верою не исполнил над собой волю великого Бога!

Продолжим рассуждение о тех, кто уже родился свыше, кто прошел сквозь тесные врата и стоит на узком пути, ведущему прямо в Небесное Царство. Этот путь есть Сам Господь Иисус Христос: «Я есмь путь...» (Ин. 14:6). Чтобы совершить этот узкий путь верно до конца, необходимо опять-таки оказаться побеждающим! Господь и Апостолы показали это на многих примерах (вся двадцать пятая глава от Матфея говорит об этом): притча о пяти неразумных девах, которые оказались непобедившими, остались вне Небесного Царства! Далее, притча о ленивом рабе, который закопал свой талант, притча о козлах, которые оказались по левую сторону Господа: «...идите от Меня, проклятые, в огонь вечный, уготованный диаволу и ангелам его...». И ленивый раб и пять немудрых дев имели всю возможность победить, им было дано (у Господа нет лицеприятия — для всех всё одинаково), они были уже на пути, но не свершили течение так, как это сделал Апостол Павел.

Далее, «...попечения о плоти не превращайте в похоти» (Рим. 13:14); «Все мне позволительно, но не все полезно — ничто не должно обладать мною» (1Кор. 6:12); «Дети! храните себя от идолов» (1Ин. 5:21). Вопрос идолопоклонства — очень и очень серьезный вопрос! Идолопоклонство — одно из самых мерзких преступлений против Бога. Израиль из-за своего идолопоклонства потерял всё: свое государство и как народ Божий — свое спасение. Только остаток еврейского народа спасется по милости, по благодати (Рим. 9:27, 11:26–29). Ветхий Завет полон примеров об идолопоклонстве Израиля. Об идолопоклонстве также говорят места писаний Нового Завета: 1Кор. 6:9, 10:7,14; Еф. 5:5; Кол. 3:5; 1Пет. 4:3. «А вне — псы и чародеи, и любодеи, и убийцы, и идолослужители, и всякий любящий и делающий неправду» (Откр. 22:15).

Первое послание Тимофея (вся шестая глава) очень подробно показывает, что всегда необходимо побеждать на своем узком пути — гордость, сребролюбие, упование на свое земное богатство! «О! Тимофей! храни преданное тебе, отвращаясь негодного пустословия и прекословий лжеименного знания» — необходимо оказаться побеждающим на всём пути до Небесного Царства!

Итак, почему на всём узком пути необходимо быть побеждающим? — потому что переход от веры в веру совершается через возрастание в познании и в благодати (2Пет. 3:18). «Воля Божия есть освящение ваше... чтобы каждый из вас умел соблюдать свой сосуд в святости и чести... чтобы вы ни в чем не поступали с братом своим противозаконно и корыстолюбиво... Ибо призвал нас Бог не к нечистоте, но к святости» (1Фес. 4:3–7). Не напрасно Апостол Павел написал: «Наша брань не против крови и плоти, но против начальств, против властей, против мироправителей тьмы века сего, против духов злобы поднебесных. Для сего примите всеоружие Божие...» — «Переноси страдания, как добрый воин Иисуса Христа... Если же кто и подвизается, не увенчивается (не побеждает), если незаконно (не в законе духа жизни во Христе Иисусе: Рим. 8:1–2) будет подвизаться!» (Еф. 6:10–18; 2Тим. 2:1–5).

Слово учения Господа нашего научает нас: мы находимся на войне, очень лютой войне, где побеждающие наследуют всё небесное, а непобеждающие пройдут мимо желанной вечной цели!

Победа наша — Господь Иисус Христос, Который будет совершать в нас и для нас победу: «Будучи уверен в том, что начавший в вас доброе дело будет совершать его даже до дня (до явления) Иисуса Христа» (Флп. 1:6). В каком случае так будет, что Господь в нас и за нас будет свершать нашу победу? «Посему, возлюбленные, препоясав чресла ума вашего, бодрствуя, совершенно уповайте на подаваемую вам благодать в явлении Иисуса Христа. Как послушные дети…» (1Пет. 1:13–14). Необходимо быть послушными и побеждающими детьми великого Бога и таким образом наследовать всё!

# О БОДРСТВОВАНИИ

«Бодрствуйте и молитесь, чтобы не впасть в искушение: дух бодр, плоть же немощна» (Мк. 14:38). «Трезвитесь, бодрствуйте, потому что противник ваш диавол ходит, как рыкающий лев, ища, кого поглотить. Противостойте ему твердою верою…» (1Пет. 5:8–9). «Блажен человек, который слушает меня, бодрствуя каждый день у ворот моих и стоя на страже у дверей моих» (Притч. 8:34).

«Бодрствуйте!» — говорил неоднократно Господь (Мф. 24:42; Мк. 13:35–37). «Бодрствуйте!» — говорили все Апостолы (Деян. 20:31). Но что такое бодрствовать? Как бодрствовать? Над чем бодрствовать? — вопросы настолько важные и жизненно необходимые, что переоценить их невозможно!

Слово нам говорит: «О, исполненный всякого коварства и всякого злодейства, сын диавола, враг всякой правды! перестанешь ли ты совращать с прямых путей Господних?» (Деян. 13:10). Из этого слова ясно видно, чем занят враг всякой правды: разрушать в человеке правду и насаждать всякую ложь, творить это коварством и злодейством!

Почему необходимо бодрствовать и трезвиться? — потому что есть диавол со своей ложью и злом. Он принимает вид Ангела света, а его служители принимают вид служителей правды (2Кор. 11:13–15), постоянно занятых тем, чтобы обольщать людей, вводить в заблуждение, чтобы иметь над ними власть и влияние, дабы господствовать и иметь славу от людей. Сам диавол не может рассчитывать на Небесное Царство, будучи духом зла, а зло потому и есть зло, что говорит: «Я не имею спасения — погибай и ты». Чтобы не оказаться обманутым, не принять ложь вместо правды и не оказаться в сетях сатаны, человеку очень даже необходимо бодрствовать, стоять на страже истины, трезвиться, чтобы понимать и видеть обман диавола — своего врага, как он ходит вокруг и каким образом поглощает. И видеть это нужно духовными глазами, ибо диавол есть дух.

Апостол Петр не просто так приводит пример с рыкающим львом, ибо человеку понятно, что означает встретиться с физическим львом: в любое мгновение лев может кинуться и растерзать человека! Таким примером Апостол Петр показывает, что, если человек окажется недостаточно вооруженным, диавол поглотит его без всякого милосердия и сострадания, и человек окажется в смерти!

Можно привести пример: идет война, людям нужен отдых, необходимо поспать. Выставляются часовые, чтобы они, бодрствуя, не уснули, но охраняли покой всех остальных. Зачем так нужно? — чтобы враг не подкрался, не напал внезапно и не погубил всех. И пока часовой не спит, а это значит, бодрствует, постоянно смотрит вокруг, прислушивается, чтобы ничего не упустить, но сразу заметить приближающегося врага и дать знать всем своим товарищам — всё в порядке, враг не может подкрасться незаметно. Но что получится, если часовой уснет? — враг не замедлит воспользоваться этим.

Физический враг ищет уничтожить своих физических врагов. Точно по такому же образу духовный враг ищет уничтожить своего духовного врага — идет духовная война в полном смысле этого слова. И что старается в первую очередь делать диавол? — притупить бдительность человека, чтобы он ложь смог принять за правду! Если бы диавол выступал под своим подлинным знаменем лжи и зла, то было бы куда проще вести с ним войну. Но он всегда выступает под знаменем, подделанным под правду и любовь. Для этого он свою ложь наряжает в одежды наружной правды, любви, мира и очень искусно и тонко их преподносит, так что человек воспринимает всё как действительное.

## В ЧЕМ НЕОБХОДИМО БОДРСТВОВАТЬ?

Если человек любит и знает правду, то диавол — его смертельный враг. Если человек познал путь Господа, который и есть Сам Господь, диавол будет всецело искать, как уклонить его от прямого пути Господнего.

Человек уверовал в истинное слово и родился от Бога. Теперь ему предстоит освящение и возрастание в вере в мужа совершенного, в меру полного возраста Христова (Еф. 4:13–16). Бодрствование никак не проявляется в том, чтобы рожденному от Бога контролировать себя в делах и поступках, поступать внешне благочестиво и праведно, соблюдая законы (что можно, а что нельзя), не нарушая запреты. Внутренность же при этом как зажатая пружина, которая всегда ищет распрямиться и проявить себя. Человек не дает ей распрямиться, считая, что это и есть бодрствование и стояние на страже своей религиозной правды. Но на самом деле это не есть бодрствование, но это ложь диавола. Такой человек становится очень искусным специалистом в лицемерии, ибо внутри одно, но выдает наружно совсем другое.

Правильный рост в вере зависит от умножения познания, а познание — от бодрствования над словом и в слове: вникать в учение Иисуса Христа, копать, исследовать, при этом молиться и просить Господа об озарении. И, наконец, само водительство Духом Святым, к чему мы и призваны, невозможно без бодрствования. Чтобы услышать и понять движение Духа внутри себя, необходимо бодрствование и молитва в сердце. Таким образом, бодрствование — это и есть вся жизнь человека, пока он находится в теле на земле! (Рим. 8:23–25; 1Кор. 15:50–54).

## ОРУЖИЕ ДИАВОЛА

По мере возрастания в правде Божией человеку все яснее открывается всеоружие диавола. С чего диавол начинает свои нападки? Он не начинает с того, чтобы человек перестал верить в Иисуса Христа. Но его конечная цель — добиться полного неверия истине.

Слово говорит: «Я ревную о вас ревностью Божиею; потому что я обручил вас единому мужу, чтобы представить Христу чистою девою. Но боюсь, чтобы, как змий хитростью своею прельстил Еву, так и ваши умы не повредились, уклонившись от простоты во Христе» (2Кор. 11:2–3). Диавол начинает с самого малого — уклонить от простоты во Христе:

привнести человеку немного притворства, немного лицемерия, немного гордости и человекоугодия, чтобы окружающие его люди думали о нем лучше, чем он есть на самом деле; или увлечь в беспечность: не хочется читать Библию, уже все знаю. Незаметно подкрадывается интерес к земному — и человек уже в сетях диавола. Если диаволу это удалось, то он получил место в человеке и непременно продолжит свою злую работу до полного уничтожения в нем правильной веры; и человек снова переходит из жизни в смерть.

При этом надо всегда хорошо знать вооружение противника: что это за оружие и как он им пользуется. Три сильные армии посланы врагом победить тех, кто дерзает и хочет наследовать Небесное Царство: «...похоть плоти, похоть очей и гордость житейская не есть от Отца, но от мира сего» (1Ин. 2:15–17). Диавол ходит, как рыкающий лев, ища слабые места, и, когда находит, тут же направляет нужную армию: или похоть плоти, или похоть очей, или гордость житейскую! Армии эти очень сильны, стрелы их раскалены, и никак не устоять, не победить христианину, если он не облечен во всеоружие Божие.

## ВООРУЖЕНИЕ ХРИСТИАНИНА

«Облекитесь во всеоружие Божие, чтобы вам можно было стать против козней диавольских, потому что наша брань не против крови и плоти, но против начальств, против властей, против мироправителей тьмы века сего, против духов злобы поднебесных» (Еф. 6:11–12). Наша брань — брань духовная и это надо хорошо понять! Чтобы в этой страшной войне, на жизнь или на смерть, выйти победителем, просто необходимо понять, как и в чем выражается всеоружие Божие. «Для сего примите всеоружие Божие, дабы вы могли противостать в день злой и, все преодолев, устоять. Итак, станьте, препоясав чресла ваши истиною и облекшись в броню праведности, и обув ноги в готовность благовествовать мир; а паче всего возьмите щит веры, которым возможете угасить все раскаленные стрелы лукавого; и шлем спасения возьмите, и меч духовный, который есть Слово Божие» (Еф. 6:13–17).

Всеоружие Божие совершенно обратное оружию духов злобы поднебесных. Если оружие диавола — гордость, высокое мнение о себе как об особенном, неповторимом, то оружие Божие: «Блаженны нищие духом, ибо их есть Царство Небесное» (Мф. 5:3). И это состояние есть одно из основных положений вооруженности человека, которое побеждает любое оружие диавола, ибо в это вооружение входят: кротость, смирение, терпение и любовь к врагам своим. Во всеоружие Божие входит вся нагорная проповедь Господа нашего: блаженны чистые сердцем; вы — соль земли; вы — свет миру! Также два послания Апостола Павла Тимофею говорят о всеоружии Божием.

Очень и очень важно хорошо понять и уразуметь оружие великого Бога — победоносное, непобедимое, оно духовное, Дух истины. Оружие диавола тоже духовное, но оно земное, плотское, по плоти, для плоти, вокруг плоти и несет собою смерть вечную во тьме. Грех — это быть вооруженным оружием диавола, потому что человек верит в него; разоблачать духов злобы поднебесных — это есть оружие света, действующее верою и любовью во Христе, Господе нашем.

# МОЛИТВА

«Всякою молитвою и прошением молитесь во всякое время духом, и старайтесь о сем самом со всяким постоянством и молением о всех святых и о мне, дабы мне дано было слово — устами моими открыто с дерзновением возвещать тайну благовествования» (Еф. 6:18–19). «Будьте постоянны в молитве, бодрствуя в ней с благодарением. Молитесь также и о нас, чтобы Бог отверз нам дверь для слова, возвещать тайну Христову...» (Кол. 4:2–4). «Непрестанно молитесь» (1Фес. 5:17).

Через всю Библию, начиная от Сифа, который родился вместо Авеля (Быт. 4:25) и от которого начинается род сынов Божиих, видно поклонение Богу, и как люди обращались в молитве к Нему. Когда у Сифа родился сын, и он нарек ему имя Енос, тогда начали призывать имя Господа (Быт. 4:26). Итак, через всю историю человечества люди всегда молились и молились, если не живому истинному Богу Творцу, то идолам, которых преподносил и навязывал людям диавол. Таким образом стало очень много богов... Для нас же написано: «Но у нас один Бог Отец, из Которого все, и мы для Него, и один Господь Иисус Христос, Которым все, и мы Им» (1Кор. 8:5–6).

Именно такое положение, что необходимо молиться (все люди всегда молятся; если кто и говорит, что не молится — он все равно молится, даже не осознавая это), говорит о том, что человеку необходимо искать свою полноту, свое совершенство. Физически человек сотворен совершенным, но духовно он нуждается в наполнении — человек сотворен сосудом для содержания в себе совершенства, чтобы иметь покой, мир, радость, уверенность в самом себе. Отсюда искание, нужда в молитве у всех людей. Сколькими же путями люди идут к своему духовному совершенству? — их тысячи и тысячи! Каких только нет объединений, партий, религий — все считают, что нашли правильную дорогу к своему совершенству.

Каждый человек, верующий он или нет, ведет обязательно разговор в своем сердце. Чему человек себя посвятил или отдал, с тем богом он и общается, то есть тому богу или идолу он и поклоняется. Это поклонение и есть молитва. Молитва обязательно истекает из веры человека: верит человек в деньги — об этом он только и рассуждает и на деньги «молится»; верит человек в свою внешность — туда направлены все его мысли и стремления, чтобы хорошо выглядеть, хорошо одеваться; поклоняется человек какой-то звезде экрана — обязательно сердце его наполнено мыслями об этой звезде.

## МОЛИТВА ХРИСТИАНИНА

Во всей нашей жизни и хождении пред Богом и в Боге не может и не должно быть никаких шаблонов, никакой наигранности, никакой показухи друг перед другом, как это есть в религиозном мире — там просто другого и не может быть. Показуха, наигранность, артистичность — дух мира сего, жизнь земного человека, который всегда опасается, чтобы кто-либо не проник в его внутреннее состояние.

Хождение в Боге — откровенное, искреннее, простое: быть всегда тем, кто ты есть на самом деле, ни перед кем не рисоваться, не лицемерить, но каков есть, таков и есть. При этом твердо верить, что Бог любит тебя такого, какой ты есть сейчас, что спасение имеешь не от дел и не по делам, а по милости Бога.

Это касается и молитвы. Конечно, Богу не нужны наши притворства, которые в религиозном мире основательно переросли в закон необходимости. Вот человек, молясь, изо дня в день повторяет одно и то же, а то и в день по несколько раз молится одними и теми же словами, и если заметил, что пропустил положенную молитву, то он тут же поспешит на колени, покается за нерадивость и опять станет шаблонно повторять то же самое, удовлетворяясь этим, думая, что нужное Богу он выполнил. Бог доволен, и он доволен до следующего раза — такова его вера, по-другому не понимает и изменить ничего не может, так как это вошло в привычку; скорее согласится умереть, чем что-либо изменить.

В религии вопрос о молитве совершенно не понят по истине. Там либо становятся на колени (в основном так и молятся), либо официально — стоя. А чтобы по-другому молиться, например, сидя или лежа в постели, то это слишком недостойно, неприемлемо пред Богом; следует встать, умыться, одеться и потом, встав на колени, помолиться — только так благоговейно, прилично и достойно пред Богом. В религии во всём форма, шаблон, закон, которые не есть жизнь, а ярмо неудобоносимое, к которому люди так привыкают, что без этого ярма уже не могут. Но это не дает жизни вечной, это мертвая религия, где Бога нет.

Как нам сегодня следует молиться нашему Богу, Отцу Небесному, если Он в нас живет?

Через всю Библию показано, как молились люди Богу. Молились очень по-разному: например, Неемия, подавая вино царю, был в печали, и царь заметил это в нем. Когда царь его спросил, в чем дело и чего он желает, Неемия «помолился Богу небесному и сказал царю...»

(Неем. 2:4–5). Вопрос: как Неемия помолился? Он что, встал на колени или стоя перед царем стал молиться? — нет, конечно, он помолился в сердце своем, тайно от царя. Молился Ездра: «...я разодрал нижнюю и верхнюю одежду мою, и рвал волосы на голове моей и на бороде моей, и сидел печальный... А во время вечерней жертвы я встал с места сетования моего, и в разодранной нижней и верхней одежде пал на колени мои, и простер руки мои к Господу, Богу моему...» (Езд. 9:3–6). Царь Давид молился на ложе своем, то есть в постели (Пс. 6, 138:18). Как видим по Писанию, молитва не имеет формы, не имеет официальности, не считается ни со временем, ни с местом, ни с положением тела нашего — в любой момент в сердце происходит молитва по надобности, по желанию. Господь Бог наполняет все, Он везде: как в сердце уверовавшего, так и на небесах небес: «потому что очи Господа обращены к праведным и уши Его к молитве их» (1Пет. 3:12). Обитание Бога в неприступном свете и в сокрушенном, смиренном сердце (1Тим. 6:16; Ис. 57:15).

Писание учит: «Непрестанно молитесь» (1Фес. 5:17). Как это исполнить? Сам Господь сказал: поклоняющиеся Богу должны поклоняться в духе и истине, только таких поклонников Отец ищет Себе (Ин. 4:23–24). Искренно уверовавший, познавший истину человек не может без молитвы, как и физическое тело не может быть без дыхания. Мы дышим, совсем не рассуждая: надо подольше подышать. Мы не имеем намерения и не говорим себе: пора подышать! Мы дышим, потому что это жизнь физического тела, не дышать мы просто не можем, физический организм нуждается в дыхании, чтобы существовать, чтобы не умереть! Как физический человек нуждается в дыхании, так и духовный внутренний человек нуждается в молитве.

Для того чтобы молитва истекала из человека и была дыханием веры, необходимо жить по Духу; если это упущено или еще не достигнуто, то следует упражняться в вере. Слово говорит: «...упражняй себя в благочестии, ибо телесное упражнение мало полезно, а благочестие на все полезно, имея обетование жизни настоящей и будущей» (1Тим. 4:7–8). Благочестие — естество Бога; чтобы Бог мог жить и действовать в сердце человека и чтобы человек мог себя Ему предоставлять — необходимы молитвы; необходимо учиться смирению, терпению, кротости, то есть давать место Господу действовать — без молитвы это невозможно. Пребывая в молитве, душа пребывает в Духе, дает место Духу, живущему в совести.

Итак, молитва есть дыхание веры, независимо в каком положении находится человек: стоит, сидит, лежит! Нет шаблона, нет закона, но есть любовь к Богу и желание жить в Нем и Им. Прекрасно, когда внутри есть движение Духа. Чтобы это движение услышать и не угасить («Духа не угашайте»: 1Фес. 5:19), необходимо бодрствование и молитва в сердце! Чтобы жить и поступать по Духу — молитва просто необходима, так как это и есть пребывать в соединении с Господом, слышать Его и следовать Его воле.

## КРЕЩЕНИЕ ДУХОМ СВЯТЫМ

«Вы не по плоти живете, а по духу, если только Дух Божий живет в вас. Если же кто Духа Христова не имеет, тот и не Его... Все, водимые Духом Божиим, суть сыны Божии. Потому что вы не приняли духа рабства, чтобы опять жить в страхе, но приняли Духа усыновления, Которым взываем: „Авва, Отче!" Сей самый Дух свидетельствует духу нашему, что мы — дети Божии» (Рим. 8:9,14–16).

«Приняли Духа усыновления» — Он есть Дух Божий, или Дух Христов. Это ясно показано (Рим. 8:9): вы не по плоти живете, а по духу, если Дух Божий живет в вас; и тут же написано: если же Духа Христова не имеете, то вы и не Христовы. И далее, все, водимые Духом Божиим — сыны, дети Божии; очень ясно можно сказать и так, что все, водимые Духом Христовым, суть дети Божии! И еще сказано: вы не приняли духа рабства, но приняли Духа усыновления. А Сам Дух усыновления есть Дух Сына Божия, как об этом ясно написано: «Когда пришла полнота времени, Бог послал Сына Своего... чтобы искупить подзаконных, дабы нам получить усыновление. А как вы — сыны, то Бог послал в сердца ваши Духа Сына Своего, вопиющего: „Авва, Отче!" Посему ты уже не раб, но сын...» (Гал. 4:4–7). Эти места Писания показывают и утверждают, что Дух Божий, или Дух Христов — один и тот же Дух.

Когда и каким образом человек принимает и получает Дух Божий или Дух Христов? Получает человек Духа Святого один раз и навсегда или получает Его два раза? Получает человек Дух Святой сразу, когда родился свыше, или необходимо ревновать, усиленно молиться, чтобы получить еще крещение Духом Святым?

«Явился Иоанн, крестя в пустыне и проповедуя крещение покаяния для прощения грехов... И проповедовал, говоря: идет за мною Сильнейший меня... Я крестил вас водою, а Он будет крестить вас Духом Святым» (Мк. 1:4–8; Мф. 3:11 — Духом Святым и огнем).

Как же Господь Иисус Христос крестил Духом Святым? Очень ясно показано по Писанию: «Ибо все мы одним Духом крестились в одно тело... и все напоены одним Духом» — «Неужели не знаете, что все мы, крестившиеся во Христа Иисуса, в смерть Его крестились?» (1Кор. 12:12–13; Рим. 6:3). Христово крещение Духом Святым есть крещение в смерть вместе с Ним на кресте ветхой твари: «Я не желаю хвалиться (по плоти), разве только крестом Господа нашего Иисуса Христа, которым для меня мир распят, и я для мира. Ибо во Христе Иисусе ничего не значит ни обрезание, ни необрезание, а новая тварь» — «Кто во Христе, тот новая тварь; древнее прошло, теперь все новое» (Гал. 6:14; 2Кор. 5:17).

Поэтому крещение Духом Святым напрямую относится к рождению свыше, к рождению от Бога Духом Святым. И это можно очень просто и ясно проследить по Писанию: когда Петр проповедовал слово истины в доме Корнилия, произошло их рождение — на них сошел Дух Святой, и это все ясно увидели; и потом Петр повелел принять водное крещение, то есть поставить печать: явились новые твари (Деян. 10:1–48). Евнух, которому Филипп проповедовал Иисуса Христа, поверил, был готов креститься в воде; и когда, крестившись, вышли из воды, Дух Святой сошел на евнуха, то есть рождение от Бога свершилось! (Деян. 8:34–39).

Так ясно и написано: «Не оскорбляйте Святого Духа Божия, Которым вы запечатлены в день искупления (когда уверовали)» (Еф. 4:30). И очень прямо написано: «В Нем и вы, услышав слово истины, благовествование вашего спасения, и уверовав в Него, запечатлены обетованным Святым Духом, Который есть залог наследия нашего»

(Еф. 1:13–14). И еще: «Ибо все вы сыны Божии по вере во Христа Иисуса; все вы, во Христа крестившиеся, во Христа облеклись. Нет уже... (никого по плоти)» (Гал. 3:26–29).

Священные Писания далее объясняют: будучи рожденными от Духа Святого, все имеют Духа Святого; нет такого, чтобы потом еще специально молиться о крещении Духом Святым, как есть об этом такое учение. Но что следует далее, после рождения? «Как новорожденные младенцы, возлюбите чистое словесное молоко, дабы от него возрасти вам во спасение» — «И Он поставил одних Апостолами... пастырями и учителями, к совершению святых, на дело служения, для созидания Тела Христова, доколе все придем в единство веры и познания Сына Божия, в мужа совершенного, в меру полного возраста Христова; дабы мы не были более младенцами, колеблющимися и увлекающимися всяким ветром учения, по лукавству человеков, по хитрому искусству обольщения, но истинною любовью все возращали в Того, Который есть глава Христос» — «Ибо в Нем обитает вся полнота Божества телесно, и вы имеете полноту в Нем» (1Пет. 2:2; Еф. 4:11–16; Кол. 2:8–10) — вот об этом следует ревновать, этого желать, умаляться, просить и стучать. Есть много дарований, но всегда во всем один и тот же Дух Святой, Который родил человека — Он есть, Он пребывает. Необходимо хорошо питаться словом, духовной пищей, чтобы правильно проходил рост (1Кор. 12:4–11,27–31; Ин. 6:27; 1Тим. 4:16; 2Тим. 1:13).

«Но возрастайте в благодати и познании Господа нашего и Спасителя Иисуса Христа» (2Пет. 3:18). Придя в возраст, появляется желание служить; для этого (сказано просто): «...представьте тела ваши в жертву живую, святую, благоугодную Богу, для разумного служения» — «...и сами, как живые камни, устрояйте из себя дом духовный, священство святое, чтобы приносить духовные жертвы, благоприятные Богу Иисусом Христом» (Рим. 12:1; 1Пет. 2:4–5). «И вы — тело Христово, а порознь — члены (в одно Тело все крестились Духом Святым)... Ревнуйте о дарах больших... — ...ревнуйте о дарах духовных...» (1Кор. 12:27–31, 14:1).

Будучи рожденными от Бога, имея Святого Духа, уже не надо ревновать о Духе Святом, но необходимо возрастать в мужа совершенного, в меру полного возраста Христова, ревновать, умаляться и просить о служении дарами Духа Святого.

## МЕРА ПОЛНОГО ВОЗРАСТА ХРИСТОВА

«Посему, оставив начатки учения Христова, поспешим к совершенству; и не станем снова полагать основание обращению от мертвых дел и вере в Бога» (Евр. 6:1) — писал Апостол Павел еврейским христианам, потому что они оставались всё еще младенцами: «Ибо, судя по времени, вам надлежало быть учителями; но вас снова нужно учить первым началам слова Божия, и для вас нужно молоко, а не твердая пища. Всякий, питаемый молоком, несведущ в слове правды, потому что он младенец; твердая же пища свойственна совершенным» (Евр. 5:12–14).

Писание раскрывает, что рожденным от Бога младенцам необходимо возлюбить чистое словесное молоко, чтобы расти, умножаться в вере, и как Господь сказал: «Старайтесь не о пище тленной, но о пище, пребывающей в жизнь вечную, которую даст вам Сын Человеческий, ибо на Нем положил печать Свою Отец, Бог» (Ин. 6:27). Эту духовную пищу к жизни вечной дал Господь Иисус Христос: «Я есмь хлеб жизни… Я хлеб живой, сшедший с небес; ядущий хлеб сей будет жить вовек; хлеб же, который Я дам, есть Плоть Моя, которую Я отдам за жизнь мира — Ядущий Мою Плоть и пиющий Мою Кровь имеет жизнь вечную, и Я воскрешу его в последний день. Ибо Плоть Моя истинно есть пища, и Кровь Моя истинно есть питие. Ядущий Мою Плоть и пиющий Мою Кровь пребывает во Мне, и Я в нем» (Ин. 6:48,51,54–56).

Господь Иисус Христос, Его слово, во-первых, чистое молоко, потом и хлеб — пища уже тверже. Питаясь, человек растет духовно, при этом необходимо правильное питание, чтобы не уклоняться, не преступать учение Христово, ибо «преступающий учение Христово и не пребывающий в нем, не имеет Бога» (2Ин. 9ст.).

Пребывая в чистом учении Христовом, человек имеет в себе любовь и пребывает в ней: «Кто исповедует, что Иисус есть Сын Божий, в том пребывает Бог, и он в Боге. И мы познали любовь, которую имеет к нам Бог, и уверовали в нее. Бог есть любовь, и пребывающий в любви пребывает в Боге, и Бог в нем» (1Ин. 4:15–16). Поэтому совершенно необходимо: «…истинною любовью (не душевной, человеческой, но Божией) все возращали в Того, Который есть глава (Церкви, дома Божия) Христос, из Которого все тело, составляемое и совокупляемое посредством всяких взаимно скрепляющих связей, при действии в свою меру каждого члена, получает приращение для созидания самого себя в любви» — «…растет возрастом Божиим» (Еф. 4:15–16; Кол. 2:19).

Питаясь, человек растет и вырастает в возраст мужа совершенного. Мера этого совершенного возраста выразилась в том, что не было ничего такого, что для Христа было бы невозможным. Ему было абсолютно все возможно: шел по воде, как по суше; запретил ветру — тут же утихла буря, успокоил море от волн; накормил много тысяч народа несколькими хлебами (когда же все наелись, собрали остатки — их оказалось много больше, чем было хлебов вначале); воскрешал мертвых; исцелял любую болезнь; изгонял злых духов — как Апостол Иоанн написал: «Многое и другое сотворил Иисус; но если бы писать о том подробно, то, думаю, и самому миру не вместить бы написанных книг» (Ин. 21:25).

Как являет себя совершенство человека, выросшего в меру полного возраста Христова? Может ли уверовавший, рожденный от Бога человек вырасти до такого уровня совершенства, каким был Господь в явлении Своем?

Господь сказал такое слово: «Истинно, истинно говорю вам: верующий в Меня, дела, которые творю Я, и он сотворит; и больше сих сотворит, потому что Я к Отцу Моему иду. И если чего попросите у Отца во имя Мое, то сделаю, да прославится Отец в Сыне» (Ин. 14:12–13). Господь также заповедал и сказал: «Имейте веру Божию, ибо истинно говорю вам, если кто скажет горе сей: „поднимись и ввергнись в море", и не усомнится в сердце своем, но поверит, что сбудется по словам его, — будет ему, что ни скажет. Потому говорю вам: всё, чего ни будете просить в молитве, верьте, что получите, — и будет вам» (Мк. 11:23–24); «Если вы будете иметь веру с горчичное зерно и скажете горе сей: „перейди отсюда туда", и она перейдет; и ничего не будет невозможного для вас» (Мф. 17:20). Но ко всему этому Апостол Павел написал: «Если я говорю языками человеческими и ангельскими, а любви не имею, то я — медь звенящая или кимвал звучащий. Если имею дар пророчества, и знаю все тайны, и имею всякое познание и всю веру, так что могу и горы переставлять, а не имею любви, — то я ничто. И если я раздам все имение мое и отдам тело мое на сожжение, а любви не имею, нет мне в том никакой пользы... любовь никогда не перестает...» (1Кор. 13:1–13). Она — Бог, Его Дух, Его благочестие, Его бессмертие (1Ин. 4:12,16,19,21).

Сам Господь сказал: «Не всякий, говорящий Мне: „Господи! Господи!", войдет в Царство Небесное, но исполняющий волю Отца Моего Небесного. Многие скажут Мне в тот день: „Господи! Господи! не от Твоего ли имени мы пророчествовали? и не Твоим ли именем бесов изгоняли? и не Твоим ли именем многие чудеса творили?" И тогда объявлю им: „Я никогда не знал вас; отойдите от Меня, делающие беззаконие".» (Мф. 7:21–23) — вытекает ясный вывод: человек имеет спасение не потому, что творит многие чудеса. Господь показал, что и диавол может так подстраиваться, что тоже может творить различные чудеса. Спасение вечное, жизнь вечная с Богом — есть любовь. Эта любовь не душевная, по плоти, которая проходит, не имеет никакой будущности, но любовь, которая есть Сам Бог, Его бессмертный Святой Дух. Эту любовь Бог явил человечеству Своим Сыном Иисусом Христом. Сам Господь сказал о любви: «Кто имеет заповеди Мои и соблюдает их (живет ими), тот любит Меня; а кто любит Меня, тот возлюблен будет Отцом Моим; и Я возлюблю его и явлюсь ему Сам ...и Мы придем к нему и обитель у него сотворим. Нелюбящий Меня не соблюдает слов Моих» (Ин. 14:21,23–24). «Не соблюдает слов Моих», то есть преступает учение Христово и не пребывает в нем, значит, не имеет Бога (2Ин. 9ст.).

В двенадцатой главе первого послания Коринфянам перечислены духовные дары для созидания Тела Церкви, для служения друг другу: «Дары различны, но Дух один и тот же; и служения различны, а Господь один и тот же; и действия различны, а Бог один и тот же, производящий всё во всех. Но каждому дается проявление Духа на пользу» и далее перечислены дары (1Кор. 12:4–13). Заканчивается двенадцатая глава: «Ревнуйте о дарах больших...» (1Кор. 12:31). Но прежде чем ревновать о дарах, слово ясно предупреждает: «Достигайте любви» (1Кор. 14:1). Какая она любовь, как она проявляет себя, подробно описано: 1Кор. 13:4–13! Поэтому, имею ли я любовь Божию в себе, живу ли я этой любовью? — всегда есть возможность вникать и испытывать себя. Тем более что о делах плоти, которые не по любви Божией, подробно и ясно описано в послании Галатам — просто и прямо написано, что человек, живя делами плоти, Царствие Божие не наследует (Гал. 5:19–21).

Апостол Павел написал: «В Нем обитает вся полнота Божества телесно, и вы имеете полноту в Нем» (Кол. 2:9–10) и предупредил: «Смотрите, братия, чтобы кто не увлек вас философиею и пустым обольщением, по преданию человеческому, по стихиям мира, а не по Христу» (Кол. 2:8). Именно во Христе человечеству дана вся полнота жизни вечной в Царстве блаженного, вечного, нетленного Бога и дается эта жизнь даром — не заслужено, не заработано. Человек ничего не сделал сам — Бог дарует ее просто по любви к Своему творению; всё совершил за человека и для человека Господь Иисус Христос: «...приемлющие обилие благодати и дар праведности будут царствовать в жизни посредством единого Иисуса Христа... дабы, как грех царствовал к смерти, так и благодать воцарилась через праведность к жизни вечной Иисусом Христом, Господом нашим» (Рим. 5:17,21). «Благодать воцарилась через праведность» — праведность и жизнь человека есть только Христос: «От Него (от Бога) и вы во Христе Иисусе, Который сделался для нас премудростью от Бога, праведностью и освящением и искуплением...» (1Кор. 1:30). «Ибо Царствие Божие не пища и питие, но праведность и мир и радость во Святом Духе. Кто сим служит Христу, тот угоден Богу...» (Рим. 14:17–18).

Остается вопрос: как выражает себя человек, достигший совершенного возраста Христова?

На этот вопрос отвечает слово учения Господа нашего: «Более же всего облекитесь в любовь, которая есть совокупность (полнота) совершенства» (Кол. 3:14). Любовь есть Сам Бог (1Ин. 4:16); Бог есть Слово (Ин. 1:1–5); Слово стало плотию — явление Единородного Сына Божия Иисуса Христа (Ин. 1:14–18); Слово, которое есть Бог и Сын Божий Иисус Христос (1Ин. 5:20), есть истина (Ин. 17:17). Пребывая в слове истины, которое есть слово Господа, человек познаёт ее (Ин. 8:31–36). Познав истину — человек рожден от Бога словом истины (Иак. 1:18), освобожден от закона греха и смерти, живет уже не по плоти, но по духу — законом духа жизни во Христе Иисусе (Рим. 8:1–2; 1Ин. 3:9).

Любовь Божия есть жизнь вечная, ибо Бог вечен и Он обладает бессмертием (1Тим. 6:16). «Любовь долготерпит, милосердствует, любовь не завидует, любовь не превозносится, не гордится, не бесчинствует, не ищет своего, не раздражается, не мыслит зла, не радуется неправде, а сорадуется истине... Любовь никогда не перестает...», она — Бог, она — совокупность совершенства. Человек уже не согрешает в слове, управляет всем своим телом (Иак. 3:1–2).

Поэтому человек, достигший совершенного возраста Христова, имеет полноту любви в своей жизни. Имея любовь Божию, живя ею, человек носит сам в себе бессмертие Божие — жизнь вечную.

# ПЛОДЫ ДУХА

## 10 ГЛАВА

248     Терпение

252     Кротость и смирение

259     Исполнять волю Божию

«Плод же духа: любовь, радость, мир, долготерпение, благость, милосердие, вера, кротость, воздержание. На таковых нет закона» (Гал. 5:22–23). «Ибо Царствие Божие не пища и питие, но праведность и мир и радость во Святом Духе. Кто сим служит Христу, тот угоден Богу и достоин одобрения от людей» (Рим. 14:17–18). Если кто восхитил в себя Царство Божие, то он имеет праведность (все его дела, поступки, поведение, отношения, речь — всегда всё правда, нет лжи, насилия, зла); имеет мир, покой (нет никогда вражды, отношение ко всем людям всегда с любовью, с нежностью, с уважением, без лицемерия и лицеприятия); имеет радость (ему всегда хорошо, всегда радостно, нет уныния, нет томления, нет раздражения, нет расположения к скандалам, ссорам, спорам). Такое внутреннее состояние человека показывает, что он имеет сам в себе Царство Божие, жизнь вечную и являет плоды Духа Святого.

## ТЕРПЕНИЕ

«Терпением вашим спасайте души ваши» (Лк. 21:19). «Терпение нужно вам, чтобы, исполнив волю Божию, получить обещанное» (Евр. 10:36). «Если терпим, то с Ним и царствовать будем» (2Тим. 2:12). Прочитав эти три места Писания, уже ясно видно, какое великое значение имеет в жизни христианина терпение. Если не будешь терпеть — душу свою не спасешь! Если не будешь терпеть — волю Божию не исполнишь! Если не будешь терпеть — царствовать с Ним не будешь! Совершенно очевидно, что без терпения человек не имеет спасения, не может наследовать Небесное Царство.

Поэтому очень важно и просто необходимо хорошо понять: что такое терпение? Также не менее важно знать себя: имею ли я терпение? Все люди знают, что терпение как таковое есть на самом деле, потому что всем людям приходится терпеть, но это нежеланное явление для людей — не хотели бы они терпеть, но приходится; и люди очень ищут и желают, чтобы состояние терпения закончилось, и наступила радость. Терпение неминуемо связано с лишениями, со скорбями, со страданиями, со всевозможными переживаниями, например, в семье (муж пьет и дерется) или на работе (начальник недобрый, коллеги нездравые), поэтому люди, терпя, ищут конца терпению. Становится очевидным, что терпение — неотъемлемая часть самой жизни человека, которая не бывает и не может быть без терпения.

Но что такое терпение? Откуда оно? Библия много говорит о терпении и о том, какое великое значение оно имеет. Библия открывает: «...хвалимся и скорбями, зная, что от скорби происходит терпение, от терпения опытность, от опытности надежда, а надежда не постыжает...», она — якорь безопасный и крепкий!.. (Рим. 5:3–5; Евр. 6:18–20). Терпение — необходимое звено в цепи спасения и поэтому, как далее открывает Писание, «терпение должно иметь совершенное действие, чтобы вы были совершенны во всей полноте, без всякого недостатка» (Иак. 1:4). Если для человека этого мира терпение — нежелаемое явление, то для христианина терпение необходимо и должно достигнуть совершенного действия. Оно должно расти и умножаться, иначе нет правильной жизни христианина. Поэтому если в земной жизни человек ищет как скорее избавиться от терпения, то христианин, наоборот, должен стремиться к умножению в нем терпения, то есть христианину никак не должно быть чуждым, когда нужно терпеть, потому что терпение производит дальнейшие необходимые плоды.

Писание открывает, что плод Духа Святого — любовь, радость, мир, долготерпение... (Гал. 5:22) и что Сам Бог есть Бог терпения (Рим. 15:5). Таким образом приходим к знанию, что терпение есть составная часть естества Самого Бога и несет в себе тайну бессмертия! Это подтверждается словом Писания (1Кор. 13:1–13): «Любовь никогда не перестает...», и это понятно, потому что Бог есть любовь (1Ин. 4:16). Любовь есть совокупность совершенства (Кол. 3:14), которая несет в себе и терпение (1Кор. 13:4); по-другому сказать, любовь состоит из терпения, смирения, кротости, мира, радости и надежды. Любовь же есть Сам Бог, Его вечное нетленное бытие.

Бог — Он невидимый (Рим. 1:20), следовательно, и терпение невидимо. Можно ли терпение потрогать, пощупать руками? Все знают, что терпение есть, но увидеть его, потрогать, рассмотреть физическими глазами невозможно. Однако оно становится видимым через плод, когда человек его являет: «какой терпеливый!», «какое терпение нужно иметь, чтобы все это выдержать!»

Любой человек имеет свойство терпеть по-человечески, по-земному, потому что сотворен по образу и подобию Бога — это есть терпение чисто по закону (об этом есть много примеров Ветхого Завета: Притч. 14:29, 15:18; Еккл. 7:8; 3Цар. 2:26). Часто терпение по закону, по букве, которая учит: «надо, должен терпеть», путают с настоящим терпением, которое есть естество Бога. По Своей милости и любви

ПЛОДЫ ДУХА

Господь открыл нам о настоящем терпении, которое есть Он Сам, живущий в нас. Став нашим духом, нашей совестью, Его терпение стало нашим терпением, то есть наше терпение есть наш Господь Иисус Христос, а значит, оно бессмертно; поэтому приняв веру по правде Бога нашего, мы имеем Его бессмертие и стали причастниками Его естества (2Пет. 1:1–4).

Все люди понимают, как хороши качества: терпение, смирение, кротость, любовь. И если знают человека с такими качествами, то он всем нравится. Но почему же люди, понимая эти прекрасные качества, не являют их? — не могут! Почему?

Мы, христиане, познавшие истину, знаем ответ на этот вопрос. Бог есть Дух, и состоит Он из этих качеств: любовь, терпение, смирение, кротость, мир и радость, вера, надежда, воздержание. Только приняв Бога своей жизнью, живя Им, отдавая себя во власть Бога, чтобы Он управлял, направлял, двигал, то есть действовал человеком, человек являет настоящие плоды бессмертия. «Все, водимые Духом Божиим, суть сыны Божии ...кто Духа Христова не имеет, тот и не Его» (Рим. 8:14,9).

Люди, веруя в Бога, но не имея Его своей жизнью, являют эти качества своими усилиями чисто по закону, которые есть мертвые дела, но не жизнь вечная. В этом люди обмануты диаволом, который сначала внушает, что ты должен быть терпеливым, кротким, смиренным, старайся, старайся, а потом в подходящий момент проявляет через человека свое: ярость, гнев, раздражение и так далее. Затем успокаивает: ничего, бывает, Бог милосердный, прощает, возьми себя в руки, встань на стражу, приложи усилия и станешь терпеливым. И всё повторяется снова и снова, и всегда то же самое. Какая страшная катастрофа ожидает человека, который стоит под законом, очень старается, но на деле от Бога не родился, естество Бога верой не принял.

Одно нам всем должно быть ясно, что терпение растет в нас и утверждается посредством страданий: «Хвалимся и скорбями, зная, что от скорби происходит терпение» (Рим. 5:3), «С великой радостью принимайте, братия мои, когда впадаете в различные искушения, зная, что испытание вашей веры производит терпение» (Иак. 1:2–3) — воспримем это учение, съедим его, поймем и дадим ему место в нас, ибо оно есть учение Иисуса Христа, Его Дух, Он Сам.

Совершенное действие терпения нужно везде и во всем, начиная от больших дел до самых малых, житейских, и в отношениях верующих между собой (1Кор. 6:7–8; 2Кор. 11:19–20); так же и в том, чтобы устоять, совершить течение, сохранив веру до конца, до смерти, и возможно, до мучительной смерти (Откр. 3:10, 13:10, 14:12–13). Сделаем Господа нашего Иисуса Христа нашим терпением, чтобы предлежащее нам поприще с терпением пройти, так как без терпения не совершить его (Евр. 12:1). Аминь!

## КРОТОСТЬ И СМИРЕНИЕ

«Блаженны кроткие, ибо они наследуют землю» (Мф. 5:5). «Научитесь от Меня, ибо Я кроток и смирен сердцем, и найдете покой душам вашим» (Мф. 11:29). «Ибо в вас должны быть те же чувствования, какие и во Христе Иисусе» (Флп. 2:5). «Бог гордым противится, а смиренным дает благодать» (1Пет. 5:5).

## ПЛОДЫ ДУХА

Смирение имеет великое значение в спасении и жизни христианина: «Смирил Себя, быв послушным даже до смерти, и смерти крестной. Посему и Бог превознес Его и дал Ему имя выше всякого имени, дабы пред именем Иисуса преклонилось всякое колено небесных, земных и преисподних, и всякий язык исповедал, что Господь Иисус Христос в славу Бога Отца» (Флп. 2:8–11). Смирение связано с самоотречением, с самоуничижением, как и Господь это сделал (Флп. 2:7–8), то есть без смирения человек не может получить благодать, так как в нем будет пребывать гордость, а гордым Бог противится.

Смирение — нечто великое, но Господь почему-то не сказал: «Блаженны смиренные», а сказал: «Блаженны кроткие». И именно кроткие имеют два великих обетования: «блаженны» и «наследуют землю». И, конечно, Господь не мог иметь в виду эту физическую землю, на которой живем, так как учил: «Небо и земля прейдут...», «земля и все дела на ней сгорят» (Лк. 21:33; 2Пет. 3:10). «Впрочем, мы, по обетованию Его, ожидаем нового неба и новой земли, на которых обитает правда» (2Пет. 3:13) — эту землю имел в виду Господь, когда сказал, что кроткие наследуют землю.

Итак, вопрос: что такое кротость? Можно быстро найти ответ, открыв Гал. 5:22–23, где четко и ясно сказано: «Плод же духа: ...кротость, воздержание. На таковых нет закона». Становится ясным, что кротость — плод духа человека, в котором живет Иисус Христос, то есть кротость есть духовное явление, принадлежащее Богу. «Я кроток», — сказал Господь, значит, кротость есть естество Его Святого Духа, а это, в свою очередь, означает, что кротость — Божественный Дух, Его составная часть, и это есть частица бессмертия!

Приняв Иисуса Христа, сделав Его своей совестью,

человек принял и кротость, которая имеет два обетования вечности: блаженство и наследство нетленное, неувядаемое, хранящееся на небесах для нас, силою Божией через веру соблюдаемых ко спасению (1Пет. 1:3–5). Уразумеем, что силою Божией соблюдаются только те, которые пребудут в вере по правде Бога нашего!

Итак, что такое настоящая кротость согласно учению Господа нашего Иисуса Христа — стало понятно. Но как проявляется кротость и как она выражается через человека? Кротость проявляется и выражается в речи, в разговоре, при наставлениях и обличениях, и Священные Писания это ясно открывают: «Кроткий ответ отвращает гнев...» (Притч. 15:1); «Кроткий язык — древо жизни...» (Притч. 15:4); «Будьте всегда готовы... дать ответ с кротостью и благоговением» (1Пет 3:15); «С кротостью наставлять противников...» (2Тим. 2:25). Из этих мест Писания ясно видно, что кротость проявляется через язык человека, а раз есть участие языка, то сразу становится понятным, почему Господь так выделил кротость и дал ей великое обетование блаженства, ибо язык — небольшой член, но много делает, как об этом пишет Иаков в третьей главе: «Язык в таком положении находится между членами нашими, что оскверняет все тело и воспаляет круг жизни, будучи сам воспаляем от геенны» (Иак. 3:5–6). И где же эта геенна находится? — в совести человека, если ею не стал Иисус Христос. «Язык укротить никто из людей не может: это — неудержимое зло; он исполнен смертоносного яда» (Иак. 3:8) — никаким законом, никаким наказанием изменить положение и состояние языка невозможно! Человек может своим усилием сколько-то удерживать язык, обуздывать его, но так как это зависит от состояния совести, рано или поздно язык проявит то, что живет в совести.

Есть только одна возможность изменить это состояние: умереть с Господом на Голгофе для лжи, верой в Него изгнать из себя диавола, Господом нашим очиститься от всякой неправды так, чтобы не грешить в слове, то есть чтобы через наши уста не проходила никакая ложь в толковании слова, чтобы не было никакой лжи в учении веры нашей — только такой «человек совершенный, могущий обуздать и все тело», — пишет Иаков (Иак. 3:2).

Почему кротость имеет такое великое значение? — потому что, как сказал Господь наш Иисус Христос, «от слов своих оправдаешься, и от слов своих осудишься» (Мф. 12:37).

Кротость — есть мудрость, сходящая свыше: «Мудр ли и разумен кто из вас, докажи это на самом деле добрым поведением с мудрою кротостью. Но если в вашем сердце вы имеете горькую зависть и сварливость, то не хвалитесь и не лгите на истину. Это не есть мудрость, нисходящая свыше, но земная, душевная, бесовская...» (Иак. 3:13–18); «Смерть и жизнь во власти языка...», — сказал Соломон от премудрости, данной ему от Бога (Притч. 18:21; 3Цар. 3:1–28). Еще много мест Писания можно привести, которые показывают, как жизненно необходимо облечься в кротость (Кол. 3:12); Апостол Павел, наставляя Тимофея подвизаться добрым подвигом веры, убеждал преуспевать и в кротости (1Тим. 6:11–14). Исходя из выше изложенного, каждый, кто прочитает и вникнет, уже сможет хорошо понять учение о кротости.

Перейдем к вопросу о смирении, потому что смирение есть тоже естество Бога, а естество Бога — одно целое, нераздельное, где одно без другого не бывает: если есть кротость, то неминуемо есть и смирение; если есть смирение, неминуемо есть и терпение; а где есть терпение, неминуемо есть воздержание! Апостол Петр пишет: «...прилагая к сему все старание, покажите в вере вашей добродетель, в добродетели рассудительность, в рассудительности воздержание, в воздержании терпение, в терпении благочестие, в благочестии братолюбие, в братолюбии любовь» (2Пет. 1:5–7).

Для того чтобы достигнуть бессмертия и славы Господа нашего, необходимо заиметь смирение, без которого нет правильной жизни, нет правильной веры, нет правильного хождения путем истины. Смирение есть великое явление в спасении человека; без смирения человек никогда не дойдет до спасения, потому что не сможет стать и быть угодным Богу! Сам Господь сказал: «Научитесь от Меня, ибо Я кроток и смирен сердцем, и найдете покой душам вашим». Если не научимся — не найдем покоя; где нет покоя — нет мира; где нет мира — там нет и радости; нет радости — нет и праведности, нет правильной веры, нет правильной надежды, следовательно, человек ходит во тьме!

Писание открывает великое о смирении: «За смирением следует страх Господень, богатство, и слава, и жизнь» (Притч. 22:4); «Начало мудрости — страх Господень» (Притч. 9:10); «Страх Господень чист, пребывает вовек — отводит от зла» (Пс. 18:10; Притч. 16:6). Богатство — о каком богатстве речь? — «О, бездна богатства и премудрости и ведения Божия...» (Рим. 11:33–36); слава — о какой славе речь? — «...кого оправдал, тех и прославил» (Рим. 8:29–31); и жизнь — жизнь вечная, конечно. Все это следует за смирением.

Обратим внимание на такой стих: «Так говорит Высокий и Превознесенный, вечно Живущий, — Святой имя Его: Я живу на высоте небес и во святилище, и также с сокрушенными и смиренными духом, чтоб оживлять дух смиренных и оживлять сердца сокрушенных» (Ис. 57:15). Вот еще несколько мест из Писания о смирении: Пс. 33:19, 50:19; Притч. 15:33. Смирение спасает, совершенно изменяет отношение Бога к человеку, и вот примеры: 3Цар. 21:29; 2Пар. 33:9–13! Несмирение — гибель, примеры тому: 2Пар. 33:21–24, 36:11–21! «Смиритесь пред Господом, и вознесет вас», — написал Иаков (Иак. 4:10); об этом так же написал и Апостол Петр: «Смиритесь под крепкую руку Божию, да вознесет вас...» (1Пет. 5:6).

Что же такое смирение и как оно себя выражает? — принять положение таким, как оно пришло от Бога, и быть довольным: не роптать, не противиться, не прекословить; славить и благодарить Господа за любые обстоятельства, какими бы они ни были: скорби, лишения, страдания! Это подтверждается словом: «Во всех путях твоих познавай Его, и Он направит стези твои» (Притч. 3:5–6), «Входите тесными вратами... потому что тесны врата и узок путь, ведущие в жизнь, и немногие находят их» (Мф. 7:13–14).

Почему только немногие находят тесные врата и узкий путь, ведь они ведут в жизнь? — потому что только найти их — связано с полной самоотдачей себя Господу, а это неизбежно влечет за собой земные лишения, страдания, неудобства по плоти, что всегда связано со смирением и терпением. И кто на это готов?

Человек научается их иметь не иначе, как только через страдания, как это произошло и с Самим Господом нашим: «Он, во дни плоти Своей, с сильным воплем и со слезами принес молитвы и моления Могущему спасти Его от смерти;

и услышан был за Свое благоговение. Хотя Он и Сын, однако страданиями навык послушанию» (Евр. 5:7–9).

Здесь и лежит ответ: «Смирил Себя, быв послушным даже до смерти, и смерти крестной» (Флп. 2:8). Плоть никогда так просто не сдаст свои позиции, потому что есть хозяин этой плотской жизни, и это как нельзя лучше показала жизнь по Ветхому Завету.

Для того чтобы народ Израильский сделать Своим народом, покорить его Себе, ибо они не покорялись слову Его, «Он смирил сердце их работами; они преткнулись, и не было помогающего. Но воззвали к Господу в скорби своей, и Он спас их от бедствий их; вывел их из тьмы и тени смертной, и расторгнул узы их» (Пс. 106; Исх. 5:4–19). Моисей говорит: «Он смирял тебя, томил тебя голодом... чтобы испытать тебя и узнать, что в сердце твоем...», и делал все это Господь для того, чтобы народ Его стал способным наследовать Его благословения (Втор. 8:2–3,16–20). Далее примеры в Писании: 2Пар. 12:1–8; Пс. 105:32–46; Суд. 2:13–16, 3:1–11, 10:6–16. Что мы видим из этих примеров? — пути, которыми Господь ведет к смирению Свой народ! В первом случае — сначала работами, затем в пустыне томил жаждой и голодом, страхом смерти от змей; во втором случае — враги нападали, захватывали в плен, мучили их. В любом случае смирение не иначе приходит, как только через страдания плоти, через лишения, и либо человек приходит к настоящему терпению и смирению, либо ожесточается и отпадает!

В Новом Завете обстоит дело не иначе, ибо плоть остается плотью, и, чтобы ее отвергнуть, умертвить, человек неминуемо проходит через страдания (Евр. 12:6–13; Иак. 1:2–8; 1Пет. 1:6–7, 4:12–16), то есть всегда речь идет об отвержении земной жизни (по плоти), которая не имеет будущего. Апостол Петр прямо призывает вооружиться мыслью страдать плотью (1Пет. 4:1–5). Необходимо стать духовными, жить по Духу, но не по плоти, «ибо живущие по плоти Богу угодить не могут» (Рим. 8:8).

Кротость, смирение, терпение, мир, радость, вера, надежда, воздержание и любовь — все вместе составляют истину, они и есть Дух Святой, или естество Самого Бога, явлены нам Господом нашим Иисусом Христом, Он есть истина и жизнь. Принимая Иисуса Христа своей жизнью (а это значит, что все эти добрые вечные качества становятся нашим естеством и проявляются в нашей жизни везде), мы приняли в себя Царство Божие и носим в себе бессмертие! (Рим. 14:17–18). Это не поверхностная религиозная игра в добрые качества и в добрые дела, но это надо понять, принять и стать таковым — в этом истина, в этом тайна вечной жизни. Аминь!

## ИСПОЛНЯТЬ ВОЛЮ БОЖИЮ

«От Него (от Бога Отца) и вы во Христе Иисусе, Который сделался для нас премудростью от Бога, праведностью и освящением и искуплением, чтобы было, как написано: „хвалящийся хвались Господом"» (1Кор. 1:30–31). Написано, что Христос стал нашей праведностью и Он есть наша святость, потому что праведность есть плод святости! Без святости не может быть праведности в добрых делах, если эти добрые дела не определены для нас от Господа: «Ибо мы — Его творение, созданы во Христе Иисусе на добрые дела, которые Бог предназначил нам исполнять» (Еф. 2:10).

Эти добрые дела во Христе — от водительства Духом Святым. Человек творит эти дела не от страха наказания, но от радости, от любви, от побуждения жизни Христа в нем, когда он живет уже не по плоти, но по Духу Иисуса Христа (Рим. 8:9).

Жить для Господа — это означает быть Его рабом, исполнять Его волю. Словом истины Господь нам говорит: «Испытывайте, что благоугодно Богу ...не будьте нерассудительны, но познавайте, что есть воля Божия» — «Не всякий, говорящий Мне: „Господи! Господи!", войдет в Царство Небесное, но исполняющий волю Отца Моего Небесного» (Еф. 5:10,17; Мф. 7:21). Поэтому следует постоянно познавать и знать волю Божию.

«Итак, умоляю вас, братия, милосердием Божиим, представьте тела ваши в жертву живую, святую, благоугодную Богу, для разумного служения вашего. Не сообразуйтесь с веком сим, но преобразуйтесь обновлением ума вашего, чтобы вам познавать, что есть воля Божия, благая, угодная и совершенная» (Рим. 12:1–2). В нашей вере мы не должны нашим умом, нашей волей и силой служить и действовать, как это есть в религиозных движениях, но должны научиться слышать и слушать Господа в нашей совести, что Он повелевает, на что Он влечет, побуждает, дает знать, как и что нам делать и что говорить. Наше дело сегодня во Христе преданно и верно исполнять волю Бога, не уклоняясь и не искажая слова, но как написано: «Старайся представить себя Богу достойным, делателем неукоризненным, верно преподающим слово истины» (2Тим. 2:15).

Сам Господь Иисус Христос, входя в этот мир, говорит: «вот, иду... исполнить волю Твою, Боже» — «Я сошел с небес не для того, чтобы творить волю Мою, но волю пославшего

Меня Отца — Пославший Меня есть со Мною; Отец не оставил Меня одного, ибо Я всегда делаю то, что Ему угодно — Я прославил Тебя на земле, совершил дело, которое Ты поручил Мне исполнить» (Евр. 10:7; Ин. 6:38, 8:29, 17:4). И уже перед взятием Его на смерть, Он молился Отцу: «Отче! о, если бы Ты благоволил пронести чашу сию мимо Меня! впрочем, не Моя воля, но Твоя да будет» (Лк. 22:40–44).

Человек может хорошо понять умом учение Господа и своим умом и силой воли своей исполнять предписанное по букве Писания — так было при законе Моисея. Но то, что в таком служении воля Божия не исполняется — не понимает.

Новый Завет — учение Господа Иисуса Христа есть служение духа: «Он дал нам способность быть служителями нового завета, не буквы, но духа, потому что буква убивает, а дух животворит» (2Кор. 3:6).

Служить духом — это значит водиться совестью, в которой живет Христос. Как водиться совестью? Всё начинается от правильной веры по правде Бога нашего, приняв которую и пребывая в ней, в человеке неизбежно меняется старая вера на чистое познание учения Господа. От пребывания в чистом слове меняются обязательно и старые чувства на чувства, какие есть во Христе, как и написано: «В вас должны быть те же чувствования, какие и во Христе Иисусе» (Флп. 2:5–8), именно в понимании самого себя, а это происходит через самоотречение, самоотвержение; нищий духом — человек, будучи ничто, взял свой крест — смерть со Христом.

Далее, рожденный слышит голос Господа в себе. Каким образом? Духовное явление в человеке проявляет себя, прежде всего, в чувствах: любовь, мир, радость, терпение — всё это есть чувства Божии. «Молюсь о том, чтобы любовь ваша еще более и более возрастала в познании и всяком чувстве, чтобы, познавая лучшее, вы были чисты и непреткновенны в день Христов» (Флп. 1:9–11). «Чувства навыком приучены к различению добра и зла» (Евр. 5:14).

«Вникай в себя и в учение; занимайся сим постоянно: ибо, так поступая, и себя спасешь, и слушающих тебя» (1Тим. 4:16). Необходимо заниматься собой честно, искренно, постоянно прилагая все свои усилия, чтобы восхитить и научиться понимать, слышать и водиться Господом. Для этого и есть всё учение Нового Завета Господа нашего Иисуса Христа.

Господь в совести никогда не молчит. И даже если нет внутри движения, влечения, то мир и радость всегда пребывают, как и написано: «Царствие Божие не пища и питие (ничто земное), но праведность и мир и радость во Святом Духе» — «Плод же Духа (Христова): любовь, радость, мир, долготерпение, благость, милосердие, вера, кротость, воздержание. На таковых нет закона» — «Кто сим служит Христу, тот угоден Богу...» (Рим. 14:17; Гал. 5:22–23; Рим. 14:18).

Поэтому очень важно уразуметь, что сегодня мы — орудия в руках Бога, которыми Он творит Свою волю Своею силою, водительством Духа в нас!

# ЦЕРКОВЬ ХРИСТА

**11**
ГЛАВА

266    Невеста Христа

270    Наше служение Богу

276    Кто хочет быть большим, да будет слугою

278    Десятина

283    Какую Церковь заберет Себе Христос вторым пришествием?

«Тайна сия велика; я говорю по отношению ко Христу и к Церкви» (Еф. 5:32).

Вернемся к вопросу: зачем Бог сотворил человека? Ответ на этот вопрос лежит через всю Библию: начало — сотворение первого человека; конец — огромная масса людей, которые стали новым Иерусалимом, святым, великим городом, который сошел с неба на новую землю, приготовленный как невеста (Откр. 21:1–2). В этом и есть ответ — зачем Бог сотворил человека.

Бог Отец родил Сына, как и написано: «…И вот, зачнешь во чреве, и родишь Сына, и наречешь Ему имя: Иисус. Он будет велик и наречется Сыном Всевышнего, и даст Ему Господь Бог престол Давида, отца Его; и будет царствовать… и Царству Его не будет конца» (Лк. 1:31–33). Бог понял, что нехорошо Сыну оставаться одному, но необходимо сотворить Ему помощницу — жену, которая бы царствовала с Ним навеки навсегда.

## НЕВЕСТА ХРИСТА

«Возрадуемся и возвеселимся и воздадим Ему славу; ибо наступил брак Агнца, и жена Его приготовила себя… — И я, Иоанн, увидел святой город Иерусалим, новый, сходящий от Бога с неба, приготовленный как невеста, украшенная для мужа своего. И услышал я громкий голос с неба, говорящий: се, скиния Бога с человеками, и Он будет обитать с ними; они будут Его народом, и Сам Бог с ними будет Богом их» (Откр. 19:7, 21:2–3) — новый небесный Иерусалим, состоящий из избранных Богом людей, святых Его, есть невеста Христа: «И дано было ей облечься в виссон чистый и светлый; виссон же есть праведность святых» (Откр. 19:8).

Образ Христа и Его Церкви, как мужа и жены, показан от начала на примере Адама и Евы: «И сказал Господь Бог: нехорошо быть человеку одному; сотворим ему помощника, соответственного ему. Господь Бог образовал из земли всех животных полевых и всех птиц небесных и привел их к человеку, чтобы видеть, как он назовет их... И нарек человек имена всем скотам и птицам небесным и всем зверям полевым; но для человека не нашлось помощника, подобного ему... И создал Господь Бог из ребра, взятого у человека, жену, и привел ее к человеку. И сказал человек: вот, это кость от костей моих и плоть от плоти моей; она будет называться женою, ибо взята от мужа... и будут двое одна плоть» (Быт. 2:18–24). И далее Апостол Павел сравнивает в Новом Завете мужа и жену со Христом и Церковью: «Тайна сия велика; я говорю по отношению ко Христу и к Церкви» (Еф. 5:32). «Жены, повинуйтесь своим мужьям, как Господу, потому что муж есть глава жены, как и Христос глава Церкви, и Он же Спаситель тела. Но как Церковь повинуется Христу, так и жены своим мужьям во всем. Мужья, любите своих жен, как и Христос возлюбил Церковь и предал Себя за нее, чтобы освятить ее, очистив банею водною, посредством слова; чтобы представить ее Себе славною Церковью, не имеющею пятна, или порока... но дабы она была свята и непорочна... Ибо никто никогда не имел ненависти к своей плоти, но питает и греет ее, как и Господь Церковь, потому что мы члены Тела Его, от плоти Его и от костей Его» (Еф. 5:22–30).

Итак, Церковь есть Тело Его, ибо взята от Него, от плоти Его и от костей Его, как и Ева от Адама. Отсюда приходит ясность, что Адам является прообразом на Христа.

На образе животных, среди которых не нашлось равного Адаму (Быт. 2:19–20), показан религиозный мир, то есть нерожденные от Бога люди. Показано многоразличие животного мира, как и есть на сегодня многоразличие религиозного мира: из каких только течений он не состоит, уже и не перечислить их! Но ни одно из этих течений не имеет части во Христе, потому что не рождены от Бога, они не от плоти и не от костей Его, как и животный мир — не от плоти и костей Адама. Нет ни одной религии, которая бы подошла Христу быть Ему женой.

Для Адама была сотворена одна жена, не две, не три, но одна, которая дополняла его. Так и для Сына Божия Бог Отец положил сотворить одну невесту, или жену для полноты Сыну, для любви друг ко другу, для общения, совета и утешения. Без взаимной любви и единства между мужем и женой не может созидаться семья, так же не может созидаться Церковь Христа, гармонией которой является Сам Христос через единство в духе и любви: «Стараясь сохранять единство духа в союзе мира» (Еф. 4:3).

Жена Христа явлена от Него — от слова истины, которое есть Господь Иисус Христос. Поэтому жена Христа — святая и праведная, взята от Христа. Если кто не станет святым и праведным — он никак не может находиться в Теле Христа и не сможет оказаться на брачной вечере Агнца, где жена готова на вечное соединение со Христом: «Блаженны званные на брачную вечерю Агнца. И сказал мне: сии суть истинные слова Божии» (Откр. 19:9).

«...И все покорил под ноги Его, и поставил Его выше всего, главою Церкви, которая есть Тело Его, полнота Наполняющего все во всем» (Еф. 1:17–23). Церковь есть столп и утверждение истины (1Тим. 3:15), где нет обмана, где не искажается слово Бога, где нет человеческих постановлений в виде традиций, преданий и всяческих правил. Церковь — дом Божий, которого художник и строитель — Бог (Мф. 16:18; Евр. 3:4–6, 11:10). Она находится вне этого мира, в сфере Божьего бытия, Его Святого Духа: «Иисус отвечал: Царство Мое не от мира сего...» (Ин. 18:36), и далее: «Если бы вы были от мира, то мир любил бы свое; а как вы не от мира, но Я избрал вас от мира, потому ненавидит вас мир» (Ин. 15:19–20). Все члены этой Церкви стали причастниками Божеского естества и вышли по вере из этого мира, «удалившись от господствующего в мире растления похотью» (2Пет. 1:4).

Иисус Христос, Который есть сама жизнь вечная, обязательно должен открыться и жить в каждом члене Церкви, как написано: «Имеющий Сына Божия имеет жизнь; не имеющий Сына Божия не имеет жизни» (1Ин. 5:12). Если кто из верующих не даст Иисусу Христу стать его совестью — пройдет мимо цели! Совесть человека есть всегда основание его жизни: во что он верит, чему поклоняется; поэтому необходимо тем, кто желает наследовать Божественную вечность в Его блаженном вечном Царстве, сделать своей совестью Иисуса Христа и жить по совести! Всякий, желающий стать членом истинной Церкви, должен креститься в смерть Иисуса Христа. Это значит: умереть со Христом на Голгофе для греха, для всякой неправды и обмана, которые суть этого мира, и воскреснуть с Ним в Божием Царстве, где утверждается только правда, другими словами, перейти из смерти в жизнь (Ин. 5:24). Наконец завершение всему: «Но вы не по плоти живете, а по духу, если только Дух Божий живет в вас. Если же кто Духа Христова не имеет, тот и не Его» (Рим. 8:9). Только таким образом человек сольется со святыми Тела Христова и пребудет в общении и в единстве с ними.

## НАШЕ СЛУЖЕНИЕ БОГУ

«Настанет время, и настало уже, когда истинные поклонники будут поклоняться Отцу в духе и истине, ибо таких поклонников Отец ищет Себе. Бог есть Дух, и поклоняющиеся Ему должны поклоняться в духе и истине» (Ин. 4:23–24).

Иисус Христос недвусмысленно сказал: «Бог есть Дух, и поклоняющиеся Ему должны поклоняться в духе и истине». Господь употребил здесь слово «должны», которое не допускает никакого отклонения ни направо, ни налево, но «должны» — это значит, что другого поклонения Бог не принимает. И далее Господь сказал: Бог ищет Себе поклонников, которые будут поклоняться Ему в духе и истине. Слова «ищет Себе» показывают, что у Бога поклонников много, но Он среди всех ищет таковых, которые готовы поклоняться Ему в духе и истине, потому что Он есть Дух! Как бы человек не усердствовал в поклонении, но если оно не в духе и истине, то такое поклонение Богу неугодно. «В духе» — имеется в виду в совести, в которой Христос, и потому совесть чистая и добрая. «В истине» — имеется в виду, что душа покоится на совести, на Христе. Чистым сердцем человек ходит перед

Богом, будучи во Христе, имея Христа, поклоняется, чтит, молится, славит, непрестанно служит и жизнью прославляет Господа Бога своего — святит Бога в своем сердце (1Пет. 3:15).

В Ветхом Завете служение могли исполнять только священники, которые имели на себе святое помазание и носили специальные священнические одежды. «И воспротивились Озии царю, и сказали ему: не тебе, Озия, кадить Господу; это дело священников, сынов Аароновых, посвященных для каждения; выйди из святилища, ибо ты поступил беззаконно, и не будет тебе это в честь у Господа Бога» (2Пар. 26:18).

В Новом Завете рожденные от Бога словом истины все суть цари и священники: «Но вы — род избранный, царственное священство, народ святой, люди, взятые в удел, дабы возвещать совершенства Призвавшего вас из тьмы в чудный Свой свет; некогда не народ, а ныне народ Божий; некогда не помилованные, а ныне помилованы» (1Пет. 2:9–10). Будучи избранными царственным священством, мы одеты в одежды священников и имеем право кадить пред Богом; более того, мы должны кадить Богу в духе и истине, например, в молитвах и в песнопениях, ибо когда мы поем, то в песнях наших призываем имя Господа, молимся Ему, прославляем Его, благодарим и святим Господа в сердцах наших: «Ты, Святой, живешь среди славословий Израиля» (Пс. 21:4); «Радуйтесь, праведные, о Господе: правым прилично славословить. Славьте Господа на гуслях, пойте Ему на десятиструнной псалтири» (Пс. 32:1–2); «Я буду славить имя Бога моего в песне, буду превозносить Его в славословии» (Пс. 68:31); «...научайте и вразумляйте друг друга псалмами, славословием и духовными песнями, во благодати воспевая в сердцах ваших Господу» (Кол. 3:16;

Еф. 5:19). Когда человек чистым и искренним сердцем славит, благодарит в молитвах и в песнопении Бога — он пламенеет духом своим (Рим. 12:11), то есть кадит Богу.

### КАК ПРОХОДЯТ НАШИ СОБРАНИЯ?

Христос стал нашей жизнью! Его жизнь разрушила в нас закон греха и смерти, и мы живем Христом, поэтому наши собрания свободные, открытые, без закона, правил и постановлений. Каждый член может свободно выражать себя, рассуждать; ведь мы и собираемся именно для того, чтобы иметь общение друг с другом от сердца к сердцу, в простоте. Только при такой свободе проявляется через нас Дух Иисуса Христа — естество Самого Бога. Поэтому наши собрания никогда не придут к хаосу, но, наоборот, от младенчества, когда еще бывает шумно и кажется — хаотично, мы, питаясь Христом, подрастаем, становимся взрослыми; в нас возрастает познание, любовь и мир друг к другу, и в собраниях наших водворяется покой и чинность. Но не наигранная чинность как в религии, оттого что так положено, а оттого, что Бог наш есть Бог устройства и мира (1Кор. 14:33), и Он более и более управляет нами в нас и через нас, и исполняется слово: «Все, водимые Духом Божиим, суть сыны Божии» (Рим. 8:14).

Важно понимать, что только Иисус Христос имеет место и право священнодействовать в Церкви. Душевное служение, когда оно не от Бога и не есть Дух Иисуса Христа, недопустимо! Недопустима гордость и превозношение одного над другим! Ревновать о том, чтобы Господь употребил в деле созидания Своего Тела, очень хорошо и об этом следует ревновать, но ревновать так, чтобы это было для Господа, а не для своего тщеславия и гордости. Необходимо ревновать, умаляясь и самоотрекаясь, всецело ища наполнения Господом, чтобы **СЛУЖЕНИЕ БЫЛО ОСНОВАНО НА СИЛЕ ГОСПОДА, ЕГО ИСТИНЕ, ЕГО ЛЮБВИ**. «Я есмь истинная виноградная лоза, а Отец Мой — виноградарь… Как ветвь не может приносить плода сама собою, если не будет на лозе, так и вы, если не будете во Мне. Я есмь лоза, а вы — ветви; кто пребывает во Мне, и Я в нем, тот приносит много плода; ибо без Меня не можете делать ничего» (Ин. 15:1–5). Нужно хорошо понимать: если не Господом служить, то какая в этом польза и кому это нужно? Ведь если не Господь, то в деле другой дух — дух лжи и зла, хотя он себя и будет выдавать Ангелом света. Апостол Павел написал: «Ибо кто почитает себя чем-нибудь, будучи ничто, тот обольщает сам себя» (Гал. 6:3).

Как это выглядит практически, что Христос священнодействует в наших собраниях и общениях? «Истинною любовью все возращали в Того, Который есть глава Христос, из Которого все Тело, составляемое и совокупляемое посредством всяких взаимно скрепляющих связей, при действии в свою меру каждого члена…» (Еф. 4:15–16) — каждый член Тела Церкви действует Иисусом Христом по мере дара и жизни в нем Иисуса Христа, так что все Тело Церкви есть действующий организм, и никто не исключен. «Дары различны, но Дух один и тот же; и служения различны, а Господь один и тот же; и действия различны, а Бог один и тот же, производящий всё во всех. Но каждому дается проявление Духа на пользу. Одному дается Духом слово мудрости, другому слово знания, тем же Духом; иному вера, тем же Духом; иному дары исцелений, тем же Духом; иному чудотворения, иному пророчество, иному различение духов, иному разные языки, иному истолкование языков. Все же сие производит один и тот же Дух, разделяя каждому особо, как Ему угодно» (1Кор. 12:4–12). Таким образом свершает Свое священнодействие Иисус Христос, то есть Он управляет Своими членами Тела так, как Он хочет; Он — голова и это Его Тело!

Написано: «Когда вы сходитесь, и у каждого из вас есть псалом, есть поучение, есть язык, есть откровение, есть истолкование, — все сие да будет к назиданию... И пророки пусть говорят двое или трое, а прочие пусть рассуждают. Если же другому из сидящих будет откровение, то первый молчи. Ибо все один за другим можете пророчествовать, чтобы всем поучаться и всем получать утешение...» (1Кор. 14:26,29–33). В собрании идет служение друг другу Иисусом Христом, то есть Духом Святым, как дает Господь. Кто здесь может быть исключен? Исключены ли здесь сестры, имеющие мужей? Кому можно сказать: «Ты молчи, не пророчествуй, не говори, если получила или получил откровение»? Просто ясно, что в служении нет ни женского, ни мужского пола, но во всех — Христос: «Нет уже Иудея, ни язычника; нет раба, ни свободного; нет мужеского пола, ни женского: ибо все вы одно во Христе Иисусе» (Гал. 3:28). Написано: «Если же другому из сидящих будет откровение, то первый молчи». Скажем, кто-либо из братьев говорит, и вдруг жене — откровение, что ей делать? Молчать или говорить? Если жена во Христе наполнена Духом Святым, то кто через нее говорит? — Христос! Поэтому служение друг другу в наших собраниях есть и должно быть по Духу, не душевное, не плотское, но духовное.

Как понять тогда место Писания: «Жены ваши в церквах да молчат, ибо не позволено им говорить, а быть в подчинении, как и закон говорит»? (1Кор. 14:34). Речь о жизни по плоти: жена подчинена мужу — не позволено ей властвовать над мужем, как и написал Апостол Павел, то есть все то, что осталось в нашей жизни по плоти, понятней сказать, по природе, как Бог сотворил, так и должно оставаться неизменно до конца. О жизни же по духу Апостол Павел ясно говорит: «...умерли для закона телом Христовым... Конец закона — Христос» (Рим. 7:4, 10:4). Как же теперь это соединить? — прежде сказано: «как и закон говорит», а здесь — «умерли для закона»? Вот мы и ставим всё на свои места: если по духу во Христе Иисусе, то нет ни мужеского, ни женского пола, но Христос — служение каждого. А если касается жизни по плоти, то это по природе, как Бог сотворил и определил от сотворения: глава в семье — муж; жена покорна мужу, она сотворена для мужа и никак не по-другому! Поэтому как жена, не действующая Духом Святым, да молчит; так, согласно с познанием истины, и муж, если действует не Духом Святым, а по плоти, да молчит тоже! Служение наше во Христе Иисусе не по плоти, но по духу. Иисус Христос — священнодействователь святилища и скинии истинной, которую воздвиг Господь, а не человек (Евр. 8:1–2), только Ему место в служении в наших собраниях и нет разницы через кого Он действует, потому что все одно во Христе Иисусе.

Итак, угодное служение Богу в Новом Завете — это жизнь по духу: «...умоляю вас, братия, милосердием Божиим, представьте тела ваши в жертву живую, святую, благоугодную Богу, для разумного служения вашего» (Рим. 12:1). Оно не прекращается никогда, но везде и всегда мы служим Богу, предоставляя себя Христу, пребывая в Теле Церкви и служа друг другу любовью.

# КТО ХОЧЕТ БЫТЬ БОЛЬШИМ, ДА БУДЕТ СЛУГОЮ

«Иисус же, подозвав их, сказал: вы знаете, что князья народов господствуют над ними, и вельможи властвуют ими; но между вами да не будет так: а кто хочет между вами быть большим, да будет вам слугою; и кто хочет между вами быть первым, да будет вам рабом; так как Сын Человеческий не для того пришел, чтобы Ему служили, но чтобы послужить и отдать душу Свою для искупления многих» (Мф. 20:25–28). «…Кто из вас меньше всех, тот будет велик» (Лк. 9:48).

Речь о доме Божием, который есть Церковь Бога живого, которую Он приобрел Себе Кровию Своею. В доме Божием никак не может быть так, как оно есть в этом мире: начальники господствуют, заставляя всех покоряться своей воле и служить им, задавливают непокорных, наказывая различными способами, чтобы все их боялись! То же самое действует и в любой религии: ходят в страхе и благоговеют не пред Богом, ибо не знают и не понимают Его воли, а ходят перед человеком, который ведет себя и действует так, чтобы его боялись. Когда боятся, тогда благоговеют перед ним. Кто не боится, тот не благоговеет — он либо любит, потому что как-то и в чем-то зависим, либо ненавидит, но держит это глубоко сам в себе в тайне. Потом неожиданно еще от кого-то слышит, что тот тоже тайно ненавидит; открывается ему — поняли друг друга, сошлись в единстве… и готово начало новой партии — дух партийности, пристрастие в деле.

Однако как учит нас слово учения Господа, которое есть Дух бессмертия: «Пастырей ваших умоляю я, сопастырь и свидетель страданий Христовых и соучастник в славе, которая должна открыться: пасите Божие стадо, какое у вас, надзирая за ним не принужденно, но охотно и богоугодно, не для гнусной корысти, но из усердия, и не господствуя над наследием Божиим, но подавая пример стаду; и когда явится Пастыреначальник, вы получите неувядающий венец славы» (1Пет. 5:1–4).

Истинная Церковь — как семья. В семье все разные по возрасту: младший брат или сестра, старший брат или сестра, отец и мать. В Церкви различие, достоинство и высота возможны только по мере возраста Христова и наполнения Божией любовью. Чем больше Бог употребляет человека, тем ничтожнее человек видит самого себя, так как вся слава принадлежит Богу, о чем и писал Апостол Павел: «Не ищем славы человеческой ни от вас, ни от других: мы могли явиться с важностью, как Апостолы Христовы, но были тихи среди вас, подобно как кормилица нежно обходится с детьми своими. Так мы, из усердия к вам, восхотели передать вам не только благовестие Божие, но и души наши...» (1Фес. 2:6–8). Так и младшим написано: «...повинуйтесь пастырям; все же, подчиняясь друг другу, облекитесь смиренномудрием» (1Пет. 5:5).

В Церкви нет более или менее достойных, нет разделения на ранги, но все члены одинаково нужны друг другу: «Ибо все мы одним Духом крестились в одно тело... и все напоены одним Духом (дано всем равно). Тело же не из одного члена, но из многих... Если все тело глаз, то где слух? Если все слух, то где обоняние?.. А если бы все были один член, то где было бы тело?.. И вы — тело Христово, а порознь — члены» (1Кор. 12:4–31). «Ибо как в одном теле у нас много членов, но не у всех членов одно и то же дело, так мы, многие, составляем одно тело во Христе, а порознь один для другого члены. И как, по данной нам благодати, имеем различные дарования... пророчество... служение... учитель... увещеватель... Любовь да будет непритворна... в усердии не ослабевайте; духом (душой) пламенейте; Господу служите» (Рим. 12:4–11; 1Пет. 4:10–11).

Учение Христово учит об отношении к любому человеку в среде святых и вообще ко всем людям: почитайте один другого выше себя! Ибо кто возвышает себя — унижен будет; а кто унижает себя — возвысится! (Лк. 14:11; Рим. 12:10; Флп. 2:3–4).

## ДЕСЯТИНА

«И первый завет имел постановление о Богослужении и святилище земное — ...и которые (жертвы) с яствами и питиями, и различными омовениями и обрядами, относящимися до плоти, установлены были только до времени...» (Евр. 9:1–10). «Тогда Я (Христос) сказал: вот, иду, как в начале книги написано о Мне, исполнить волю Твою, Боже... Отменяет первое, чтобы постановить второе» (Евр. 10:7–10).

Господь, еще будучи на земле, возвестил: «Закон и пророки до Иоанна» (Лк. 16:16). Апостол Павел, имея от Бога ясное откровение о законе Моисея, написал: «Он дал нам способность быть служителями нового завета, не буквы, но духа, потому что буква убивает, а Дух животворит» (2Кор. 3:6). И далее, «...конец закона — Христос, к праведности всякого верующего» (Рим. 10:4).

Десятина стала обязательным законом в религиях. Эту заповедь закона старательно учат исполнять, да еще так учат, приводя в страх, что от этого зависит спасение. Если не даешь десятину, будет беда с детьми, и вообще не будет твоему дому благословения Божия. Но если Господь отменил первое (завет Моисеев) и постановил второе (Новый Завет в Крови Господа), и если закон и пророки были только до Иоанна Крестителя, и Христос — конец закона, то каким образом остался в действии закон о десятине?

В Моисеевом законе десятина приносилась в основном продуктами, фруктами, овощами, животными, чтобы питаться священникам и левитам с их семействами, потому что колено Левия не получило в удел землю, но: «...сказал Господь Аарону: в земле их не будешь иметь удела и части не будет тебе между ними; Я — часть твоя и удел твой среди сынов Израилевых; а сынам Левия, вот, Я дал в удел десятину из всего, что у Израиля, за службу их, за то, что они отправляют службы в скинии собрания...» (Числ. 18:20–24). Через пророков Господь возвещает: «Принесите все десятины в дом хранилища, чтобы в доме Моем была пища...» (Мал. 3:10).

Во всем Новом Завете нет учения о десятине, потому что нет закона. Мы знаем, что закон — тень от настоящего (Евр. 10:1), то есть закон скопирован с духовного, истинного и изложен для плоти по-земному; поэтому заповеди закона необходимо сегодня переводить в духовное, тогда всё будет верно. И если учение о десятине перевести в духовное понимание, то о какой пище или жертвоприношении идет речь сегодня?

Все жертвоприношения, как животных, так и дары мучные, хлебные, указывали на Христа; так и десятина указывает на Христа: Я есмь истинная пища и питие

(Ин. 6:48–58). «Старайтесь не о пище тленной, но о пище, пребывающей в жизнь вечную, которую даст вам Сын Человеческий, ибо на Нем положил печать Свою Отец, Бог» (Ин. 6:27). Пища в доме Божием сегодня — это слово учения Нового Завета. Мы питаемся духовно; поэтому десятина Нового Завета — это, в первую очередь, приносить свои переживания в собрания и делиться ими, как написано: «...при действии в свою меру каждого члена» (Еф. 4:16) и «когда вы сходитесь, и у каждого из вас есть псалом, есть поучение... откровение...» (1Кор. 14:26). Так и Апостол Петр пишет об этом: «...приносить духовные жертвы, благоприятные Богу Иисусом Христом» (1Пет. 2:5) — из этого состоит вся жизнь христианина. Служение Нового Завета — это служение по Духу Святому из сердца, а Дух Святой есть Бог, Бог же есть любовь. Всё, чем жертвует человек, он жертвует по любви и никак не по принуждению, которое от закона.

О пожертвованиях, куда входят и денежные сборы, Новый Завет учит просто: «При сборе же для святых поступайте так, как я установил в церквах Галатийских. В первый день недели каждый из вас пусть отлагает у себя и сберегает, сколько позволит ему состояние, чтобы не делать сборов, когда я приду» (1Кор. 16:1–2). Здесь нет никакой речи о десятине, но о том, сколько позволит состояние. Во втором послании Коринфянам (восьмая и девятая главы) подробно описано о сборах для нужд святых или нужд Церкви и опять не сказано ничего о десятине, как о ней было изложено в Ветхом Завете. Не утверждается никакой закон, но полная свобода: «Каждый уделяй по расположению сердца, не с огорчением и не с принуждением; ибо доброхотно дающего любит Бог» (2Кор. 9:7). При этом Апостол Павел написал: «Кто сеет скупо, тот скупо и пожнет...» (2Кор. 9:6).

Итак, по истине Нового Завета нет закона о десятине деньгами. У Бога нет закона, и в законе совершенно нет нужды, потому что действует любовь к Богу и к Его делу! Еще до закона говорится о десятине по вере на примере Авраама, как написано: «Ибо Мелхиседек, царь Салима… Которому и десятину отделил Авраам от всего… — И, так сказать, сам Левий, принимающий десятины, в лице Авраама дал десятину: ибо он был еще в чреслах отца, когда Мелхиседек встретил его» (Евр. 7:1–2,9–10).

Отсюда возникают вопросы: разве служение Богу в доме Его, в Церкви, сегодня прекратилось? Разве больше не нужны средства для служения? Разве не прекрасно Церкви иметь средства, чтобы поддержать нуждающихся? Для служения по закону Ветхого Завета Бог определил самое необходимое, которое никак не повергало людей в бедствие. А как на сегодня? — по любви к Богу и к делу Божию верующие могут жертвовать гораздо больше десятины! Писание говорит: «Не знаете ли, что тела ваши суть храм живущего в вас Святого Духа, Которого имеете вы от Бога, и вы не свои? Ибо вы куплены дорогою ценою. Посему прославляйте Бога и в телах ваших и в душах ваших, которые суть Божии» (1Кор. 6:19–20). Апостол Павел пишет: «Ибо мы — Его творение, созданы во Христе Иисусе на добрые дела, которые Бог предназначил нам исполнять» (Еф. 2:10). Мы предали себя добровольно Богу, и мы не свои. И всё, чем человек владеет, не дал ли ему Господь, и разве оно принадлежит человеку? «И Я говорю вам: приобретайте себе друзей богатством неправедным, чтобы они, когда обнищаете, приняли вас в вечные обители! Верный в малом и во многом верен, а неверный в малом неверен и во многом. Итак, если вы в неправедном богатстве не были верны, кто поверит вам истинное? И если в чужом не были верны, кто даст вам ваше? Никакой слуга не может служить двум господам, ибо или одного будет ненавидеть, а другого любить, или одному станет усердствовать, а о другом нерадеть. Не можете служить Богу и маммоне (земным средствам для плоти). Слышали всё это и фарисеи, которые были сребролюбивы, и они смеялись над Ним. Он сказал им: вы выказываете себя праведниками пред людьми, но Бог знает сердца ваши, ибо что высоко у людей, то мерзость пред Богом» (Лк. 16:9–15).

Далее, Господь очень определенно показал в притче на примере богача и нищего Лазаря, как можно не видеть нужду своих же в Церкви (Лк. 16:19–31). Имея большой достаток, богач совсем не видел, не замечал нищего и больного Лазаря — это показало, где его сердце.

«Взглянув же, Он (Господь) увидел богатых, клавших дары свои в сокровищницу; увидел также и бедную вдову, положившую туда две лепты, и сказал: истинно говорю вам, что эта бедная вдова больше всех положила; ибо все те от избытка своего положили в дар Богу, а она от скудости своей положила все пропитание свое, какое имела» (Лк. 21:1–4).

И снова вопрос: Богу нужны дары от людей? «Бог, сотворивший мир и всё... не требует служения рук человеческих, как бы имеющий в чем-либо нужду, Сам давая всему жизнь и дыхание и всё» (Деян. 17:24–25). Но как испытать Богу сердца людей, куда они наклонены и к чему приклеплены, что любят и где их сокровище? «Ибо где сокровище ваше, там будет и сердце ваше» (Мф. 6:21). «Сын чтит отца, и раб — господина своего; если Я — отец, то где почтение ко Мне? И если Я — Господь, то где благоговение предо Мною?

Говорит Господь Саваоф вам, священники, бесславящие имя Мое... И когда приносите в жертву слепое, не худо ли это? Или когда приносите хромое и больное, не худо ли это?» (Мал. 1:6–9). В то время по закону приносили в жертву животных, и как строго Господь обличал их: «Проклят лживый, у которого в стаде есть неиспорченный самец, и он дал обет, а приносит в жертву Господу поврежденное» (Мал. 1:14).

Сегодня наши пожертвования — не по закону и не животными, однако, жертвоприношения необходимы, и если Господь тогда видел в стаде здоровое животное, а хозяин старался избавиться от больного, слепого, хромого, то разве Господь сегодня не видит сердца всех нас, как человек относится к пожертвованиям, как он предан делу Божию? Испытывается каждое сердце — **КАК ОНО ЛЮБИТ БОГА**.

## КАКУЮ ЦЕРКОВЬ ЗАБЕРЕТ СЕБЕ ХРИСТОС ВТОРЫМ ПРИШЕСТВИЕМ?

«Итак, вы уже не чужие и не пришельцы, но сограждане святым и свои Богу, быв утверждены на основании Апостолов и пророков, имея Самого Иисуса Христа краеугольным камнем, на котором все здание, слагаясь стройно, возрастает в святой храм в Господе, на котором и вы устрояетесь в жилище Божие Духом» (Еф. 2:19–22).

Дети Божии есть камни живые, которые вкладываются в строение Божие (1Пет. 2:5). И далее: «И я, Иоанн, увидел святой город Иерусалим, новый, сходящий от Бога с неба... се, скиния Бога с человеками» (Откр. 21:2–3). Слагаясь стройно, завершилось строение в явлении святого города Иерусалима. Как происходит это строение?

Во-первых, есть только одно верное основание: «Ибо никто не может положить другого основания, кроме положенного, которое есть Иисус Христос» (1Кор. 3:11) — Сам Господь Иисус Христос; другого верного основания от Бога нет: «Если пребудете в слове Моем... познаете истину» — «Преступающий учение Христово... не имеет Бога; пребывающий в учении Христовом имеет и Отца и Сына» — «Держись образца здравого учения... — Твердое основание Божие стоит, имея печать сию: „познал Господь Своих"; и: „да отступит от неправды всякий, исповедующий имя Господа"» (Ин. 8:31–32; 2Ин. 9ст.; 2Тим. 1:13, 2:19).

Во-вторых, речь идет о полном единстве всех, не допускается ни малейшего разделения: «Умоляю вас, братия, именем Господа нашего Иисуса Христа, чтобы все вы говорили одно и не было между вами разделений, но чтобы вы соединены были в одном Духе и в одних мыслях» — «...подвизаясь единодушно за веру Евангельскую» (1Кор. 1:10; Флп. 1:27). Для наглядности возьмем в пример тело человека. Оно состоит из множества органов и членов, которые все вместе соединены и функционируют полноценно и слаженно. Каждая клеточка получает питание через кровь, которая одинаково снабжает органы всем потребным для жизни. Если теперь взять и разделить тело человека на части и по отдельности разложить — что будет? Будут ли функционировать члены по отдельности? Ответ всем ясен: тела не станет, ибо все члены его погибнут, они не смогут жить и действовать поодиночке! Наше физическое тело есть прообраз на Тело Христово. Оно не может быть разорванным или разделенным на многие части. И каждая часть тела не может сама по себе действовать — вне тела она мертва. «...Все Тело, составами и связями будучи соединяемо и скрепляемо, растет возрастом Божиим» (Кол. 2:18–19). «Одно тело и один дух, как вы и призваны к одной надежде вашего звания; один Господь, одна вера, одно крещение» (Еф. 4:4–5; Деян. 11:26).

Полное единство, одни мысли в одном духе возможны только в явлении новой твари, жизнь которой есть Христос (Гал. 6:15; Иак. 1:18). Любовь — действующая сила новой твари, которой созидается Тело Христа: «Возлюбленные! будем любить друг друга, потому что любовь от Бога, и всякий любящий рожден от Бога и знает Бога. Кто не любит, тот не познал Бога, потому что Бог есть любовь... Бог есть любовь, и пребывающий в любви пребывает в Боге, и Бог в нем. Любовь до того совершенства достигает в нас, что мы имеем дерзновение в день суда, потому что поступаем в мире сем, как Он» (1Ин. 4:7–17). В совершенной Божией любви строение Божие созидается слаженно — от младенца до мужа совершенного: «Доколе все придем в единство веры и познания Сына Божия, в мужа совершенного, в меру полного возраста Христова... истинною любовью все возращали в Того, Который есть глава Христос, из Которого все тело, составляемое и совокупляемое посредством всяких взаимно скрепляющих связей, при действии в свою меру каждого члена, получает приращение для созидания самого себя в любви» (Еф. 4:13–16).

Апостол Павел написал: «Я ревную о вас ревностью Божиею; потому что я обручил вас единому мужу, чтобы представить

Христу чистою девою» (2Кор. 11:2). «Итак, возлюбленные, ожидая сего, потщитесь явиться пред Ним неоскверненными и непорочными в мире» (2Пет. 3:14). Дом Божий, Церковь Бога живого есть столп и утверждение истины (1Тим. 3:15).

Теперь встает вопрос: когда явится наш Господь вторым пришествием, то какая Церковь будет взята Им навсегда к Себе? — будет взята та, которая окажется Его единым Телом, глава которой Он Сам. Будучи на земле, наш Господь учил и говорил: «Кто Мне служит, Мне да последует; и где Я, там и слуга Мой будет...» (Ин. 12:26); в молитве же просил Отца об этом одном Теле: «Да будут все едино, как Ты, Отче, во Мне, и Я в Тебе, так и они да будут в Нас едино... Я в них, и Ты во Мне; да будут совершены воедино...» (Ин. 17:21,23).

Истинный дом Бога непременно слагается стройно, потому что Сам Господь совершает дело Свое через верные и преданные Ему сосуды. Священное Писание учит, предупреждает, наставляет, убеждает: в ком нет единства по учению Господа нашего, кто разделяется и имеет зависть, подозрения, нелюбовь к брату или сестре, кто не имеет общения со святыми в Церкви — тот не будет принадлежать Телу (в явлении Господа за Своим Телом), но будет отправлен во тьму внешнюю, где диавол и ангелы его.

Итак, хорошо уразумеем, что Господь возьмет к Себе **ЧИСТОЕ**, **ЕДИНОЕ**, **ЦЕЛОЕ ТЕЛО**, которое и преобразится в образ Его Святой и Праведный.

# ВТОРОЕ ПРИШЕСТВИЕ ХРИСТА

## 12
ГЛАВА

291  Последнее время

293  Книга Откровение

298  Будущая вселенная

«И мир проходит, и похоть его, а исполняющий волю Божию пребывает вовек. Дети! последнее время» (1Ин. 2:17–18). Но вот прошло уже более двух тысяч лет, и как же теперь понимать это выражение «последнее время»? Понять это было бы очень сложно, если бы не слово Апостола Петра: «Одно то не должно быть сокрыто от вас, возлюбленные, что у Господа один день, как тысяча лет, и тысяча лет, как один день» (2Пет. 3:8). Получается, от времени Апостолов у Бога прошло всего два дня, мы находимся в начале третьего! Поэтому Апостол Петр и возвещает далее: «Не медлит Господь исполнением обетования, как некоторые почитают то медлением; но долготерпит нас, не желая, чтобы кто погиб, но чтобы все пришли к покаянию. Придет же день Господень, как тать ночью...» (2Пет. 3:9–10).

Когда меньше всего будут ожидать, внезапно свершится величайшее событие, которое решит участь этой физической вселенной и всего человечества: «И вдруг, после скорби дней тех, солнце померкнет, и луна не даст света своего, и звезды спадут с неба, и силы небесные поколеблются; тогда явится знамение Сына Человеческого на небе; и тогда восплачутся все племена земные и увидят Сына Человеческого, грядущего на облаках небесных с силою и славою великою; и пошлет Ангелов Своих с трубою громогласною, и соберут избранных Его от четырех ветров, от края небес до края их — О дне же том и часе никто не знает, ни Ангелы небесные, а только Отец Мой один — Итак, бодрствуйте, потому что не знаете, в который час Господь ваш придет — ...будьте готовы, ибо в который час не думаете, придет Сын Человеческий» (Мф. 24:29–31,36,42,44).

День этот придет — это слово великого Бога, а Он «не

человек, чтоб Ему лгать, и не сын человеческий, чтоб Ему изменяться. Он ли скажет, и не сделает? будет говорить, и не исполнит?» (Числ. 23:19). Как же блажен и вечно счастлив будет тот, кто ожидал, кто уповал, имел надежду, которая не постыдит.

Сначала настанет день, потом настанет час, и вдруг явится Господь с Ангелами силы и славы Своей. Произойдет тайна преображения тела физического на духовное — какие это будут чувства, какое состояние?! Произойдет восхождение на облаках навстречу Господу, и так всегда с Ним будем (1Кор. 15:51–53; 1Фес. 4:13–18).

## ПОСЛЕДНЕЕ ВРЕМЯ

День явления Господа придет! Придет он уже скоро или еще не скоро, но он придет. Замысел Бога обязательно осуществится: «От одной крови Он произвел весь род человеческий для обитания по всему лицу земли, назначив предопределенные времена и пределы их обитанию, дабы они искали Бога...» — «Ибо Господня земля и что наполняет ее» (Деян. 17:26–27; 1Кор. 10:26). Но человек сам себя сделал богом; думая и понимая, что это его земля, он творит и делает всё, что ему вздумается, совершенно не считаясь с Творцом всей вселенной. Сколько времени Бог будет терпеть это? Ответ на этот вопрос лежит здесь: «И проповедано будет сие Евангелие Царствия по всей вселенной, во свидетельство всем народам; и тогда придет конец» (Мф. 24:14). Несмотря на то, что слово исполняется, человечество совсем не думает о конце: «Прежде всего знайте, что в последние дни явятся наглые ругатели, поступающие по собственным своим похотям и говорящие: „где обетование пришествия Его? Ибо с тех пор, как стали умирать отцы, от начала творения, всё остается так же"» — «Знай же, что в последние дни наступят времена тяжкие. Ибо люди будут самолюбивы, сребролюбивы, горды... (просто ужасными)» — «Они, дойдя до бесчувствия, предались распутству так, что делают всякую нечистоту с ненасытимостью» (2Пет. 3:3–4; 2Тим. 3:1–5; Еф. 4:18–19). Находясь еще во плоти на земле, Господь сказал о последнем времени подробно и ясно: «И будут знамения в солнце и луне и звездах, а на земле уныние народов и недоумение... Люди будут издыхать от страха и ожиданий бедствий, грядущих на вселенную, ибо силы небесные поколеблются...» — «И тогда соблазнятся многие, и друг друга будут предавать, и возненавидят друг друга; и многие лжепророки восстанут, и прельстят многих; и, по причине умножения беззакония, во многих охладеет любовь; претерпевший же до конца спасется» (Лк. 21:25–26; Мф. 24:10–13). Всё это уже в исполнении: страх ожидания терроризма, уныние и беззаконие умножились так, что встает вопрос, может ли оно быть еще хуже, чем есть сегодня? Далее, Евангелие в наши дни проповедуется по всей вселенной как через телевидение, так и через интернет. Круглые сутки идет информация — явно уже близок конец всему.

Поэтому мы находимся в великом ожидании дня, когда явится за нами наш Господь, наш Спаситель. Да, уже нелегко даётся это ожидание, ведь хочется оказаться не раздетыми, не нагими, но хочется оказаться одетыми в праведность святых (Откр. 19:7–8), быть готовыми к величайшему событию: «Смотрите же за собою, чтобы сердца ваши не отягчались объядением и пьянством и заботами житейскими, и чтобы день тот не постиг вас внезапно, ибо он, как сеть, найдет на всех живущих по всему лицу земному; итак, бодрствуйте на всякое время и молитесь, да сподобитесь избежать всех сих будущих бедствий и предстать пред Сына Человеческого» (Лк. 21:34–36). Всем, находящимся в ожидании, Господь сказал: «Не оставляйте упования вашего, которому предстоит великое воздаяние. Терпение нужно вам, чтобы, исполнив волю Божию, получить обещанное; ибо еще немного, очень немного, и Грядущий придет и не умедлит. Праведный верою жив будет; а если кто поколеблется, не благоволит к тому душа Моя. Мы же не из колеблющихся на погибель, но стоим в вере к спасению души» (Евр. 10:35–39).

# КНИГА ОТКРОВЕНИЕ

«Зная прежде всего то, что никакого пророчества в Писании нельзя разрешить самому собою. Ибо никогда пророчество не было произносимо по воле человеческой, но изрекали Его святые Божии человеки, будучи движимы Духом Святым» (2Пет. 1:20–21).

Книга Откровение Иоанна, с одной стороны, говорит: «Блажен читающий и слушающие слова пророчества сего и соблюдающие написанное в нем; ибо время близко» (Откр. 1:1–3); с другой стороны, Иоанн пишет: «И я также свидетельствую всякому слышащему слова пророчества книги сей: если кто приложит что к ним, на того наложит Бог язвы, о которых написано в книге сей; и если кто отнимет что от слов книги пророчества сего, у того отнимет Бог участие в книге жизни, и в святом граде, и в том, что написано в книге сей» (Откр. 22:18–19). Очень серьезное и основательное предупреждение от Господа и Бога нашего!

Ангел, который показал всё, о чем эта книга говорит, сказал Иоанну: «Не запечатывай слов пророчества книги сей; ибо время близко» (Откр. 22:10). Хорошо показано, что настало по истине последнее время.

В пятой главе говорится о книге, запечатанной семью печатями (Откр. 5:1). Печати эти мог снимать, другими словами, раскрывать, что за ними сокрыто, только Господь наш Иисус Христос, потому что всё Им и для Него создано (Кол. 1:15–17).

Эта книга за семью печатями говорит о времени, которое началось от явления Господа в этот мир и длится до сего дня, в котором мы и живем. У Господа Бога все было готово от самого начала: «...дела Его были совершены (сотворены, готовы) еще в начале мира» (Евр. 4:3); «О них пророчествовал и Енох, седьмой от Адама говоря: „се, идет Господь со тьмами святых Ангелов Своих — сотворить суд над всеми и обличить всех между ними нечестивых во всех делах, которые произвело их нечестие, и во всех жестоких словах, которые произносили на Него нечестивые грешники"» (Иуд. 14–15ст.).

За этими печатями сокрыто предсказание о том, что ожидает этот мир, начиная от явления нового времени, о котором сказано: лето Господне благоприятное или ныне день спасения (Лк. 4:19; 2Кор. 6:1–2).

Поэтому, когда Агнец снял первую печать, явился «конь белый, и на нем всадник... и вышел он как победоносный и чтобы победить» (Откр. 6:2). И Он совершил победу: «В мире будете иметь скорбь; но мужайтесь: Я победил мир» (Ин. 16:33). Эта победа дана и нам жизнью Христа в нас и за нас: «Ибо всякий, рожденный от Бога, побеждает мир; и сия есть победа, победившая мир, вера наша» (1Ин. 5:4–5), «Побеждающий наследует все, и буду ему Богом, и он будет Мне сыном» (Откр. 21:7).

«Когда Он снял вторую печать... вышел другой конь, рыжий; и сидящему на нем дано взять мир с земли, и чтобы убивали друг друга; и дан ему большой меч» — и поистине на земле больше не стало никакого мира с приходом учения о социализме и коммунизме, знамя которых красное (именно этот рыжий конь — красный), так есть и до сего дня: убивают, уничтожают друг друга (Откр. 6:3–4).

«И когда Он снял третью печать... и вот, конь вороной, и на нем всадник, имеющий меру в руке своей...» (Откр. 6:5–6) — стало необходимым за всё платить... Израильтяне, когда были переселены в свое время из Израиля на семьдесят лет в царство Вавилона, жалуются в молитве Богу: «Воду свою пьем за серебро, дрова наши достаются нам за деньги. Нас погоняют в шею, мы работаем и не имеем отдыха» (Плач. 5:4–5). А мы сегодня за всё платим (не только за воду), ведь всё имеет меру, всё по весу; мы просто к этому так привыкли, что другого не знаем.

«И когда Он снял четвертую печать... я взглянул, и вот, конь бледный, и на нем всадник, которому имя „смерть"; и ад следовал за ним; и дана ему власть над четвертою частью земли — умерщвлять мечом, и голодом, и мором, и зверями земными» (Откр. 6:7–8) — исполнилось уже и в полной мере продолжает исполняться: смерть победоносно шагает по земле, забирая свое навеки.

«И когда Он снял пятую печать, я увидел под жертвенником души убиенных за слово Божие и за свидетельство, которое они имели. И возопили они громким голосом, говоря: доколе, Владыка Святой и Истинный, не судишь и не мстишь живущим на земле за кровь нашу? И даны были каждому из них одежды белые, и сказано им, чтобы они успокоились еще на малое время, пока и сотрудники их и братья их, которые будут убиты, как и они, дополнят число» (Откр.6:9-11) — говорит о том, что еще будут убитые за слово учения, за веру чистую и истинную (так оно уже и было, когда римские императоры издевались, мучили и жестоко казнили христиан), как и написано: «И дано было ему вести войну со святыми и победить их; и дана была ему власть над всяким коленом, и народом, и языком, и племенем» — «…по совершенном низложении силы народа святого все это совершится. Я слышал это, но не понял и потому сказал: „господин мой! что же после этого будет?" И отвечал он: „иди, Даниил; ибо сокрыты и запечатаны слова сии до последнего времени. Многие очистятся, убелятся и переплавлены будут в искушении; нечестивые же будут поступать нечестиво, и не уразумеет сего никто из нечестивых, а мудрые уразумеют"» (Откр. 13:7; Дан. 12:7–10).

И вот это время наступило, когда Господь Иисус Христос совершил победу и дано Ему снять печати, чтобы видели верные Его, как всё будет, когда уже наступит всему конец. «И когда Он снял шестую печать, я взглянул, и вот, произошло великое землетрясение и солнце стало мрачно как власяница, и луна сделалась как кровь. И звезды небесные пали на землю, как смоковница, потрясаемая сильным ветром, роняет незрелые смоквы свои. И небо скрылось, свившись как свиток; и всякая гора и остров двинулись с мест своих. И цари земные, и вельможи, и богатые, и тысяченачальники, и сильные, и всякий раб, и всякий свободный скрылись в пещеры и в ущелья гор, и говорят горам и камням: падите на нас и сокройте нас от лица Сидящего на престоле и от гнева Агнца; ибо пришел великий день гнева Его, и кто может устоять?» (Откр. 6:12–17).

Итак, выше описано, как были сняты шесть печатей, и далее, в седьмой главе, уже показано: «взглянул я, и вот, великое множество людей, которого никто не мог перечесть, из всех племен, и колен, и народов, и языков, стояло пред престолом и пред Агнцем в белых одеждах и с пальмовыми ветвями в руках своих... — это те, которые пришли от великой скорби; они омыли одежды свои и убелили одежды свои Кровию Агнца...» (Откр. 7:9,14–17).

Итак, описано обозрение всех периодов земных, как всё будет. В общем, как и показано в книге Даниила — сон царя Навуходоносора: «...большой истукан; огромный был этот истукан... голова была из чистого золота, грудь его и руки его — из серебра, чрево его и бедра его медные; голени его железные, ноги его частью железные, частью глиняные. Ты видел его, доколе камень не оторвался от горы без содействия рук, ударил в истукана, в железные и глиняные ноги его, и разбил их. Тогда все вместе раздробилось: железо, глина, медь, серебро и золото сделались как прах на летних гумнах, и ветер унес их, и следа не осталось от них; а камень, разбивший истукана, сделался великою горою и наполнил всю землю» (Дан. 2:27–35). И далее следует подробное объяснение: этим истуканом показан период жизни на земле, начиная от царства Вавилона до явления, когда настанет конец всему. Подобно и в пятой — седьмой главах книги Откровение описываются все периоды от явления в мир Господа Иисуса Христа. Начиная от восьмой главы книги Откровение («Он снял седьмую печать») повторно показано от начала, как и что будет (опять семь Ангелов, которым дано семь труб) — до брака Агнца с женой (Откр. 19:6–10). И в завершении снова показан белый конь и сидящий на нем Верный и Истинный... (Откр. 19:11). И уже близится время суда и явления золотого города Иерусалима.

Книга Откровение Иоанна по большей части остается закрытой; только по такому пророчеству, которое уже исполнилось или когда становится ясно, что оно уже в исполнении, можно рассуждать, но и то гадательно, как и написано: «Теперь мы видим как бы сквозь тусклое стекло, гадательно...» (1Кор. 13:9–13). Так что не следует надмеваться своим умом, потому что: «...если кто приложит что к ним, на того наложит Бог язвы, о которых написано в книге сей...» (Откр. 22:18).

## БУДУЩАЯ ВСЕЛЕННАЯ

«И увидел я новое небо и новую землю, ибо прежнее небо и прежняя земля миновали, и моря уже нет. И я, Иоанн, увидел святой город Иерусалим, новый, сходящий от Бога с неба, приготовленный как невеста, украшенная для мужа своего — ...наступил брак Агнца, и жена Его приготовила себя» (Откр. 21:1–2; 19:7–8).

«Ибо не Ангелам Бог покорил будущую вселенную, о которой говорим; напротив, некто негде засвидетельствовал, говоря: «что значит человек, что Ты помнишь его? или сын человеческий, что Ты посещаешь его?» (Евр. 2:5–6).

Будущую вселенную, в которой будет великий, святой город Иерусалим, Бог покорил не Ангелам, а человеку. Именно этого города на новой земле ожидал Авраам: «...он ожидал города, имеющего основание, которого художник и строитель — Бог» (Евр. 11:10). Но не только один Авраам ожидал этого города, но и его потомство, о котором засвидетельствовано: «Верою и сама Сарра, будучи неплодна, получила силу к принятию семени, и не по времени возраста родила, ибо знала, что верен Обещавший. И потому от одного, и притом омертвелого, родилось так много, как много звезд на небе и как бесчислен песок на берегу морском. Все сии умерли в вере, не получив обетований, а только издали видели оные, и радовались, и говорили о себе, что они странники и пришельцы на земле; ибо те, которые так говорят, показывают, что они ищут отечества. И если бы они в мыслях имели то отечество, из которого вышли, то имели бы время возвратиться; но они стремились к лучшему, то есть к небесному; посему и Бог не стыдится их, называя Себя их Богом: ибо Он приготовил им город» (Евр. 11:11–16).

Этот город называется небесный Иерусалим: «Но вы приступили... ко граду Бога живого, к небесному Иерусалиму и тьмам Ангелов» (Евр. 12:22). Этот город — сама чистота; поэтому очень ясно написано: «И не войдет в него ничто нечистое и никто преданный мерзости и лжи, а только те, которые написаны у Агнца в книге жизни» (Откр. 21:27) — насколько жизненно важно уразуметь и понять, что такое есть чистота сердца, и приобрести эту чистоту, иначе не войдешь в святой чистый город Иерусалим. «И пришел ко мне один из семи Ангелов... и сказал мне: пойди, я покажу тебе жену, невесту Агнца. И вознес меня в духе на великую и высокую гору, и показал мне великий город, святой Иерусалим, который нисходил с неба от Бога... город был чистое золото... — И показал мне чистую реку воды жизни, светлую, как кристалл, исходящую от престола Бога и Агнца... И ничего уже не будет проклятого (нечистого)... И узрят лицо Его, и имя Его будет на челах их» — «Блаженны чистые сердцем, ибо они Бога узрят» (Откр. 21:9–10,18, 22:1,3–4; Мф. 5:8). Определенно и ясно показано: святой город Иерусалим из чистого золота есть невеста — жена Христа, Церковь Господа нашего, которая есть мы, которая есть дом Божий — столп и утверждение истины (Евр. 3:6; 1Тим. 3:15).

«Храма же я не видел в нем, ибо Господь Бог Вседержитель — храм его, и Агнец. И город не имеет нужды ни в солнце, ни в луне для освещения своего, ибо слава Божия осветила его, и светильник его — Агнец» (Откр. 21:22–23).

Читая о будущей вселенной, о новом небе и новой земле, о великом непостижимом святом городе Иерусалиме из чистого золота, размеры которого так велики, что это невозможно постичь человеческим умом, становится понятно, зачем великий Бог сотворил эту физическую вселенную и человека в ней. Именно из них, сподобившихся достигнуть будущую вселенную, будет состоять святой город Иерусалим, для них он и предопределен Богом, как написано: «не видел того глаз, не слышало ухо, и не приходило то на сердце человеку, что приготовил Бог любящим Его» (1Кор. 2:9). И поистине, что можно понять из того, как описан этот святой город Иерусалим? Читая двадцать первую главу книги Откровение, можно только молча удивляться, думать, рассуждать и признать — ничего непонятно!

Ясно одно, что это будущее Богом определено для человека, потому что не Ангелам Бог покорил будущую вселенную (Евр. 2:5), то есть речь о христианах, у которых чистое сердце, о тех, которые физически умерли с чистой совестью и с чистым умом, то есть святыми: «Старайтесь иметь... святость, без которой никто не увидит Господа» (Евр. 12:14). Только они при явлении Господа во втором пришествии воскреснут нетленными телами сообразно телу воскресшего Господа (Флп. 3:21). Велика важность познания того, что тело не ожившее (Рим. 8:11), оставшееся с грехом (с нечистыми совестью и умом), не преобразится в нетленное вечное тело сообразно славному телу Его.

Слово свидетельствует и ясно показывает, кто те люди, которые наследуют будущую вселенную, святой город Иерусалим — они принадлежат Христу: «Но вы не по плоти живете, а по духу, если только Дух Божий живет в вас. Если же кто Духа Христова не имеет, тот и не Его» (Рим. 8:9). «Благословен Бог и Отец Господа нашего Иисуса Христа, благословивший нас во Христе всяким духовным благословением в небесах (не в земной сфере, а в небесной), так как Он избрал нас в Нем прежде создания мира, чтобы мы были святы и непорочны пред Ним в любви...» (Еф. 1:3–4). «Блаженны чистые сердцем, ибо они Бога узрят» (Мф. 5:8) — сама чистота есть Господь наш Иисус Христос, когда Он владеет нами в полноте.

При этом все, сподобившиеся достигнуть будущего века, будут абсолютно едины без малейшего разномыслия (Ин. 17:21–23). Если кто, даже в малейшем, не пребудет в единстве, тот не окажется в Теле Господа и не будет взят Им в пришествие Его.

«И сказал Сидящий на престоле: се, творю все новое. И говорит мне: напиши, ибо слова сии истинны и верны. И сказал мне: совершилось! Я есмь Альфа и Омега, начало и конец; жаждущему дам даром от источника воды живой. **ПОБЕЖДАЮЩИЙ НАСЛЕДУЕТ ВСЕ, И БУДУ ЕМУ БОГОМ, И ОН БУДЕТ МНЕ СЫНОМ**» (Откр. 21:5–7).

**ДЛЯ ЗАМЕТОК**

ДЛЯ ЗАМЕТОК

**ДЛЯ ЗАМЕТОК**

www.ingramcontent.com/pod-product-compliance
Lightning Source LLC
Chambersburg PA
CBHW070527090426
42735CB00013B/2894